INSTITUTIO
CHRISTIANAE
RELIGIONIS

KB190633

처음 시작하는
기독교강요

세움북스는 기독교 가치관으로 교회와 성도를 건강하게 세우는 바른 책을 만들어 갑니다.

처음 시작하는 기독교강요

초판 1쇄 발행 2018년 4월 20일
초판 4쇄 발행 2024년 4월 30일

지은이 ㅣ 김태희
펴낸이 ㅣ 강인구

펴낸곳 ㅣ 세움북스
등 록 ㅣ 제2014-000144호
주 소 ㅣ 서울시 종로구 대학로 19 한국기독교회관 1010호
전 화 ㅣ 02-3144-3500
팩 스 ㅣ 02-6008-5712
이메일 ㅣ cdgn@daum.net

교 정 ㅣ 김민철
디자인 ㅣ 참디자인

ISBN 979-11-87025-28-3 (03230)

* 이 책은 신저작권법에 의하여 국내에서 보호를 받는 저작물입니다.
  출판사의 협의 없는 무단 전재와 무단 복제를 엄격히 금합니다.
* 책 값은 뒤표지에 있습니다.
* 잘못된 책은 교환하여 드립니다.

처음시작하는
기독교강요

기독교강요 입문자를 위한 쉬운 설명 핵심 정리

| 김태희 지음 |

세움북스

INSTITUTIO
CHRISTIANAE
RELIGIONIS

모든 일은 우연을 가장한 하나님의 섭리로 시작되었습니다. 대학 시절 우연히 들른 동아리방에서 사도신경 해설서를 보았습니다. 누군가 실수로 두고 간 것이었습니다. 무심코 읽었던 것이 제 인생을 바꾸었습니다. 사도신경이 신앙고백서의 한 종류임을 그때 처음 알았습니다. 매주 외우면서도, 아무 생각이 없었던 것입니다. 사도신경 외에도 많은 신앙고백서가 있음을 알게 되었고, '웨스트민스터 신앙고백서', '하이델베르크 요리문답'의 존재도 알게 되었습니다.

웨스트민스터 신앙고백서와 하이델베르크 요리문답을 구해서 읽었고, 해설서도 찾아보았습니다. 그러면서 개혁주의를 알게 되었고, 개혁주의 신학의 뿌리에 칼뱅이 있다는 것도, 그 정점에 『기독교강요』가 있다는 것도 알게 되었습니다. 하지만 『기독교강요』의 깊이를 제대로 이해하기엔 그 당시 저의 그릇이 너무 작았습니다.

교사가 꿈이었던 저는, 진로를 수정하여 신학교에 들어가기로 했습니다. 신앙고백서를 제대로 가르치는 목사가 되고 싶었기 때문입니다. 때마침 신앙고백서를 중요하게 여기는 한 목사님을 만났습니다. 그분에게 함께 배웠던 친구들의 변화를 보며, 신앙고백서의 중요성을 다시 한 번 절감하게 되었습니다.

언제나 신앙고백서를 가르쳤습니다. 유치부에서 대학부에 이르는 교육 부서뿐만 아니라, 할머니와 할아버지 성도에게도 가르쳤습니다. 결과는 늘 대성공이었습니다. 어린아이들은 신앙의 기초를 제대로 쌓아 갔고, 장년 성도들은 이제야 성경을 알겠다고 고백했습니다.

하지만 가슴 한구석엔 늘 아쉬움이 남아 있었습니다. 사역 현장에서『기독교강요』를 제대로 적용하지 못하는 안타까움이었습니다. 그래서 다시 꺼내 읽었습니다. 역시 어려웠습니다. 그러나 반복해서 다섯 번쯤 읽으니 자간(字間)의 의미가 눈에 들어왔습니다.『기독교강요』를 이해하니, 다른 신앙고백서도 훨씬 풍성하게 이해하고 설명할 수 있었습니다.

그래도『기독교강요』를 소개하기란 쉽지 않았습니다. 아무에게나 이 책을 주면서, 다섯 번만 읽으면 이해할 수 있을 거라고 말할 순 없는 노릇이었습니다.

고민하기 시작했습니다. 어떻게 하면『기독교강요』를 소개할 수 있을까? 좀 더 능동적으로 활용할 수 있을까? 고민이 깊어지자 저의 사명처럼 느껴졌습니다. 그래서 쓰기 시작했습니다. 그것이 이 책입니다. 그런 점에서『처음 시작하는 기독교강요』는 저의 신앙 여력이 담긴 책이며, 한국 교회를 향한 안타까움을 담은 책입니다.

저는 이 책이 종착역이 아니라 시발역이 되기를 바랍니다. 한국 교회의 다음 세대가 이 책을 통해 더 깊은 개혁주의의 세계로 들어가기를 바랍니다. 만약 누군가가 이 책만 읽고서,『기독교강요』를 다 이해한다고 생각하게 된다면, 저의 의도는 완전히 실패한 것입니다. 저의 소망은 성도들에게『기독교강요』에 도전할 용기를 주는 것입니다.

『사도신경』을 통해 개혁주의의 세계로 저를 이끌어 주신 이승구 교수님께 감사드립니다. 이승구 교수님의 『사도신경』을 동아리방에 두고 간 이름 모를 누군가에게 감사합니다. 대학 시절 저와 제 친구들에게 신앙고백서를 가르쳐 주신 이상철 목사님께 감사드립니다. 신앙고백서의 중요성을 울분을 토하며 강조하셨던 유해무 교수님께 감사드립니다. 저에게 신앙고백서를 배워 주신 모든 성도님들께 감사드립니다. 철없던 시절 저의 인생 스승이셨던 박희삼, 최광수 집사님께 감사드립니다. 대학교 등록금을 대신 내주셨던 김재현 장로님, 최민정 집사님께 감사드립니다. 신학교 입학금을 앞장서서 마련해 주었던 친구 지준룡에게 감사드립니다. 또한 부족한 원고를 세심하게 다듬어 주신 김민철 목사님과 출판에 흔쾌히 응해주신 세움북스 강인구 대표님께 감사드립니다.

마지막으로 저 같은 사람을 "여보"라고 불러 주는 아내 김은선과 "아빠"라고 불러 주는 세 아이, 다솔, 다은, 다현에게 감사드립니다.

지은이 김태희 목사

차 례

INSTITUTIO
CHRISTIANAE
RELIGIONIS

제2권 구속주 하나님, 그리스도를 아는 지식

제3권 그리스도의 은혜를 받는 길

제4권 교회와 국가

칼뱅, 태어나다

칼뱅은 1509년 7월 10일, 지금의 프랑스 누아용에서 태어났습니다. 어머니 잔느 르 프랑은 매우 경건한 여성이었으나, 칼뱅이 세 살 때 죽었습니다. 이후에는 양어머니가 그를 길렀습니다. 아버지 제라르 꼬뱅은 상당히 성공한 변호사로 알려져 있습니다.

원래 제라르 꼬뱅은 아들이 성직자가 되기를 원했습니다. 칼뱅이 11살부터 유급 성직자로 일했던 것도 아버지의 영향입니다. 그런데 어느 날부터 칼뱅의 진로가 변호사로 수정됩니다. 칼뱅이 남긴 기록을 보면, 경제적인 이유로 보입니다.

> "내가 어렸을 때 아버지께서는 내게 신학 공부를 시키기로 작정하셨다. 하지만 법을 공부한 사람들이 다들 부유해지는 것을 보고 갑자기 계획을 변경하셨다. 그렇게 해서 나는 철학 대신에 법학을 공부하게 되었다."[1]

칼뱅, 회심하다

오를레앙 대학에서 법학을 공부하던 칼뱅에겐 신학자가 되려는 마음

---

1 테아 반 할세마, 『이 사람 존 칼빈』(서울: 성약출판사, 2008), 39.

이 없었습니다. 그가 처음 출간한 책이 『세네카의 관용론 주석』이었던 데서 분명히 알 수 있습니다. 그의 목표는 인문주의 학자로서 명성을 얻는 것이었습니다.[2] 그러던 그가 어느 날 갑자기 회심하게 됩니다. 이 과정은 칼뱅 연구자들 사이에 신비로 남아 있기는 하지만 오를레앙 대학의 헬라어 교수였던 볼마르 때문이라는 주장이 유력합니다. 칼뱅이 그의 고린도후서 주석을 볼마르 교수에게 헌정했을 뿐만 아니라 볼마르 교수의 지도를 통해 비로소 신약성경을 원어로 읽게 되었기 때문입니다.[3]

이때부터 칼뱅은 교회의 갱신을 위한 일에만 자신의 재능을 쏟기 시작하고, 그 결과 로마 가톨릭에게 이단으로 몰려 도망하는 신세가 됩니다. 칼뱅은 당시의 심정을 다음과 같이 기록했습니다.

> "하나님께서는 갑작스런 회심으로 내 마음을 … 압도하셨다 … 나는 즉시 새로운 길을 달려가고자 하는 간절한 소원이 불타올랐고, 다른 공부를 손에서 놓지는 않았지만 그것을 예전처럼 맹렬히 추구하지는 않았다."[4]

칼뱅, 도망자가 되다

칼뱅이 처음 피신한 곳은 프랑스 동남쪽에 위치한 앙굴렘이었습니다. 장래가 촉망되는 인문주의자에서 도망자 신세로 전락한 것은 칼뱅 개인에게 고난의 시작이었겠지만, 교회사적으로는 영광스런 일이었습

2 벤자민 B. 워필드, 『칼뱅』(서울: 새물결플러스, 2015), 18.
3 테아 반 할세마, 『이 사람 존 칼빈』(서울: 성약출판사, 2008), 41.
4 위의 책, 54.

니다. 이때부터 그는 그 유명한 『기독교강요』 초판을 쓰기 시작했기 때문입니다.

당시엔 그 누구도 『기독교강요』만큼 체계적이고 풍성하게 기독교의 진리를 서술하지 못했습니다. 그래서 『기독교강요』는 이내 중요한 책으로 자리매김하게 됩니다. 칼뱅은 법률을 공부한 사람답게 논리적이고 명료하게, 인문학자를 꿈꾸었던 사람답게 능숙한 어휘로 성경의 교리를 종합했습니다. 오늘날 『기독교강요』는 적어도 열 가지 이상의 언어로 번역된 것으로 알려져 있습니다.[5]

칼뱅, 제네바의 목회자가 되다

칼뱅의 삶이 또 한 번 격변을 맞이한 것은 파렐 때문입니다. 당시 파렐은 제네바의 종교 개혁을 이끌고 있었으므로, 칼뱅의 도움이 간절했습니다. 학자로서 조용한 삶을 살고 싶었던 칼뱅은 처음엔 그의 요청을 거절했지만, 거듭되는 요구에 결국엔 수락하고 말았습니다. 이때 파렐은 다음과 같이 말했다고 합니다.

> "전능하신 하나님의 이름으로 당신에게 선언하겠는데, 고작 연구를 핑계로 내세워 우리를 도와서 이 하나님의 일을 하지 않는다면 하나님께서 당신을 저주하실 것이요! 당신이 그리스도의 영예보다 당신 자신의 영예를 구하고 있기 때문이요!"[6]

---

5 위의 책, 76.
6 위의 책, 112.

칼뱅은 시편 주석 서문에서 당시의 상황을 다음과 같이 기록합니다.

> "기욤 파렐은 조언과 간곡한 경고로서가 아니라 무시무시한 저주로서
> 나를 제네바에 붙들어 두었다. 이는 마치 하늘에 계신 하나님께서 자
> 신의 손을 나에게 얹어 잡으시려는 것 같았다."

칼뱅, 이름을 떨치다

제네바 시 당국이 칼뱅을 추방함으로써, 그의 제네바 사역은 단 2년
만에 실패로 돌아갔습니다. 자존심 강한 제네바 사람들은 프랑스에
서 넘어온 새파란 설교자에게 개혁의 주도권을 넘기고 싶지 않았던
것입니다. 칼뱅을 제네바로 이끌었던 파렐도 예전 같은 영향력을 행
사하지 못했습니다. 파렐 역시 제네바가 아닌 프랑스 출신이었기 때
문입니다.

　칼뱅은 이것을 좋은 기회로 받아들이고, 본격적으로 저술 활동에
몰두합니다. 이로써 칼뱅의 『기독교강요』와 성경 주석은 전 유럽으로
확산되었고, 칼뱅은 유럽 전역에서 열리는 학술 모임에 중요한 강사가
됩니다.[7]

칼뱅, 다시 제네바로 돌아가다

추방당한 칼뱅은 프랑스 북동부의 스트라스부르에서 성공적으로 재
기합니다. 학자와 저술가로서 탁월한 입지를 다지게 된 것입니다. 그
런데 칼뱅을 동요하게 만드는 사건이 발생합니다. 칼뱅을 추방했던 제

---

7 벤자민 B. 워필드, 『칼뱅』(서울: 새물결플러스, 2015), 21.

네바 시 당국이, 다시 제네바 교회를 맡아 줄 것을 요청했기 때문입니다. 이것은 스트라스부르에서 쌓아 올린 칼뱅의 업적을 한순간에 무효로 만들 수도 있는 사건이었습니다. 한 번 추방을 경험한 제네바에서, 스트라스부르에서처럼 성공적인 사역을 기대하기란 쉽지 않았기 때문입니다. 하지만 칼뱅은 오직 교회의 유익을 위해 제네바 시 당국의 요청을 받아들였습니다. 칼뱅이 돌아가지 않는다면, 제네바 교회가 로마 가톨릭의 영향 아래 들어갈 가능성이 있었기 때문입니다.[8] 어쩔 수 없이 칼뱅을 떠나보내야 했던 스트라스부르 의회는 다음과 같은 편지를 제네바 의회로 보냈습니다.

> "무엇과도 비교할 수 없는, 주님의 귀한 종이신 분이 결국 여러분에게로 가십니다. 이 시대에 그와 같은 인물은 결코 없습니다. 혹시 어떤 사람은 다른 인물을 그와 나란히 두고 말할 수 있을지도 모르지만 말입니다."[9]

당시 제네바 시 당국이 칼뱅에게 보낸 편지의 마지막 부분에는 이런 표어가 적혀 있었다고 합니다. "어둠 뒤에 빛을 바라다." 미래를 예견했던 것일까요? 실제로 칼뱅은 어두웠던 제네바에 진리의 빛을 전하는 사람이 되었습니다.

---

8 테아 반 할세마, 『이 사람 존 칼빈』(서울: 성약출판사, 2008), 186.
9 위의 책, 196.

대부분의 한국 교회는 장로교회라고 해도 과언이 아닙니다. 장로교회의 교세가 강하기도 하고, 성결교단이나 감리교단 같은 비장로교회에도 장로라는 직분이 있기 때문입니다. 그렇다면 장로교회를 최초로 조직한 사람은 누구일까요? 바로 칼뱅입니다.[10]

칼뱅은 제네바 교회의 개혁을 위해 교회의 직분을 새롭게 구성했습니다. 모든 권한이 사제에게 집중된 로마 가톨릭과 달리, 초대 교회의 전통을 따라 목사, 교사, 장로, 집사로 권한과 역할을 구분한 것입니다. 장로들은 성도의 삶을 감독하고 벌하는 '치리회'에서, 교사들은 성도를 교육하는 '아카데미'에서, 집사들은 가난한 자를 구제하는 '구빈원'에서, 목사 못지않게 비중 있는 사역을 감당했습니다.[11] 그런 점에서 칼뱅은 장로교회의 아버지라고 할 수 있습니다. 이로써 제네바 교회에서는 중요한 사안이 여러 기구를 통해 합리적으로 결정될 수 있었습니다. 중세 교회의 악습이었던 사제의 독재를 청산한 것입니다.

칼뱅이 이룬 학문적 성과의 최고봉은 누가 뭐래도 『기독교강요』입니다. 대부분의 칼뱅 연구자들은 『기독교강요』야말로 칼뱅의 삶이 오롯이 담긴 역작이며, 종교 개혁 신학의 총체라고 말합니다. 칼뱅은 평생에 걸쳐 『기독교강요』를 수정 보완했습니다.

---

10 엄밀하게 따지자면 한국 장로교회의 모태는 존 녹스의 종교 개혁으로 시작된 스코틀랜드 교회다. 하지만 존 녹스 역시 칼뱅에게 배웠고, 4중 직제(목사, 교사, 장로, 집사)를 최초로 시행한 사람이 칼뱅이라는 점에서 장로교회의 시작을 칼뱅으로 보아도 무방하다.
11 임종구, 『칼빈과 제네바 목사회』(서울: 부흥과개혁사, 2015), 43.

초판은 모두 6장(章)이었지만, 최종판에 이르렀을 때는 무려 80장에 이르는 방대한 책이 되었습니다. 캄프슐테라는 역사가는 『장 칼뱅: 제네바에서의 그의 교회와 국가』라는 책에서, 『기독교강요』는 "16세기 종교 개혁이 낳은, 교의학 영역에서 의심의 여지없이 가장 뛰어나고 영향력 있는 문학 작품"[12]이라고 묘사했습니다.

사실 이것도 매우 빈약한 평가라고 할 수 있는데, 그 이유는 『기독교강요』가 16세기 종교 개혁의 신학을 보여 주는 역사적 산물이기 때문입니다. 만약 『기독교강요』라는 책이 없었다면, 그 시대의 개신교인들이 어떤 교리를 가지고 로마 가톨릭의 이단적인 교리와 싸웠는지 알 수 없었을 것입니다. "개신교 신학을 담은 최고의 명작"[13]이라는 독일 신학자 알브레히트 리츨의 평가처럼, 종교 개혁의 신학을 담은 무수한 책들 가운데 『기독교강요』에 버금가는 책을 우리는 아직까지 발견하지 못했고, 앞으로도 그럴 것이 분명합니다.

칼뱅, 세르베투스를 화형시킨 사람?

세속 역사가들은 칼뱅을 잔인한 사람으로 묘사하곤 합니다. 미카엘 세르베투스를 이단으로 정죄한 후 산 채로 화형시킨 일 때문입니다. 하지만 그 사건은 칼뱅의 잘못이 아니라 그 시대의 특징이었습니다.

그 시대에는 이단 사상을 전파하거나 신성 모독의 잘못을 저지르면 사형에 처해야 한다는 사회적 합의가 있었습니다.[14] 세르베투스에게 유죄 판결을 내린 것도, 칼뱅이 아니라 제네바의 법정이었습니다. 그

---

12 벤자민 B. 워필드, 『칼뱅』(서울: 새물결플러스, 2015), 23.
13 위의 책, 25.
14 위의 책, 29.

과정에서 칼뱅은 아무런 영향력도 행사할 수 없었습니다. 오히려 칼뱅은 그를 잔인하게 처벌하지 말아 줄 것을 요청했을 정도입니다.

하울 베른레라는 스위스의 신학자는 이 사건을 다음과 같이 언급합니다.

> "어떤 학생들은 수업 시간에 칼뱅의 잘못 때문에 세르베투스가 화형 당했다고 배운다. 그 학생들은 그렇게 칼뱅에 관한 관심을 키운다. 그들이 기억해야 할 것은 만일 그들이 그 시대에 살았다면 십중팔구 세르베투스를 화형시키는 일에 가담했을 것이라는 점이다."[15]

칼뱅, 고난 가운데서도 믿음을 지킨 사람

실로 칼뱅은 고난의 사람이었습니다. 칼뱅의 첫째 아들은 겨우 2주를 연명하다 죽었고, 3년 후 태어난 딸은 태어나면서 죽었습니다. 결정적으로 칼뱅의 아내 이델레트도 칼뱅보다 무려 15년이나 일찍 생을 마감했습니다. 그 당시 칼뱅은 친구들에게 이런 내용의 편지를 보냈습니다.

> "제 슬픔은 참으로 큽니다. 제 생애의 가장 좋은 동반자를 잃었습니다 … 슬픔에 눌리지 않으려고 애쓰고 있습니다. 친구들도 저의 정신적인 고통을 덜어 주기 위해 무엇이든 하려고 합니다. 주 예수께서 이 무거운 고통 속에서 저를 붙들어 주시기를 기도합니다. 넘어진 자를 일으키시고 피곤한 자에게 능력을 주시고 무능한 자에게 힘을 더하시는

---

15 위의 책, 46.

주님께서 하늘에서 손을 뻗어 돕지 않으시면 저는 고통에 눌려 쓰러질 것입니다."[16]

칼뱅의 고난은 육체적인 면에서도 심각했습니다. 천식이 심해져 늑막염을 앓았고, 치질이 심해서 자유롭게 앉거나 움직이지 못했습니다. 신장염과 담석증은 그에게 엄청난 고통을 가했고, 두통은 한 번도 그를 떠난 적이 없었다고 합니다. 하루에 한 끼만 먹는 날이 많았는데, 복통과 소화 불량이 항상 그를 따라다녔기 때문입니다. 심지어 말년에는 관절염이 심해져 팔다리 관절도 쓰지 못했습니다.

사역적인 면에서는 말할 것도 없습니다. 칼뱅을 반대했던 제네바 시민들이 의도적으로 개를 풀어 칼뱅을 공격했는데, 그는 이때 실제로 큰 상처를 입었다고 합니다. 칼뱅이 제네바에서 추방되기 직전에는 칼뱅의 집을 향해 사십 발이 넘는 총알이 발사되었고, 칼뱅을 둘러싸고 200명이 넘는 사람들이 패싸움을 벌이기도 했습니다. 심지어 제네바 사람들은 칼뱅이 죽기 4년 전까지 그에게 제네바 시민권도 주지 않았습니다. 거의 평생 동안 이방인 취급을 받으며 사역했던 것입니다.

이런 와중에도 칼뱅은 헌신적으로 사역했습니다. 주일에는 성 베드로 교회에서 두세 차례 설교했고, 월·수·금요일에는 격주로 주 중 설교를 했고, 매주 화·목·토요일에는 공개 강연을 했습니다. 매주 목요일에는 목사와 장로들의 모임에서 성경을 가르쳤고, 정기적으로 병자와 죄수들과 성도들의 가정을 심방했습니다.

하지만 이것은 정규 업무에 지나지 않습니다. 이 외에도 칼뱅은 유

---

16 테아 반 할세마, 『이 사람 존 칼빈』(서울: 성약출판사, 2008), 226.

럽 전역에서 배달된 편지에 답해야 했습니다. 많은 사람들이 칼뱅의 조언을 원했기 때문입니다. 얼마나 많은 편지가 오고갔는지 칼뱅의 집 앞에는 편지를 배달하고 답신을 받으려는 사람들이 항상 대기하고 있었습니다.[17] 그 외에도 113권의 논문과 34권의 주석, 32편의 설교집을 포함한 189권의 책을 썼고,[18] 장로교회의 기초를 세우기 위한 교회법을 만들었습니다. 이 모든 일을 가족을 잃은 고통과 육체의 질병과 외부 대적들과의 싸움 가운데 수행했으니 참 놀라운 일입니다.

칼뱅은 평범하게 장례를 치러 달라는 유언을 남겼고, 자신의 무덤에 아무런 흔적도 남기지 말 것을 부탁했습니다. 그의 요청대로 칼뱅은 비석 하나 없는 초라한 무덤에 외롭게 묻혔습니다. 죽는 순간까지도 하나님의 영광만 생각했던 것입니다. 그의 삶과 신앙, 그리고 그의 책들은 여전히 교회에 남아, '어둠 가운데 빛'이 되고 있습니다.

---

17 위의 책, 217-218.
18 임종구, 『칼빈과 제네바 목사회』(서울: 부흥과개혁사, 2015), 32.

『기독교강요』는 어떤 책인가?

『기독교강요』, 왕에게 개신교의 입장을 소개한 책

『기독교강요』가 칼뱅 최고의 역작으로 불리는 이유는 평생에 걸쳐 이 책을 수정, 보완했기 때문입니다. 『기독교강요』는 1536년에 초판이 인쇄된 이후로, 무려 다섯 차례에 걸쳐 개정판이 발행되었고, 최종판은 1559년에 출간되었습니다. 각 판본의 출판 년도는 다음과 같습니다.[19]

〈초판〉　　　1536년 남프랑스에서 출간
　　　　　　라틴어로 기록
　　　　　　불어판 없음

〈2판〉　　　 1539년 스트라스부르크에서 출간
　　　　　　초판의 세 배 분량, 17장으로 구성
　　　　　　라틴어로 기록
　　　　　　1541년 불어판 출간

〈3판〉　　　 1543년 제네바에서 출간
　　　　　　21장으로 구성
　　　　　　라틴어로 기록
　　　　　　1545년 불어판 출간

---

19 불페르트 더 흐레이프, 『칼빈의 생애와 저서들』(서울: SFC, 2006), 307.

〈4판〉	1550년 제네바에서 출간
	양심에 관한 설명 추가
	라틴어로 기록
	1551년 불어판 출간
〈최종판〉	1559년 제네바에서 출간
	라틴어로 기록
	1560년 불어판 출간
	분량이 상당히 늘어나서 네 권, 80장으로 구성

칼뱅은『기독교강요』초판을 조국의 언어인 프랑스어가 아니라 라틴
어로 기록했습니다. 왜 칼뱅은 누구나 읽을 수 있는 일상의 언어(프랑
스어)가 아니라 소수만 이해할 수 있는 학문의 언어(라틴어)로『기독교강
요』를 썼을까요? 칼뱅이『기독교강요』를 집필한 중요한 목표 중 하나
가 개신교의 입장을, 프랑스 왕에게 설명하는 것 이었기 때문입니다.
이는『기독교강요』초판이 다음과 같은 인사말로 시작하는 데서 잘 알
수 있습니다.

> 지극히 위대하시고 지극히 영명하시며 지극히 기독교적인 프랑스의
> 왕 프랑수아 폐하에게 존 칼빈은 주 안에서 평강과 문안을 드립니다.[20]

프랑수아 1세는 프랑스의 르네상스를 이끈 인물로서, 프랑스인들이
가장 사랑하는 왕 가운데 한 명입니다. 그 유명한 레오나르도 다 빈

---

20 존 칼빈,『기독교강요(상)』(고양: 크리스챤다이제스트, 2003), 16.

치가 프랑수아 1세의 후원 아래 작품 활동을 했고, 죽을 때까지 프랑스에서 활동했습니다. 레오나르도 다 빈치는 원래 이탈리아 사람입니다.

하지만 프랑수아 1세는 개신교 신자들에게 그다지 호의적이지 않았습니다. 원래는 자신의 누이가 개신교 신자였던 관계로 종교 개혁에 관대했지만, 1534년 발생한 '벽보 사건' 이후로 태도를 바꾸었습니다. '벽보 사건'이란, '무시무시하고 엄청나며 참을 수 없는 교황의 미사 남용에 관한 진실'이라는 제목의 벽보가 파리를 비롯한 주요 도시에 부착된 사건입니다. 심지어 프랑수아 1세의 침실 문에까지 벽보가 붙어 있었다고 합니다. 프랑수아 1세는 이 사건을 계기로 종교 개혁을 자신의 통치에 반대하는 운동으로 여기고, 개신교를 탄압하기 시작합니다.[21] 그래서 칼뱅은 개신교의 입장을 프랑스 왕에게 설명하는 것을 최우선적인 일로 여겼던 것입니다.

『기독교강요』 초판은 1536년 스위스 바젤에서 출판되었는데, 원래 제목은 『기독교강요, 경건에 관한 거의 모든 요점과 구원 교리를 아는 데 필수적인 모든 것을 담고 있음. 경건에 열심을 가진 모든 사람들에게 가장 가치 있는 작품이며 최신판임』이었습니다. 이렇게 긴 제목을 붙이는 것이 당시에는 일반적인 현상이었다고 합니다.[22]

『기독교강요』, 중요한 교리를 체계적으로 정리한 책

『기독교강요』의 가치는 독창성에 있지 않습니다. 예를 들어 칼뱅은

---

21 앨리스터 맥그래스, 『기독교, 그 위험한 사상의 역사』(서울: 국제제자훈련원, 2014), 148.
22 볼페르트 더 흐레이프, 『칼빈의 생애와 저서들』(서울: SFC, 2006), 309

처음 시작하는 기독교강요

『기독교강요』의 첫 머리를 다음과 같이 시작합니다.

> 우리가 지니고 있는 지혜, 즉 참되고 건전한 지혜는 거의 모두가 두 가
> 지 부분으로 되어 있으니, 곧 하나님을 아는 지식과 우리 자신을 아는
> 지식이 그것이다.[23]

그런데 이러한 진술 방식은 그 당시 일반적인 형식이었습니다. 루터,
츠빙글리, 부처와 같은 개혁자들도 동일한 방식으로 자신들의 신앙을
표현했습니다.[24] 특히 루터의 흔적이 강합니다. 『기독교강요』는 형식
과 관련해서는 루터가 1529년에 출간한 『소교리교육서』를 따랐고, 내
용과 관련해서는 루터가 1520년에 출간한 『그리스도인의 자유』와 『교
회의 바벨론 포로』에서 많은 영향을 받았습니다.[25]
　　그렇다면 『기독교강요』의 가치는 어디에 있을까요? 바로 체계성
입니다. 훔볼트 대학교의 라인홀트 교수는 칼뱅을 이렇게 분석했습
니다.

> 그는 새로운 생각을 제시하지는 않았지만, 매우 섬세한 감각으로 교리
> 적 생각들을 … 가지런히 정리했다.[26]

물론 칼뱅의 주장 가운데 독창적인 것들이 전혀 없는 것은 아닙니다.

---

23 존 칼빈, 『기독교강요(상)』(고양: 크리스챤다이제스트, 2003), 41.
24 볼페르트 더 흐레이프, 『칼빈의 생애와 저서들』(서울: SFC, 2006), 311.
25 위의 책, 311.
26 벤자민 B. 워필드, 『칼뱅』(서울: 새물결플러스, 2015), 41.

삼위일체를 풍성하게 설명했고, 그리스도의 사역을 예언자, 제사장, 왕이라는 삼중 직분을 통해 설명했습니다. 무엇보다 성령의 신학자라고 불릴 만큼 성령과 관련해 성경적으로 치밀한 교리를 제시했습니다.[27]

하지만 칼뱅이 가르친 대부분의 교리는 그가 새롭게 만든 것이 아닙니다. 칼뱅의 탁월함은 교부들의 신학, 특히 아우구스티누스의 신학을 정확하고 세밀하게 파악하여, 그것들을 체계적으로 정리한 천재성에 있습니다. 칼뱅은 묻혀 있던 아우구스티누스의 신학을 재발견한 사람이었습니다.

예수님께서는 12사도를 세우셨고, 12사도는 초대 교회를 세웠으며, 초대 교회의 신학은 교부들에게 전해졌습니다. 교부 신학의 정점에는 아우구스티누스가 있었습니다. 그런데 오랫동안 아우구스티누스의 신학은 숨겨졌습니다. 중세 로마 가톨릭이 사도적 복음으로부터 단절되었기 때문입니다. 그런데 혜성같이 등장한 칼뱅이 아우구스티누스의 신학을 소개했습니다. 칼뱅을 통해 초대 교회의 신학이 복원된 것입니다.

바로 이것이 『기독교강요』를 공부해야 하는 이유입니다. 『기독교강요』의 뿌리는 아우구스티누스를 통과하여 사도들과 초대 교회에까지 닿아 있습니다. 『기독교강요』를 공부하는 것은, 역사상 가장 순수했던 교회의 신학을 찾아가는 길입니다.

---

27 위의 책, 42.

본서의 주제에 대한 칼뱅의 서문

『기독교강요』를 본격적으로 읽기에 앞서서, 이 책을 읽는 것이 어떤 유익을 주는지를 간단하게 설명하고 싶다. 성경은 그 자체로 완전한 교리를 포함하고 있지만, 신앙이 성숙하지 않은 사람은 성경이 말하고자 하는 교리를 쉽게 찾을 수 없다. 그렇기 때문에 성경에서 마땅히 찾아야 할 것들을 발견할 수 있도록 도와주는 나침반이 필요하다.

그래서 나는 『기독교강요』를 쓰게 되었다. 비록 이 책이 엄청나게 대단하진 않을지라도, 적어도 성경을 알고자 하는 자들의 눈을 열어 주는 열쇠는 될 수 있을 것이라고 생각한다. 하지만 그런 일이 실제로 일어난다 할지라도 이 책에 대한 모든 칭찬은 오직 하나님께만 돌려져야 마땅할 것이다.

내가 이 책을 통해 의도한 것은 두 가지다. 첫째는 기독교의 핵심 교리를 전달하는 것이고, 둘째는 성경을 이해하는 바른 관점을 전달하는 것이다. 마지막으로 당부하고 싶은 건, 읽다가 이해되지 않는 부분이 나오더라도 포기하지 말고 계속 읽어 나가라는 것이다. 그러다 보면 뒷부분에서 얻은 통찰을 통해 앞부분도 이해하게 될 것이다. 무엇보다 중요한 건 모든 내용을 성경을 통해 검증하라는 것이다. 이 책은 성경 이해를 도와주는 도구일 뿐 성경보다 중요한 건 절대 아니기 때문이다. 그럼 시작해 보자.

제1권
창조주 하나님을 아는 지식

1장
하나님을 알아야만
우리 자신도 알 수 있음

요약

1. 전적타락에 대한 이해는 우리를 하나님께로 인도하는 원동력이 된다.
2. 하나님을 아는 지식이 있어야만, 인간의 참된 본질도 알 수 있다.

아담이 타락한 이후로 모든 인간은 전적으로 부패한 성향을 가지고 태어납니다. 정직하게 자신을 돌아보면, 무지와 허무와 연약함밖에 없음을 발견하게 됩니다. 하지만 그 순간 하나님을 생각할 수 있습니다. 우리에겐 없는 참된 지혜와 모든 선함과 완전한 순결함이 오직 하나님께만 있음을 깨닫는 것입니다. 다시 말해, 우리의 연약함을 깨닫는 것은, 오히려 우리를 하나님께로 인도하는 원동력이 됩니다.

반대되는 측면도 중요합니다. 우리 자신을 아는 지식이 우리를 하나님께로 이끌기도 하지만, 반대로 하나님을 제대로 알아야만 우리 자신도 정확하게 알 수 있습니다. 예를 들어 항상 검은 것만 보았던 사람은, 회색 물체만 보아도 그것을 하얀 것으로 생각할 것입니다. 마찬가지로 우리가 하나님의 지혜와 거룩함을 깨닫지 못한다면, 우리 자신을 무척이나 지혜롭고 거룩한 존재로 생각하기 쉽습니다. 실제로는 미련하고 부패한 존재인데도 말입니다.

우리의 참된 모습은 지극히 거룩하시고 순결하신 하나님께 비추어 볼 때만 정확하게 발견할 수 있습니다. 바로 그것이 하나님의 임재를 경험했던 성도들이 항상 큰 두려움에 휩싸였던 이유입니다.

예를 들어 이사야 선지자는 하나님의 영광을 대면한 후 이렇게 고백했습니다. "화로다 나여 망하게 되었도다 나는 입술이 부정한 사람이요 나는 입술이 부정한 백성 중에 거주하면서 만군의 여호와이신 왕을 뵈었음이로다 하였더라"(사 6:5). 이와 같이 우리의 참된 모습을 제대로 알기 위해서는 반드시 하나님을 먼저 알아야만 합니다.

생각나눔

1. 우리를 아는 지식이 우리를 하나님께로 인도한다는 것은 어떤 의미입니까?

2. 하나님을 알아야만 우리 자신도 알 수 있다는 것은 어떤 의미입니까?

2장
하나님을
안다는 것은?

요약

1. 단순히 지식으로만 아는 것은 하나님을 아는 것이 아니다.
2. 정말 경건한 사람은 하나님께서 알려 주신 대로만 하나님을 알아가는 사람이다.

하나님을 아는 지식은 단순히 지식에만 그쳐서는 안 됩니다. 예를 들어 불신자들도 급하고 당혹한 일이 생기면, "아이고, 하나님 아버지"를 외치는데, 그런 식으로 하나님을 아는 것은 아무 쓸데없습니다.

그러므로 하나님을 알아가되, 경건하게 알아야 합니다. 여기서 '경건'이란 하나님을 두려워하는 마음과 하나님을 사랑하는 마음이 합쳐진 것을 뜻하는 용어입니다. 간단하게 말해서 하나님을 사랑하기 때문에 하나님을 거스르는 것을 두려워하는 것이 경건입니다.

그런 점에서 하나님에 대하여 쓸데없는 질문만 하거나, 하나님을 공상의 대상으로 여기는 사람들은 절대 하나님을 아는 사람이라고 할 수 없습니다. 정말 중요한 것은, "하나님께서는 어떤 분이시며, 그렇다면 우리는 어떻게 살아야 하는가?" 이런 경건한 태도를 가지고 하나님을 알아 가는 것입니다.

결론적으로 정말 경건한 사람은, 불필요한 질문과 헛된 상상의 나래를 펼치며 자기 마음대로 하나님을 알아 가지 않고, 하나님께서 자신을 알려 주신 대로만 하나님을 알아갑니다. 그래서 경건한 사람은 자기가 좋아하는 신의 모습을 하나님께 아무렇게나 갖다 붙이지 않습니다. 대신 성경이 말하는 하나님을 인정하고 받아들입니다. 이런 사람은 반드시 성경의 권위를 높이고, 하나님께 영광 돌리며, 계명에 순종하는 것을 당연하게 여기게 되어 있습니다.

생각나눔

1. 하나님을 참되게 안다는 것은 어떤 것입니까?
2. 우리는 하나님을 경건하게 대하고 있습니까?

3장
하나님을 아는 지식은
우리 본성에 심겨져 있음

요약

1. 우리는 모태에서부터 하나님을 아는 지식을 가지고 태어난다.

우리의 마음속에 하나님을 아는 지식이 본래부터 자리 잡고 있다는 것은 부정할 수 없는 사실입니다. 예를 들어 문명에서 멀리 떨어진 미개한 종족이라 할지라도, 종교가 없는 경우는 찾아보기 힘듭니다. 심지어 우상 숭배조차 그 증거라 할 수 있습니다. 인간이 자신의 오만한 본성을 거슬러 자기보다 높은 신을 만들어 섬긴다는 것은, 그 본성에 신 관념이 심겨져 있다는 증거입니다.

어떤 사람들은 종교를 말하기를, 무지한 대중을 교묘하게 속이는 것이라고 주장하기도 합니다. 그러나 잘 생각해 보면, 그렇게 많은 사람들이 속았다는 것 자체가 신 관념이 인간 본성에 심겨져 있다는 증거입니다. 그렇지 않고서는 누구도 속지 않았을 것입니다.

물론 종교심이 없어 보이는 사람들도 있습니다. 하지만 그들도 일시적으로만 그렇게 보일 뿐입니다. 제정신을 차리고 나면 반드시 하나님을 아는 지식 때문에 불안해하고 두려워하게 되어 있습니다. 마찬가지로 스스로를 무신론자로 자처하는 사람들이 수없이 많지만, 그들 역시도 미지의 대상에 대한 불안감을 가지고 있다는 점에서 진정한 무신론자라고는 할 수 없습니다.

그러므로 하나님을 아는 지식은 학교에서 배워야만 알 수 있는 것이 아니라, 우리 모두가 모태로부터 가지고 나온 것임이 분명합니다. 그것은 잊으려고 노력한다고 하여 잊을 수 있는 것이 아니며, 없애려고 애쓴다 해서 없앨 수 있는 것이 아닙니다.

생각나눔

1. 모든 민족과 종족에게 종교가 있다는 사실에서 알 수 있는 사실은 무엇입니까?

4장
무지와 악의로 말미암아 하나님을 아는 지식이 더럽혀졌음

요약

1. 사람들의 무지와 악의 때문에 성숙한 신앙인을 찾기 힘들다.
2. 사람들은 본성적인 신(神) 지식을 의지적으로 억누르고 있다. 그 결과 미신, 외면, 망상, 위선이 나타난다.

하나님께서 모든 사람들의 마음속에 종교의 씨앗(하나님을 아는 지식)을 심어 놓으셨지만, 실제로 열매를 맺는 사람은 찾아보기 힙듭니다. 그 이유는 사람들의 '죄' 때문입니다. 죄가 사람들의 마음속에 교만과 헛된 생각과 게으름을 집어넣은 결과, 참된 신앙이 사라지게 된 것입니다.

종교의 씨앗이 부패한 결과 네 가지 헛된 양상이 나타나게 되었는데, 그중 하나가 '미신'입니다. 미신이란 하나님에 대한 호기심과 헛된 상상력이 합쳐진 것으로, 하나님을 아는 참된 지식과 아무 상관이 없습니다. 그래서 사도 바울은 "하나님을 알되 하나님을 영화롭게도 아니하며 감사하지도 아니하고 오히려 그 생각이 허망하여지며 미련한 마음이 어두워졌나니 스스로 지혜 있다 하나 어리석게" 되었다고 말한 것입니다(롬 1:21-22).

두 번째는 '외면'입니다. 마음으로부터 우러나오는 신에 대한 자각을 의지적으로 억누르는 것을 의미합니다. 다윗은 이러한 모습을 "어리석은 자는 그 마음에 이르기를 하나님이 없다 하는도다"(시 14:1)라고 표현했습니다. 어떤 사람들은 하나님의 존재는 인정하지만, 그분의 심판은 믿지 않고서 자기 마음대로 살려고 합니다. 이것 역시 하나님을 외면하는 것이라 할 수 있습니다.

세 번째는 '망상'입니다. 망상이란 하나님을 아는 바른 지식 없이 그저 종교적 열심만 내는 것입니다. 이런 사람들은 성경이 말하는 하나님이 아니라, 자신의 어리석은 생각이 만들어 낸 허구의 하나님을 믿고 있습니다. 그런 점에서 우상 숭배자와 다를 바 없습니다.

네 번째는 '위선'입니다. 겉으로는 하나님을 잘 믿는 척하지만, 속으로는 하나님을 경외하지 않는 것을 의미합니다. 이런 사람들은 교회에서는 성도처럼 보이지만, 집에서는 불신자와 똑같이 행동합니다. 위선자들은 하나님을 두려워하긴 하지만 사랑에 근거한 두려움이 아니라 심판에 근거한 두려움을 가지고 있습니다. 심판 때문에 어쩔 수 없이 하나님을 섬기는 척하는 것입니다.

생각나눔

1. 종교의 씨앗이 부패하게 된 이유는 무엇입니까?
2. 망상이란 무엇이며, 왜 그것이 우상 숭배입니까?

5장
하나님의 존재는 온 우주에 드리워져 있음

요약

1. 하나님께서 온 우주와 인간 사회 안에 자신의 흔적을 남겨 놓으셨다.
2. 사람들은 온 우주와 인간 사회 안에 드리워진 하나님의 증거를 억지로 감추고 있다.
3. 사람은 자연을 통한 가르침만으로는 진리에 도달할 수 없다.

하나님께서 온 우주에 자신의 흔적을 남겨 놓으셨으므로, 우리는 눈을 들어 보기만 하면 하나님의 자취를 발견할 수 있습니다. 예를 들어 천체의 움직임을 관찰해 보면, 그렇게 무수히 많은 별들이 엄격한 질서를 갖추고 있음을 확인할 수 있고, 인간의 몸 역시 신체의 각 부분이 완벽한 균형과 독창성을 가지고 있음을 알 수 있습니다. 그래서 사도 바울은 "이는 하나님을 알 만한 것이 그들 속에 보임이라 하나님께서 이를 그들에게 보이셨느니라 창세로부터 그의 보이지 아니하는 것들 곧 그의 영원하신 능력과 신성이 그가 만드신 만물에 분명히 보여 알려졌나니 그러므로 그들이 핑계하지 못할지니라"(롬 1:19-20)라고 선포했던 것입니다.

그런데 사람들은 하나님께서 살아 계시다는 증거들을 억지로 감추고 있습니다. 바로 여기서 인간의 핑계할 수 없는 배은망덕함이 드러납니다. 예를 들어 어떤 사람들은 하나님의 영광이 드러나는 자연을 보면서, 자연과 하나님을 대치시키는 오류를 범합니다. 하나님이 아니라, 자연 그 자체를 찬양함으로써 하나님의 영광을 훼손합니다.

하나님께서 살아 역사하신다는 사실은 '섭리'를 통해서도 발견할 수 있습니다. 예를 들어 하나님께서는 경건한 자들에게는 특별한 자비를 베푸시고, 악한 자들과 범죄자들에게는 벌을 내리십니다. 물론 때로는 의인들이 어려움에 처하기도 하고, 악인들이 득세하기도 하지만, 그건 하나님의 특별한 목적 때문입니다. 인류의 역사를 살펴보면 그 이면에서 살아 역사하시는 하나님의 간섭을 결코 부인할 수 없습니다. 그래서 우리는 하나님께서 역사하시는 일들을 바라볼 때 경이와 감동에 젖을 수밖에 없습니다. 이러한 자극은 더욱더 하나님을 예배하게 하고, 미래에 대한 소망을 가지도록 합니다. 하지만 사람들은 너무나 어리석어서 그토록 분명한 증거를 통해서도 하나님을 발견하지 못하고 있습니다. 인간 사회 속에 드리워진 하나님의 섭리의 손길도, 하나님의 역사로 인정하기보다는 운명에 불과한 것으로 생각합니다. 그 결과 이 세상엔 온갖 미신과 헛된 철학과 우상이 가득하게 되었습니다.

그러므로 사람이란 존재는 자연을 통한 가르침만으로는 진리를 찾을 수 없음이 확실합니다. 비록 하나님의 창조 세계가 그분의 영광을 드러내기 위해 그토록 많은 빛을 비추고 있지만, 타락한 인간에겐 그 모든 것이 그저 헛될 뿐입니다. 그러나 하나님을 찾지 못하는 이유는 우리의 미련함에 있기 때문에, 그 누구도 핑계해선 안 됩니다.

생각나눔

1. 자연 속에서 하나님의 존재를 발견할 수 있습니까?

2. 역사 속에서 하나님의 존재를 발견할 수 있습니까?

6장
창조주 하나님을 발견하기 위해서는 성경이 필요함

요약

1. 하나님께서는 성경(특별계시)을 통해 자신을 나타내신다.
2. 자연계시만으로는 구원에 이르는 지식을 얻을 수 없다.

눈이 흐린 사람이 또렷하게 보기 위해 안경이 필요한 것처럼, 타락한 인간이 하나님을 바로 보기 위해서는 성경이 필요합니다. 성경은 기록된 하나님의 말씀입니다. 앞에서 살펴본 것처럼 인간의 마음은 하나님을 잊어버리기 쉽고, 온갖 종류의 오류에 미혹되기 쉽습니다. 심지어 새로운 종교를 만들어 내려는 욕망도 가지고 있습니다. 그래서 하나님께서는 하늘의 교리가 잊히거나 왜곡되지 않도록 그것을 기록하셔서 성경이라는 증거로 남겨 주셨습니다.

하나님께서는 자연을 통해서도 말씀하시지만, 자연만으로는 하나님을 충분히 알 수 없습니다. 인간이 타락하고 부패했기 때문입니다. 하나님께서 존재하신다는 정도의 지식은 자연에서도 얻을 수 있지만, 구원에 이르는 지식은 자연만으로는 알 수 없습니다. 하지만 성경은 하나님과 구원을 분명하고 구체적으로 말하고 있으므로 하나님을 알기 원한다면 반드시 성경을 통해 하나님을 보아야 합니다.

1. 하나님을 알기 원하는 사람이 반드시 성경을 보아야 하는 이유는 무엇입니까?

2. 자연만으로 하나님을 충분히 알 수 있습니까?

7장
성경의 권위는
교회가 아니라 성령께 달려 있음

요약

1. 성경이 교회의 터 위에 세워진 것이 아니라, 교회가 성경의 터 위에 세워져 있다.
2. 성경이 진리라는 근거는 '성령의 내적 증거'에 있다.

로마 가톨릭은 성경의 권위가 교회에서 나온다고 주장합니다. 교회가 '성경'으로 인정해야만 비로소 성경으로서의 권위를 가지게 된다는 것입니다. 하지만 성경의 권위는 교회가 아니라 하나님께 달려 있습니다. 교회가 있기 전에 이미 하나님의 말씀으로서 성경이 존재했기 때문입니다.

성경의 권위를 교회가 승인해 주었다는 주장 역시 잘못되었습니다. 만약 여기저기 흩어진 하나님의 말씀을 교회가 모아서 검증한 후에 최종적으로 그 권위를 인정해 주었다고 한다면, 성경이냐 아니냐 하는 판단을 인간이 좌우한 것이 되어 버립니다. 그리고 성경의 권위가 교회나 사람에게 달려 있다고 보는 순간, 성경의 권위는 절대적인 것이 아니라 불완전한 것이 되고 맙니다. 만약 성경의 권위가 불완전하게 되면, 성경을 믿는 사람들의 신앙 또한 불완전하게 됩니다.

사도 바울은 성경이 교회의 터 위에 세워져 있는 것이 아니라, 교회가 "사도들과 선지자들의 터 위에"(엡 2:20) 세워져 있다고 말했습니다. 교회가 존재하기 이전에 이미 성경은 그 자체로 권위를 가지고 있었던 것입니다. 그러므로 교회가 해야 할 일은 성경에 권위를 부여하는 일이 아니라 성경을 하나님의 말씀으로 인정하고 높이는 일입니다.

그렇다면 어디서 성경의 권위를 확인할 수 있을까요? 성경이 하나님의 말씀이라는 최고의 증거는, 성경을 통해 말씀하시는 하나님 자신께 있습니다. 참된 성도라면 누구나 하나님께서 성경 안에서 말씀하신다는 사실을 인정하지 않을 수 없습니다. 누구든지 편견 없는 시선으로 성경을 보기만 하면, 그 즉시 하나님의 위엄을 발견할 수 있다는 뜻입니다.

그러므로 성경이 진리라는 근거는 인간의 판단과 이성이 아니라, '성령의 내적 증거'에 두어야 합니다. 성령의 내적 증거란, 성도의 마음속에 거하시는 성령께서 친히 성경이 하나님의 말씀임을 인정하고 깨닫도록 하시는 것을 말합니다. 아무리 성경이 그 자체로 하나님의 영광을 드러내고 있다 할지라도, 성령의 내적 증거가 없는 사람은 결코 성경이 하나님의 말씀임을 받아들일 수 없습니다. 그래서 그토록 뛰어난 재능을 가진 사람들도 성경을 하나님의 말씀으로 믿지 않는 경우가 있는 것입니다.

생각나눔

1. 성경의 권위를 교회가 승인해 주어야 한다면 어떤 문제가 발생합니까?

2. 성령의 내적 증거란 무엇입니까?

8장
성경의 신빙성은 인간의 이성을 통해서도 충분히 확인할 수 있음

요약

1. 성령의 인도를 받는 사람은 성경이 하나님의 말씀임을 믿지 않을 수 없다.
2. 신적인 지혜, 모세의 증언, 예언의 성취, 역사적 사실들은 모두 성경이 하나님의 말씀임을 증거한다.

성경을 하나님의 말씀으로 인정하고 읽기 시작하면, 신적인 지혜가 그토록 잘 배열되어 있다는 사실에 놀라지 않을 수 없습니다. 속된 것이 하나도 없는 것, 각 부분이 다른 모든 부분들과 아름답게 조화를 이루는 것, 그리고 단순한 언어로써 그 큰 위엄을 나타내는 것을 볼 때, 성경에 대한 우리의 믿음이 참이라는 것이 확실하게 드러납니다.

성경의 신빙성은 모세를 통해서도 잘 드러나는데, 모세는 자기 가문과 가족의 수치스럽고 부끄러운 사건을 숨김없이 기술하고 있습니다. 또한 모세가 기록한 무수한 이적들 역시 그가 받은 말씀이 하나님의 말씀임을 입증하는 증거입니다. 어떤 이는 모세의 기록이 사실이 아닐 수도 있다고 주장하지만, 모세가 그 사건들을 직접 목격한 사람들 앞에서 이 모든 일을 공포했다는 점을 생각해 본다면 불가능한 일입니다. 모세에게 저항하는 세력들이 그토록 많았는데, 모세가 있지도 않았던 일을 사실처럼 말할 수는 없었을 것입니다. 백성 모두가 모세의 말에 귀 기울인 이유는 자신들이 그 이적들을 실제로 체험했기 때문으로 보아야 합니다.

성경에 기록된 예언 역시 성경의 신빙성을 입증하는 증거입니다. 모세는 유다 지파에서 왕이 나올 것과 이방인들도 하나님의 언약 안에 들어올 것을 예언했는데(창 49:10), 실제로 사백 년 후에 유다 지파의 다윗이 왕이 되고, 이 천 년 후에 복음이 온 세계로 퍼져 나가면서 그대로 성취되었습니다. 이사야는 유다 백성들이 포로 될 것과 해방될 일을 예언하였는데 역시 그대로 이루어졌고, 심지어 유다 백성을 해방시킬 왕의 이름이 고레스라는 것까지 정확하게 예언했습니다(사 44:28). 다니엘은 향후 600년 동안 있게 될 일을 예언하기까지 했으니, 성경이 하나님의 말씀이라는 증거는 너무나 확실합니다.

역사적 사실을 통해서도, 성경이 하나님의 말씀임을 알 수 있습니다. 하나님의 말씀을 보존하는 책임이 이스라엘 민족에게 맡겨져 있었는데, 여러 차례의 전란 속에서도 성경은 손상을 입지 않았고, 끊임없이 읽혀지고 필사됨으로써 안전하게 보존되었습니다. 하나님의 섭리 없이는 불가능한 일입니다.

신약성경 저자들의 면면을 살피는 일도 중요합니다. 마태는 백성들의 돈을 갈취하던 세리였고, 베드로와 요한은 많이 배우지 못한 어부였으며, 사도 바울은 그리스도인들을 원수같이 여기던 사람이었습니다. 이런 사람들이 갑자기 변화되어 하늘의 신비를 기술하고 강론하기 시작했으니, 이것이야말로 하나님께서 성령을 통해 그들을 사용하신 분명한 증거입니다.

성경은 거의 모든 시대마다 온갖 공격을 받아왔음에도, 지금까지 그대로 보존되고 있습니다. 하나님의 간섭 없이는 불가능한 일입니다. 게다가 성경을 하나님의 말씀으로 믿는 일이 제한적이지 않고, 모든 나라와 민족 가운데서 일어나고 있으며, 심지어 문화적 배경과 성향이 다른 사람들조차 일관되게 성경을 통해 감화를 받고, 그것의 권위를 하나님께 돌린다는 사실을 볼 때 성경의 권위를 결코 부정할 수 없습니다. 더욱이 수많은 순교자들이 성경의 교리를 지키기 위해 피 흘려 죽기까지 했다는 사실과 성경을 따르는 자들의 경건한 삶을 볼 때, 성경은 하나님의 말씀임이 분명합니다.

생각나눔

1. 성경에 기록된 예언은 어떤 식으로 성경이 하나님의 말씀임을 입증합니까?

2. 역사적 사실들은 어떤 식으로 성경이 하나님의 말씀임을 입증합니까?

처음 시작하는 기독교강요

9장

계시가 아니라 성경을 추구해야 함

요약

1. 하나님을 알기 위해서는 직통 계시가 아니라 성경을 추구해야 한다.

2. 성령께서는 새로운 계시를 만들어 내시는 분이 아니다.

어떤 사람들은 이제 성령의 시대가 되었기 때문에 예전처럼 성경을 통해 하나님을 찾을 것이 아니라, 성령께서 주시는 직통 계시를 통해 하나님께 도달해야 한다고 주장합니다. 하지만 주님의 사도들과 제자들 역시 동일한 성령을 받았지만, 그들 중 누구도 성경을 멸시한 경우가 없었음을 기억해야 합니다. 심지어 사도 바울은 삼층천(낙원)에 이끌려 올라가는 특별한 체험을 했으면서도(고후 12:2), 디모데를 향해 성경 읽는 일에 더욱 열심을 내라고 권면했고, 그 스스로도 성경의 가치를 높이 찬양했습니다(딤후 3:16-17). 그러므로 성경이 성령께서 오시기 전까지 일시적으로만 효용이 있었던 것이라는 주장은 마귀에게 사로잡힌 결과라고 보지 않을 수 없습니다.

우리 주님께서도 성령을 약속하시면서, "스스로 말하지 않고 오직 들은 것을 말하며 … 내 것을 가지고 너희에게 알리시"는 분이라고 말씀하셨습니다(요 16:13-15). 성령께서는 이전에 없던 새로운 계시를 만들어 내시는 분이 아니라, 주님께서 완성하신 복음이 우리 마음에 이해되도록 돕는 분입니다. 우리가 하나님의 성령을 통해 진정한 유익을 누리기 원한다면, 성경을 읽는 일에 더욱 열심을 내어야 마땅합니다.

　성경이 중요한 또 다른 이유는 사탄이 자신을 광명의 천사로 위장하기 때문입니다(고후 11:14). 성령의 음성인지 천사를 가장한 사탄의 음성인지 무엇으로 구분할 수 있을까요? 성경밖에 없습니다. 성경에 없는 교리를 제시한다면 성령이 아니라 사탄의 영이 분명합니다. 그러므로 성경을 명확한 기준으로 삼아 영의 역사를 분별할 수 있어야 합니다. 그럼에도 불구하고 어떤 사람들은 잠꼬대를 하고 코를 고는 와중에 품게 된 생각조차도 성령께서 주신 것이라고 주장하니 실로 어리석은 일입니다. 우리는 이와 다른 방식으로 성령을 존중해야 합니다. 성령의 도움 없이는 단 한 자도 이해할 수 없다는 마음으로 성경을 대하는 것이 진실로 성령을 존중하는 태도입니다.

생각나눔

1. 직통 계시를 주장하는 사람들이 간과하는 사실은 무엇입니까?

2. 성령을 존중하는 바른 태도는 무엇입니까?

10장
성경을 보아야만
우상과 구별되는 하나님을 만날 수 있음

요약

1. 성경이 계시하는 하나님은 자연계에 드리워진 하나님과 동일하다.
2. 성경이 말하는 것과 다른 신을 믿는 자들은 그 책임에서 벗어날 수 없다.

지금까지 성경을 통해서만 하나님을 분명하게 알 수 있음을 살펴보았습니다. 그래서 여기서는 성경이 계시하는 하나님이 만물 안에 계시된 하나님과 동일한 분인지를 생각해 보려 합니다.

성경을 본 후에 자연을 보면, 지금껏 깨닫지 못했던 하나님의 성품과 능력이 온 천지 만물에 스며 있음을 알게 됩니다. 역사 역시 마찬가지입니다. 성경을 본 후에 역사를 공부하면, 하나님께서 각 시대마다 간섭하시고 일하셨음을 인정하지 않을 수 없습니다.

그와 동시에, 성경이 말하는 하나님의 성품과 자연에서 발견할 수 있는 하나님의 성품이 정확하게 일치한다는 사실도 발견할 수 있습니다. 예를 들어 세상 역사를 면밀히 살펴보면 하나님께서 자기 백성들을 보호하신다는 사실과 악한 자들을 정의롭게 벌하신다는 사실을 알 수 있는데, 이것은 성경이 말하는 것과 정확히 일치합니다. "나 여호와는 사랑과 정의와 공의를 땅에 행하는 자"(렘 9:24)라고 예레미야 선지자가 말하고 있으니 말입니다.

하나님께서는 우리가 하나님께만 영광을 돌리고, 하나님만 신뢰하기를 원하십니다. 그래서 하나님께서는 자연 구석구석에 자신의 흔적을 남겨 놓으셨습니다. 성경에서만이 아니라 자연 만물 속에서도 하나님을 발견하기를 원하셨던 것입니다.

하나님의 이러한 배려에도 불구하고, 사람들은 수많은 신을 만들어 내고 있습니다. 거짓 신을 만들어 낼 뿐만 아니라 그것을 유포함으로써 진리를 훼손합니다. 그들은 결코 그 책임에서 자유롭지 못합니다. 하나님께서는 반드시 그들을 심판하실 것입니다. 우리는 말씀으로 자신을 계시하신 하나님 외에 결코 다른 신을 믿어선 안 됩니다.

생각나눔

1. 성경이 계시하는 하나님과 자연계에 드리워진 하나님은 어떤 측면에서 동일합니까?

11장
하나님을 눈에 보이는 형상으로
제작해선 안 됨

요약

1. 하나님을 형상화하는 것은 하나님의 높으신 위엄을 더럽히는 일이다.
2. 교육을 목적으로 하나님을 형상화하는 것도 올바르지 않다.
3. 하나님을 형상화하는 것은 필연적으로 우상 숭배를 불러일으킨다.

로마 가톨릭의 예배당에는 숭배의 대상이 되는 형상이 많습니다. 예수님의 형상뿐만 아니라, 그들이 성모라고 부르는 마리아의 형상도 있습니다. 하지만 하나님을 형상으로 만들거나 형상을 예배의 도구로 여기는 것은 결코 성경적이지 않습니다. 하나님께서는 모세를 통해 "너를 위하여 새긴 우상을 만들지 말고 또 위로 하늘에 있는 것이나 아래로 땅에 있는 것이나 땅 아래 물 속에 있는 것의 어떤 형상도 만들지 말"라고 분명히 말씀하셨습니다(출 20:4).

하나님을 어떤 형상으로도 만들어선 안 되는 근본적인 이유는, 하나님께서는 인간이 다 이해할 수 없고 측량할 수도 없는 분이시기 때문입니다. 하나님께서는 온 우주 만물을 창조하셨고 온 세상을 품고 계시는데, 그런 하나님을 나무나 돌, 또는 금이나 은으로 형상화하는 것은 하나님의 높으신 위엄을 더럽히는 일입니다.

어떤 사람은 하나님께서도 임재의 표징을 통해 자신을 형상화하시지 않았느냐고 주장합니다. 예를 들어 성령께서 비둘기 모양으로 나타나신 것 말입니다(마 3:16). 하지만 하나님께서 비둘기 모양의 형상이 그 즉시 사라지도록 하신 것은, 성령 하나님이 눈으로 볼 수 없는 분임을 분명히 하시고, 그리하여 사람으로 하여금 외형적인 상징물을 추구하지 않도록 하신 것으로 보아야 합니다. 더욱이 하나님의 곁을 지키는 스랍들조차 하나님의 영광의 광채를 똑바로 쳐다보지 못하여서 날개로 자신들의 눈을 가리고 있음을 생각한다면(사 6:2), 인간이 하나님을 볼 수 있는 형상으로 제작하는 것은 어리석은 일입니다.

어떤 사람은 가장 존귀한 재료인 은과 금으로 하나님을 형상화하는 것은 하나님을 영광스럽게 하는 것이 아니냐고 주장하기도 하지만 성경은 "열국의 우상은 은금이요 사람의 손으로 만든 것이라"(시 135:15)고 분명히 못 박고 있습니다. 은과 금처럼 인간이 가장 가치 있게 여기는 것이라 할지라도, 하나님의 영광에 비하면 아무것도 아니라는 뜻입니다. 아무리 가치 있는 재료로 하나님을 만든다 할지라도, 결국엔 하찮은 인간의 재능을 물질에 옮기는 것에 지나지 않습니다.

오래 전 그레고리우스 교황은 성경을 이해할 수 없는 무지한 자들을 위해서는 형상이 필요하다고 주장했습니다. 실제로 로마 가톨릭은 그림과 형상으로 성도들을 교육하여, 성도들을 그림과 형상의 제자로 전락시켰습니다. 그들은 하박국 선지자의 경고를 들어야 합니다. "새긴 우상은 그 새겨 만든 자에게 무엇이 유익하겠느냐 부어 만든 우상은 거짓 스승이라 만든 자가 이 말하지 못하는 우상을 의지하니 무엇이 유익하겠느냐"(합 2:18).

하나님을 형상화해선 안 되는 또 다른 이유는, 이 헛된 것들이 곧바로 우상 숭배의 도구가 되기 때문입니다. 사람들은 너무나 어리석어서 하나님을 눈에 보이는 형상으로 만들고 나면, 하나님의 권능이 그 안에 있다고 생각하게 됩니다. 그러니 형상을 숭배하지 않을 수 없습니다. 그리고 사람들은 보이지 않는 하나님을 향해 기도하는 것보다 눈에 보이는 형상을 가까이 두고 기도하면, 하나님께서 더 잘 들어 주실 것이라고 생각합니다.

하나님의 말씀이 모든 종류의 형상 제작을 금하는 것은 아닙니다. 하나님을 형상으로 만들어선 안 되는 이유는, 하나님께서는 눈으로 볼 수 없는 분이시기 때문입니다. 그런 점에서 우리가 눈으로 볼 수 있는 자연 만물 중 일부를 형상이나 그림으로 제작하는 것은 문제 되지 않습니다. 그러나 결코 볼 수 없고 제한할 수 없는 하나님을 볼 수 있게 표현하거나 특정한 모양으로 제한함으로써 그분의 영광과 위엄을 훼손해선 안 됩니다.

생각나눔

1. 하나님을 형상화해선 안 되는 근본 이유는 무엇입니까?

2. 은과 금을 재료로 하나님을 형상화하는 것조차 금지되는 이유는 무엇입니까?

12장

유일한 예배의 대상이신
하나님

요약

1. 하나님께만 돌려져야 할 영광을 다른 존재에게 돌려서는 안 된다.
2. 하나님과 다른 대상을 함께 예배하는 것은 참된 예배가 아니다.

사도 요한은 천사에게 무릎 꿇은 일로 엄하게 책망받았습니다(계 19:10). 경배의 대상은 하나님 한 분밖에 없기 때문입니다. 고넬료의 경우도 마찬가지입니다. 그가 사도 베드로 앞에 엎드려 절했던 이유는 (행 10:25) 베드로를 하나님으로 생각했기 때문이 아니라 단순한 존경의 의미였습니다. 그럼에도 베드로는 그 행위를 중단시켜야 했습니다. 전적으로 하나님께만 돌려져야 할 영광을 자신이 가로채서는 안 됨을 알았기 때문입니다.

그러므로 로마 가톨릭이 죽은 영웅들을 성자로 높여 경배하는 것은 명백한 우상 숭배입니다. 하나님께서는 예배의 대상이시며, 성자들은 봉사의 대상일 뿐이라고 말하지만, 거기서 말하는 봉사는 종으로서의 복종을 의미합니다. 누군가의 종이 되는 일은 누군가를 예배하는 것보다 더 큰 헌신을 요구하는 일입니다. 로마 가톨릭의 주장을 그대로 따르면, 하나님보다 사람에게 더 큰 것을 돌려야 한다는 뜻으로밖에 생각할 수 없습니다.

예배의 대상은 하나님 한 분밖에 없습니다. 하나님을 최고의 신으로 모시면서 다른 신들을 작은 신으로 섬기는 것은, 하나님께만 돌려져야 할 예배를 갈기갈기 찢어 놓는 우상 숭배에 지나지 않습니다. 그러므로 수호신들이나 하급신들, 혹은 죽은 영웅들을 경배하면서, 동시에 여호와 하나님도 섬기는 행위를 엄격히 금지시켜야 합니다.

생각나눔

1. 천사가 자신에게 무릎 꿇은 요한을 엄하게 책망한 이유는 무엇입니까?
2. 로마 가톨릭의 성자 숭배 사상은 어떤 측면에서 우상 숭배입니까?

13장

한 본질 안에, 삼위(三位)로 계신 하나님

1. 여호와가 우상과 구별되는 가장 큰 차이점은, 삼위(三位)로 존재하신다는 사실이다.
2. 예수님께서는 성부와 동일한 하나님이시다.
3. 성령께서는 성부 성자와 동일한 하나님이시다.
4. 하나님의 한 본질 안에 삼위가 계시며, 삼위 하나님께서는 각각 구별되신다.

하나님께서는 다른 모든 우상들과 구분되는 분이십니다. 성경은 하나님을 무한하시고 영이신 분으로 묘사하는데, 이러한 본질은 오직 하나님께만 해당됩니다. 어떤 사람들은 성경이 하나님을 '의인화'하는 것을 근거로 하나님께 형체가 있는 것처럼 생각하기도 하는데, 그러한 묘사는 높이 계신 하나님께서 미련한 우리를 이해시키기 위해서 자기를 낮추어 표현한 것에 지나지 않습니다.

여호와께서 다른 모든 우상들과 구별되는 가장 큰 특징은 '삼위'로 존재한다는 것입니다. '위'라는 용어는 하나님으로서의 본질을 담고 있는 '실재'(subsistence)를 의미합니다. 그러므로 삼위일체는 하나님이라는 동등한 지위와 영광을 가진 삼위가 존재한다는 의미입니다. 그래서 단순히 여호와라고 부를 때는, 성부, 성자, 성령 세 분 모두를 포함하지만, 성부, 성자, 성령께서 각각 따로 불리거나 서로 비교될 때에는 구분해서 이해해야 합니다. 삼위일체라는 용어를 처음 사용한 것으로 알려져 있는 교부 테르툴리아누스는 이것을 "하나님의 본질의 단일성에 영향을 미치지 않는 일종의 분배 혹은 경륜이 하나님 안에 있다"라고 표현했습니다.

일반적으로 성부의 신성을 의심하는 경우는 없습니다. 그래서 성자와 성령께서 어떻게 성부와 동일한 하나님이신지를 성경을 통해 살펴보려 합니다. 어떤 이단은 예수님을 성부의 창조물이라고 주장하지만, 히브리서 1장 2절은 예수님을 창조주 하나님으로 설명합니다. 동시에 사도 요한 역시 말씀이신 예수님께서 태초에 성부와 함께 천지를 창조하셨다고 말합니다(요 1:1-3). 그러므로 말씀이신 예수님께서는 성부와 동일하시고, 영원토록 변함없으신 여호와 하나님이십니다. 또 다른 이단은 성부께서는 영원 전부터 계셨지만 예수님께는 시작된 시점이 있을 것이라고 주장합니다. 하지만 예수님께서 직접 이렇게 말씀하신 것을 볼 때, 예수님 역시 시작과 끝이 없는 분이십니다. "아버지여 창세 전에 내가 아버지와 함께 가졌던 영화로써 지금도 아버지와 함께 나를 영화롭게 하옵소서"(요 17:5).

구약의 선지자들은 예수님께서 이 땅에 오시기 훨씬 전부터, 예수님을 여호와 하나님으로 선언했습니다. 이사야 선지자는 오실 예수님에 대해 "이는 한 아기가 우리에게 났고 한 아들을 우리에게 주신 바되었는데 그의 어깨에는 정사를 메었고 그의 이름은 기묘자라, 모사라, 전능하신 하나님이라, 영존하시는 아버지라, 평강의 왕이라 할 것임이라"(사 9:6)라고 예언하였고, 예레미야 선지자는 "여호와의 말씀이니라 보라 때가 이르리니 내가 다윗에게 한 의로운 가지를 일으킬 것이라 그가 왕이 되어 지혜롭게 다스리며 세상에서 정의와 공의를 행할 것이며 그의 날에 유다는 구원을 받겠고 이스라엘은 평안히 살 것이며 그의 이름은 여호와 우리의 공의라 일컬음을 받으리라"(렘 23:5-6)라고 예언하였습니다.

신약에서는 예수님께서 여호와 하나님이시라는 근거를 무수히 발견할 수 있지만, 중요한 것만 예로 들자면 다음과 같습니다. 로마서 14장 11절은 예수님을 심판하시는 하나님으로 설명합니다. "주께서 이르시되 내가 살았노니 모든 무릎이 내게 꿇을 것이요 모든 혀가 하나님께 자백하리라"(롬 14:11). 빌립보서의 증거는 좀 더 직설적입니다. "그는 근본 하나님의 본체시나 하나님과 동등됨을 취할 것으로 여기지 아니하시고 오히려 자기를 비워 종의 형체를 가지사 사람들과 같이 되셨고"(빌 2:6-7).

뿐만 아니라 예수님께서 만물을 붙들고 계시다는 히브리서의 증언(히 1:3), 죄를 사하셨다는 마태의 기록(마 9:6), 사람의 마음을 꿰뚫어 보셨다는 요한의 증언은(요 2:25) 예수님의 신성을 입증하는 확실한 증거입니다. 더 나아가 복음서 기자들은 예수님께서 죽은 자를 살리시고, 문둥병자를 고치시며, 귀신을 쫓아내셨음을 기록하고 있으므로, 예수님께서 성부 하나님과 동등한 분이심은 부인의 여지가 없는 사실입니다.

성령께서 성부와 동등한 여호와시라는 사실도 성경을 통해 명백하게 입증할 수 있습니다. 모세는 하나님의 성령께서 수면 위에 운행하셨다는 기록을 통해(창 1:2) 성부의 창조 사역에 성령께서도 동참하셨음을 밝히고 있습니다. 또한 성경은 성도를 중생하게 하는 능력의 근원이 성령이시라고 말함으로써, 성령께서 우리를 구원하시는 하나님이시라고 증언합니다(요 3:5). 뿐만 아니라 성경은 모든 은사의 근원이 성령이시라고 말하는데(고전 12:11), 이것은 성령께서 성부와 동등하시다는 확실한 증거입니다.

거기에 더해서, 성령을 직접 하나님이시라고 부르는 경우도 수없이 많습니다. 예를 들어 사도 바울은 성령께서 우리 안에 거하신다는 사실을 근거로 우리를 하나님의 성전이라고 말하고(고전 3:16), 베드로는 아나니아가 성령을 속인 일을 하나님께 거짓말한 것이라고 책망합니다(행 5:3-4).

그러므로 하나님의 지위와 영광을 가진 분이 삼위로 존재한다는 사실과 그 삼위가 각각 구별되는 하나님이심을 의심할 수 없습니다. 성부와 성자와 성령께서는 동일한 하나님이시며, 동시에 구별되는 위격을 가지고 계십니다. 이 사실을 아우구스티누스는 이렇게 설명했습니다. "그리스도께서는 자기 자신에 대해서는 하나님이시라 불리시지만, 성부와 관계된 측면에서는 성자로 불리신다. 또한 성부께서도 자기 자신에 대해서는 하나님으로 불리시지만 성자와 관계된 측면에서는 성부로 불리신다. 성자와 관계된 측면에서 성부로 불리시는 한 그는 성자가 아니시며, 또한 성부와 관계된 측면에서 성자로 불리시는 한 그는 성부가 아니시다." 그래서 성경이 구체적인 언급 없이 그냥 하나님의 이름을 말하는 경우에는, 성부와 성자와 성령을 동시에 지칭하는 것으로 볼 수 있습니다. 그러나 성자와 성부를 함께 언급하거나 성자와 성령을 함께 언급할 때에는 그 위격들을 구분해서 이해해야 합니다.

삼위일체에 관한 이단들의 사설과 공격이 수없이 많지만, 다음의 사실을 굳게 붙들기만 하면 충분히 논박할 수 있습니다. 한 분 하나님의 본질은 단일하며 분리되지 않는다는 것과 그 본질이 성부와 성자와 성령께 모두 속한다는 것입니다. 하지만 성부만의 고유한 특성이 있고, 성자만의 고유한 특성이 있으며, 성령만의 고유한 특성이 있음을 주의해야 합니다. 그리고 삼위일체는 그 누구도 선명하게 이해할 수 없는 신비한 교리이기에, 언제나 최고의 공경과 신중함으로 다루어야 합니다. 삼위일체 교리의 신비에 대해 그리스의 대주교이며, 니케아 신경 확립에 크게 기여했던 교부 그레고리우스는 다음과 같이 말한 바 있습니다. "한 분 하나님을 생각하자마자 즉시 삼위의 광채에 싸이게 되고, 삼위를 구별하여 보자마자 곧바로 다시 한 분 하나님으로 되돌아가게 된다."

생각나눔

1. 삼위일체라는 용어의 뜻은 무엇입니까?

2. 성령께서 성부, 성자와 동등한 하나님이시라는 증거는 무엇입니까?

14장

천사의 창조를 통해 나타난 하나님의 영광

요약

1. 하나님께서는 모든 좋은 것들이 마련된 후에 인간을 창조하셨다.
2. 천사들은 하나님의 피조물로서 하나님의 명령을 수행하는 존재다.
3. 어떤 천사들은 성도들을 지키고 보호하는 일을 한다.
4. 하나님께서 천사들과 함께 일하시는 이유는 하나님께 천사의 도움이 필요해서가 아니라, 성도들의 연약한 마음을 위로하시기 위해서다.
5. 마귀의 악독함은 창조에서 비롯된 것이 아니라 스스로 부패한 결과이다.
6. 사탄은 독립적이지 않고 하나님의 권능 아래 복종하는 존재다.

타락한 인간에겐 자기 마음대로 하나님을 사색하는 성향이 있습니다. 창조에 관해서도 마찬가지입니다. 그래서 창조에 관한 수많은 망상이 존재합니다. 이런 사람들에게 다음 이야기를 전해 주고 싶습니다. 어떤 부끄러움 없는 사람이 한 경건한 노인에게, "하나님께서 온 세상을 만드시기 전에는 어떤 일을 하셨냐?"고 물었습니다. 그러자 그 노인이 답하기를, "하나님께서는 당신처럼 불필요한 호기심을 가지는 자들을 위해 지옥을 만들고 계셨다"라고 대답했다고 합니다. 우리 역시 경건한 노인의 말을 귀담아 듣고, 하나님의 창조에 관해 성경이 말하는 것 이상을 알려고 해선 안 됩니다.

경건한 마음으로 성경을 묵상한다면, 창조 기사에 담긴 하나님의 사랑을 발견하고 놀라지 않을 수 없습니다. 예를 들어 제6일에 사람을 창조하신 이유는, 모든 좋은 것이 마련된 뒤에 사람을 창조하시기 위해서였습니다. 만약 땅과 바다가 황폐한 시기에 아담이 창조되었다면, 그가 제대로 살 수 있었을까요? 다행히 그런 끔찍한 일은 일어나지 않았습니다. 하나님께서는 해와 달과 별을 지으시고, 땅과 물에 온갖 생물이 가득하게 하시며, 충분한 과일과 식물이 자라게 하신 후에, 인류를 지으셨습니다.

하나님의 창조를 묵상하면서 꼭 이해하고 넘어가야 하는 것이 천사에 관한 것입니다. 창조에 관한 탐구를 통해 하나님을 알고자 한다면, 천사처럼 탁월하고 고귀한 존재를 그냥 넘어갈 수 없습니다. 다만 천사와 같은 천상의 존재를 살펴볼 때에는 성경이 말하는 것 이상을 추구해서는 안 된다는 것을 유념해야 합니다. '디오니시우스'는 자신이 직접 눈으로 본 것을 『천상의 위계 질서』라는 책으로 냈다고 주장하지만, 그 진실성을 믿기 힘듭니다. 사도 바울 역시 천상을 직접 보았지만, 거기에 대해 구체적인 말을 한 마디도 하지 않았을 뿐더러, 자기가 본 것을 말하는 것이 합당치 않다고 주장했기 때문입니다(고후 12:4). 하나님의 말씀이 제시하는 것 외에는 어떠한 추측도 하지 않는 것은 진리를 추구할 때에 매우 중요한 태도입니다.

천사들은 하나님의 종으로서 하나님의 명령을 수행하는 존재입니다. 하나님과 구별된 존재가 아니라 하나님께 종속된 피조물입니다(시 103:20-21). 그들이 천사, 즉 하늘의 사자라고 불리는 것은 하나님께서 자신의 뜻을 전달하는 중개자로 천사를 사용하시기 때문입니다. 천사

처음 시작하는 기독교강요

의 또 다른 이름은 천군입니다(눅 2:13). 호위병들이 왕을 수호하듯이, 하나님의 영광을 수호하는 임무를 가지고 있기 때문입니다. 또한 하나님께서 천사들을 통해 자신의 능력을 나타내시기 때문에, 그들을 권세라고 부르기도 하고, 통치자, 능력, 주권이라 부르기도 합니다(엡 1:21, 고전 15:24, 골 1:16).

성경은 천사들이 하는 일을 다음과 같이 말합니다. "그가 너를 위하여 그의 천사들을 명령하사 네 모든 길에서 너를 지키게 하심이라 그들이 그들의 손으로 너를 붙들어 발이 돌에 부딪히지 아니하게 하리로다"(시 91:11–12). "여호와의 천사가 주를 경외하는 자를 둘러 진 치고 그들을 건지시는도다"(시 34:7). 그러므로 천사는 우리가 안전하도록 지키고, 보호하며, 길을 인도하는 존재입니다.

신자 한 명 한 명마다 수호천사가 배정되어 있다는 주장과 관련해서는 단언하기 쉽지 않습니다. 물론 다니엘은 바사의 천사와 헬라의 천사를 언급하면서 특정한 천사들이 나라와 지방을 지키는 수호천사로 배정되어 있음을 말하기는 하지만(단 10:13, 20, 12:1), 이를 근거로 각 개인마다 지정된 천사가 있다고 보기는 힘듭니다. 오히려 모든 천사가 모든 성도를 함께 돌본다고 보는 것이 합당합니다. 한 죄인이 회개하면 모든 천사들이 함께 기뻐한다고 성경이 말하고(눅 15:7), 엘리사가 그의 종의 눈을 열어 자신을 지키는 천사들의 모습을 보여 주었을 때, 그 수가 헤아릴 수 없이 많았기 때문입니다(왕하 6:17).

천사들의 체계, 숫자와 관련해서도 신중하게 생각해야 합니다. 어떤 사람들은 미가엘 천사가 '큰 군주' 또는 '천사장'으로 불린다는 사실을(단 12:1, 유 1:9) 근거로 모든 천사들이 저마다 다른 존귀함을 가지고 있다고 주장하지만, 그것만으로는 천사들 사이에 위계질서가 있다고 보기 어렵습니다. 오히려 하나님께서 천상의 세계를 다 이해하지 못하는 우리를 위해 천사에게 이름을 부여하신 것으로 보는 것이 더 타당할 것 같습니다. 천사들의 숫자와 관련해서는 열두 군단도 더 된다는 예수님의 말씀과(마 26:53), "천천이요 만만이라"는 다니엘의 증언(단 7:10)을 근거로 볼 때 무수히 많다고 보아야 할 것입니다. 하지만 천사들의 체계, 숫자와 관련해서는 마지막 날에 가서야 확실하게 알게 될 것이므로 이에 대한 문제는 신비의 영역으로 남겨 놓는 것이 좋겠습니다.

어떤 사람들은 천사에 대해 인간의 착각이거나 환상을 본 것에 불과하다고 주장하지만, 성경에 따르면 천사들은 실존하는 존재가 분명합니다. 천사는 언제나 인격적인 영으로 묘사되고 있으며, 예수님 역시 그들을 실제 존재하는 영으로 염두에 두고 말씀하셨습니다.

천사와 관련한 또 다른 오해는 그들을 신적인 존재로 생각하는 것입니다. 하지만 참된 신은 여호와 하나님 한 분밖에 없기 때문에 신적 영광을 천사들에게 돌려서는 안 됩니다. 사도 요한은 천사를 통해 드러나는 하나님의 영광의 광채에 미혹되어 엎드려 절하려 했지만, 그때 천사는 "나는 너와 및 예수의 증언을 받은 네 형제들과 같이 된 종이니 삼가 그리하지 말고 오직 하나님께 경배하라"(계 19:10)라며 요한의 행동을 제지했습니다.

전능하신 하나님께서 굳이 천사를 통해서 일하시는 이유는 무엇일까요? 분명한 건 천사의 도움이 필요하시기 때문에 천사를 사용하시는 것은 아니라는 것입니다. 하나님께서는 말씀만으로도 모든 역사를

처음 시작하는 기독교강요

이루실 수 있기 때문입니다. 가장 합당한 대답은 미련한 우리를 도우시려고 천사를 사용하신다는 것입니다. 우리의 연약한 마음을 강하게 하시고 우리가 자신의 안전을 더 이상 불안해하지 않도록 천사를 사용하시는 것입니다.

천사의 중요성만큼 마귀를 아는 것도 중요합니다. 성경은 사탄을 이 세상의 신(고후 4:4), 이 세상의 임금(요 12:31), 강한 자(마 12:29), 공중의 권세 잡은 자(엡 2:2), 우는 사자(벧전 5:8) 등으로 말합니다. 이런 이름 속에는 사탄과의 영적 싸움을 경계하여 우리로 하여금 단단히 대비하게 하려는 의도가 담겨 있습니다. 영적 원수의 숫자는 군대로 표시되기도 하는데(눅 8:30), 천사가 많은 것만큼 악한 영의 숫자도 많다는 의미일 것입니다. 그러므로 싸워야 할 상대의 숫자가 무한에 가깝다는 사실을 인지하고서, 그들을 얕잡아 보거나 가끔씩 휴전 상태에 들어갈 수도 있다는 생각으로 나태해지는 일이 없도록 주의해야 합니다.

마귀가 하는 일은 성경 어디에서나 하나님을 대적하는 것으로 증거되고 있습니다. 만일 우리에게 하나님의 영광을 향한 열정이 있다면, 그것을 꺼뜨리려고 애쓰는 대적과 온 힘을 다해 싸우는 것이 마땅합니다. 그래서 성경은 그를 가리켜 원수라 부르고(마 13:28), 가라지를 뿌리는 자로 말하는 것입니다(마 13:25).

마귀 역시 하나님의 피조물이라면 그의 악독함도 창조에서 비롯된 것이 아니냐고 묻는 사람들이 있지만, 그것은 마귀가 스스로 부패한 결과로 보아야 합니다. 그리스도께서 마귀를 향해 '거짓의 아비'(요 8:44)라고 부르시는 것만 보아도 마귀의 사악함은 스스로 자초한 결과이지 하나님께로부터 난 것이 아님이 분명합니다.

성경이 마귀의 타락을 명확하게 말하지 않는 이유는 무엇일까요? 그것을 아는 것이 우리에게 아무 유익이 없기 때문일 것입니다. 성경은 우리의 호기심을 채워 주는 책이 아니기 때문입니다. 다만, 그들이 처음에는 하나님의 천사로 창조되었으나 스스로 타락하고 부패하여 결국에는 다른 이들의 멸망을 위한 하나님의 도구가 되고야 말았다는 사실 정도만 확인하면 충분할 것 같습니다(벧후 2:4, 유 1:6).

사탄에 대한 가장 빈번한 오해는 그가 마치 하나님께로부터 완전히 자유로운 존재인 것처럼 생각하는 것입니다. 선의 영역은 하나님께 달려 있고, 악의 영역은 사탄에게 달려 있는 것처럼 여기는 것입니다. 하지만 하나님께서는 세상 모든 영역의 주인이시기 때문에, 그런 생각은 합당치 않습니다. 욥기를 보면 사탄이 하나님의 명령을 받을 뿐만 아니라(욥 1:6, 2:1), 하나님의 명령을 받은 후에야 악을 행합니다. 사탄 역시 하나님의 권능 아래 있다는 증거입니다. 하나님께서 사탄을 제지하시기 때문에, 사탄조차도 결국에는 하나님께서 허락하시고 원하시는 일만을 수행하게 됩니다. 사탄의 본의와는 다르게 궁극적으로는 하나님의 도구로 사용되는 것입니다.

그러므로 사탄에게 우리의 구원을 허물 만한 힘이 있는 것처럼 생각해선 안 됩니다. 하나님께서 그들의 활동을 완전히 장악하고 계시기 때문입니다. 예수님께서 이미 사탄의 머리를 부수셨기 때문에(창 3:15), 사탄은 제한적으로만 성도들을 대적하고, 평안을 깨뜨리며, 싸우게 하고, 지치고 두렵게 만들 수 있을 뿐 결코 완전히 정복할 수는 없습니다. 하지만 성도들은 영적인 유익을 풍성히 누리기 위해 사탄을 얕잡아 보거나 그와의 싸움을 소홀히 여겨선 안 됩니다. 그래서 성경은 "마귀로 틈을 타지 못하게 하라"든가(엡 4:27), "근신하라 깨어라 너희 대적 마귀가 우는 사자같이 두루 다니며 삼킬 자를 찾나니"(벧전 5:8-9)라고 말하는 것입니다.

생각나눔

1. 천사는 어떤 존재입니까?

2. 성경이 사탄을 원수라고 부르는 이유는 무엇입니까?

15장
인간을 영혼을 소유한 존재로
만드신 하나님

요약

1. 인간이 다른 피조물과 구별되는 가장 큰 특징은 '영혼'이다.
2. 하나님의 형상은 인간 본성의 온전함인데, 아담의 타락 이후로는 원래의 모습을 찾을 수 없게 되었으며, 거듭난 자들에게서만 그 형상의 일부를 볼 수 있다.

이제는 사람의 창조를 말할 순서입니다. 크게 두 주제를 살펴보려 하는데, 첫째는 처음 창조되었을 때 인간의 모습이 어떠했는가 하는 것이고, 둘째는 아담의 타락 이후로 인간의 상태가 어떻게 달라졌는가 하는 것입니다.

하나님께서는 사람을 영혼을 가진 존재로 창조하셨습니다. 이것은 인간을 다른 피조물과 구분 짓는 가장 큰 특징입니다. 그 결과 인간은 세상의 비밀한 것들을 탐구할 수 있고, 모든 역사를 조감할 수 있으며, 과거에 근거하여 미래를 예측할 수 있습니다. 이와 같은 영민함은 인간의 육체 안에 영혼이 있음을 보여 주는 확실한 증거입니다.

사도 바울은 "육과 영의 온갖 더러운 것에서 자신을 깨끗하게 하자"(고후 7:1)고 권면하고, 베드로는 그리스도를 "너희 영혼의 목자와 감독 되신 이"(벧전 2:25)라고 부르는데, 만약 영혼이 없다면 이러한 진술은 거짓이 될 것입니다. 예수님 역시 이렇게 말씀하셨습니다. "몸은 죽여도 영혼은 능히 죽이지 못하는 자들을 두려워하지 말고 오직 몸과 영혼을 능히 지옥에 멸하실 수 있는 이를 두려워하라"(마 10:28). 그러므로 누구든지 영혼이 없다는 식의 주장을 해선 안 됩니다.

영혼의 존재에 대한 확실한 증거는 사람이 하나님의 형상이라는 데 있습니다. 물론 사람의 외모에서도 하나님의 영광이 드러나지만, 하나님 형상의 합당한 위치는 영혼임이 틀림없기 때문입니다. 하지만 아담이 원래의 상태에서 타락한 이후로, 우리 영혼에 위치한 하나님의 형상도 심각하게 부패해졌습니다. 그 결과 그리스도를 통해 얻는 구원 없이는 영혼의 원래 모습을 회복할 수 없게 되었습니다.

그래서 성경은 중생의 목적을 우리가 하나님의 형상을 회복하는 것으로 설명합니다. 대표적으로 "새 사람을 입었으니 이는 자기를 창조하신 이의 형상을 따라 지식에까지 새롭게 하심을 입은 자니라"(골 3:10), "하나님을 따라 의와 진리의 거룩함으로 지으심을 받은 새 사람을 입으라"(엡 4:24)와 같은 말씀을 예로 들 수 있습니다. 여기서 사도 바울은 새롭게 되는 내용으로 지식과 참된 의와 진리의 거룩함을 언급합니다. 그러므로 하나님의 형상은 정신의 빛과 마음의 의로움과 모든 부분들의 건전함에서 드러난다고 볼 수 있습니다.

정리하자면 하나님의 형상이란 아담이 타락하기 전에 소유하고 있었던 인간 본성의 완전함인데, 아담의 타락 이후로는 더러워지고 오염되어 원래의 모습을 찾을 수 없게 된 것입니다. 오직 성령으로 거듭난 자들에게서만 그 형상의 일부를 볼 수 있습니다. 그러므로 하나님 형상의 완전한 모습은 장차 부활한 이후에야 확인할 수 있을 것입니다.

이쯤에서 이단들의 망상을 다루지 않을 수 없는데, 인간의 영혼이 하나님의 본질로부터 온 것이라는 마니교의 교리는 실로 어리석은 주장입니다. 그렇게 되면 온갖 무지와 악한 욕망들이 하나님의 탓으로 돌려지기 때문입니다. 사도 바울은 우리가 하나님의 소생이라고 말하지만(행 17:28) 그것은 본질이 그렇다는 것이 아니고, 하나님께서 인간에게 탁월한 재능을 주셨다는 의미일 뿐입니다. 사람의 영혼에 하나님의 형상이 새겨져 있기는 하지만, 인간 역시 천사들과 똑같이 창조된 존재라는 사실을 잊어선 안 됩니다. 인간은 하나님에게서 찢겨져 나온 것이 아니라, 무에서부터 창조된 존재입니다.

그렇다면 영혼이 하는 일은 무엇일까요? 영혼은 형체가 없으므로 공간의 제약을 받지 않지만 우리가 집에 거하듯 육체 속에 거하면서, 육체의 각 부분들이 제대로 활동할 수 있도록 활기를 불어넣습니다. 그리하여 우리 육체가 하나님의 영광을 위해 살도록 합니다.

영혼의 기능은 지성과 의지로 나눌 수 있는데, 지성을 통해서는 옳은 것과 그른 것을 구분하고, 의지를 통해서는 그른 것을 멀리하고 옳은 것을 추구하도록 합니다. 타락하기 전의 아담에게서는 이 기능이 제대로 발휘되었습니다. 이성과 의지가 하나님께서 원하시는 삶을 살도록 충분한 역할을 했습니다. 그 당시의 인간은 원하기만 하면 자유의지로써 영생에 도달할 수도 있었습니다. 하지만 아담은 자기가 원하기만 하면 얼마든지 하나님의 뜻을 이룰 수 있었음에도, 자신의 의지로 타락했습니다. 그 결과 우리는 창조 당시의 형상과 전혀 다른 형상을 가지게 되었습니다. 하나님의 형상이 아니라 아담의 부패한 형상을 물려받은 것입니다.

어떤 사람은 하나님께서 얼마든지 아담의 의지를 강하게 하셔서, 본래의 상태를 유지할 수 있도록 하실 수 있었는데, 왜 그렇게 하지 않으셨는지를 궁금해합니다. 그것은 하나님의 계획 속에 감추진 일입니다. 우리로서는 이런 문제에 대해서 탐구하기를 절제하는 것이 지혜로운 행동입니다. 분명한 것은 아담은 하나님께 너무나 많은 것을 받았음에도 자발적으로 자기 자신을 죽음에 몰아넣었으니 변명의 여지가 없다는 것입니다.

생각나눔

1. 성경은 중생의 목적을 어떻게 설명합니까?

2. 하나님의 형상이란 무엇입니까?

16장
세상에서 멀리 떨어져 계시지 않고, 섭리하고 간섭하시는 하나님

요약

1. 하나님의 창조는 섭리를 통해 지금도 계속되고 있다.
2. 세상 모든 일의 일차적 원인은 섭리이며, 우연이란 존재하지 않는다.
3. 하나님께서는 정해 놓은 규칙대로 세상이 잘 돌아가는지 관찰만 하시는 분이 아니다.
4. 하나님의 섭리를 믿는 사람은 미신적인 두려움을 가지지 않는다.

하나님의 창조가 단 한순간에 마무리된 것으로 생각해선 안 됩니다. 창조의 능력은 세상이 처음 시작될 때만이 아니라, 지금 이 순간에도 계속 미치고 있기 때문입니다. 하나님께서 창조하신 세상을 계속해서 돌보시는 것을 '하나님의 섭리'라고 합니다. 그러므로 하나님의 섭리를 제대로 이해하지 못했다면, 하나님께서 창조주시라는 말의 의미도 제대로 이해하지 못한 것으로 보아야 합니다.

성경은 하나님을 창조주로 말할 뿐 아니라, 섭리하시는 분으로도 설명합니다. 예를 들어 다윗은 이렇게 고백합니다. "이것들은 다 주께서 때를 따라 먹을 것을 주시기를 바라나이다 주께서 주신즉 그들이 받으며 주께서 손을 펴신즉 그들이 좋은 것으로 만족하다가 주께서 낯을 숨기신즉 그들이 떨고 주께서 그들의 호흡을 거두신즉 그들은 죽어

먼지로 돌아가나이다 주의 영을 보내어 그들을 창조하사 지면을 새롭게 하시나이다"(시 104:27-30). 그러므로 하나님께서는 창조한 세상을 그냥 내버려 두시는 분이 아니라, 계속해서 간섭하시고 돌보시는 분입니다.

하나님의 섭리를 제대로 이해하기 위해서는 우연이란 없음을 분명히 알아야 합니다. 세상 사람들은 모든 일의 원인을 우연으로 돌립니다. 좋은 일이든 나쁜 일이든 말입니다. 그러나 성경은 "너희에게는 머리털까지 다 세신 바 되었나니"(마 10:30)라는 말씀을 통해, 우리에게 일어나는 모든 일이 하나님의 관심과 계획 안에 있음을 강조합니다. 우리가 보기에는 우연처럼 보이는 일일지라도, 사실은 하나님께서 계획하신 일이라는 의미입니다.

'우연이란 없다'는 말의 의미는 하나님께서 모든 일의 일차적 원인이 되신다는 뜻이기도 합니다. 예를 들어 세상 사람들은 태양이 있기 때문에 온기가 돌고, 생물들이 생기를 얻으며, 땅에서 싹이 나고, 식물이 열매와 꽃을 낸다고 생각합니다. 하지만 성경은 태양이 창조되기 전에 이미 하나님께서 빛과 풀과 과실을 만드셨다고 말합니다(창 1:3, 11, 14). 태양 때문에 생명이 존재하는 것이 아니라, 하나님 때문에 생명이 존재합니다. 태양은 이차적 원인일 뿐이고, 일차적 원인은 하나님이십니다.

하나님의 전능하심은 섭리를 통해 더욱 분명히 드러납니다. 하나님의 전능하심은 무식한 궤변가들이 상상하는 공허하고 알맹이 없고 무의식적인 전능하심이 아니라, 끊임없이 역사하며 효과 있고 역동적인 그런 전능하심입니다. 정해진 길로만 강이 흐르는 것과 같은 그런 전능하심이 아니라, 개별적이고 구체적으로 간섭하시고 주관하시는 그런 전능하심입니다. 그러므로 하나님을 미리 정해 놓은 자연 규칙을 따라 세상이 잘 돌아가고 있는지 한가하게 관찰만 하시는 분으로 보아선 안 됩니다.

예를 들어 하나님께서 계절의 변화라는 규칙을 세워 놓으신 것은 분명한 사실이지만 동일한 규칙대로만 계절이 변하지는 않습니다. 때로는 굉장한 열기가 밀려와 곡식을 마르게 하고, 때로는 예상치 못한 비로 인해 곡식이 잠기기도 하며, 때로는 갑작스런 우박과 폭풍우가 밀려오기도 합니다. 하나님께서 그때그때 간섭하시기 때문입니다. 그래서 성경은 하나님께서 이슬과 비로 땅을 적심으로써 자신의 자비를 나타내시거나(레 26:3-4), 반대로 하늘을 철과 같이 굳게 하셔서 자신의 진노를 나타내시기도 한다고 말합니다(레 26:19). 그래서 하나님의 전능하심을 섭리의 차원에서 이해하는 사람은 결코 미신적인 두려움을 가지지 않습니다. 우리를 두렵게 하는 해로운 일들과 사탄의 공격조차도 그때그때 간섭하시고 섭리하시는 하나님의 권위 아래 있음을 알기 때문입니다.

심지어 하나님의 섭리가 사람의 마음에조차 영향을 미치고 있음을 잠언은 이렇게 기록합니다. "마음의 경영은 사람에게 있어도 말의 응답은 여호와께로부터 나오느니라"(잠 16:1). 뿐만 아니라 성경은 사람의 일생에서 지극히 우연한 일처럼 보이는 것도, 하나님의 섭리에 속한 것이라 말합니다. 예를 들어 "가난한 자와 포학한 자가 섞여 살거니와 여호와께서는 그 모두의 눈에 빛을 주시느니라"(잠 29:13)는 말씀은 어떤 사람은 가난하게 되고 어떤 사람은 부하게 되는 일이 그저 우연한 일이 아니라 하나님께서 그렇게 형편을 지정해 주신 것이라는 의미입니다.

하나님의 섭리를 운명론으로 치부하는 일은 쉽게 저지르는 실수 중 하나입니다. 섭리와 운명은 하나님의 계획이라는 측면에서 큰 차이가 있습니다. 운명이란 어떤 일이 반드시 일어나도록 되어 있는 것이라면, 섭리란 하나님의 계획이 반드시 이루어진다는 의미입니다. 그래서 세상 사람들은 슬픈 현실 앞에서 "이것은 운명입니다"라고 말하며 체념하지만, 경건한 성도는 "이것은 섭리입니다"라고 말하며 다시 일어설 힘을 얻을 수 있습니다. 다시 말해 무엇이든 운명에 맡긴다면 세상은 목표를 잃고 혼란에 빠지겠지만, 하나님의 섭리를 인정하는 순간 이 세상에 목적 없이 일어나는 일은 하나도 없음을 알게 된다는 것입니다.

생각나눔

1. 하나님의 창조가 단 한순간에 마무리된 것으로 생각하면 안 되는 이유는 무엇입니까?

2. 세상 모든 일의 일차적 원인은 무엇입니까?

17장
섭리 교리의
올바른 적용

요약

1. 이해할 수 없는 사건 속에도 하나님의 섭리가 역사하고 있음을 믿어야 한다.
2. 하나님의 섭리는 인간의 의무를 배제하지 않는다.
3. 하나님께서 모든 일을 섭리하시지만, 죄의 책임은 오직 인간에게만 있다.
4. 하나님께서 후회하신다는 표현은 하나님의 행동을 인간이 이해하도록 돕는 비유일 뿐이다.

사람들이 하나님의 섭리를 깨닫지 못하는 이유는 모든 사건의 원인이 감추어져 있기 때문입니다. 하지만 우리가 그 원인을 알 수 없을지라도 세상 모든 일이 하나님께 달려 있음을 의심해선 안 됩니다. 그때 우리가 해야 하는 일은 다윗처럼 우리의 무지를 고백하면서, 동시에 하나님의 전능하심을 찬양하는 것입니다. "여호와 나의 하나님이여 주께서 행하신 기적이 많고 우리를 향하신 주의 생각도 많아 누구도 주와 견줄 수가 없나이다 내가 널리 알려 말하고자 하나 너무 많아 그 수를 셀 수도 없나이다"(시 40:5).

예를 들어 나면서부터 볼 수 없게 된 사람을 볼 때, 하나님의 처사가 너무 가혹하지 않은가 하고 생각하기 쉽습니다. 그러나 예수님께서는 이렇게 말씀하셨습니다. "그에게서 하나님이 하시는 일을 나타내고자 하심이라"(요 9:3). 우리가 이해할 수 없는 사건 속에도 하나님의 섭리가 역사한다는 뜻입니다. 그러므로 이해되지 않는 사건들마다 하나님의 해명을 들으려 할 것이 아니라, 거기에도 하나님의 은밀하신 뜻이 있음을 높이 기리며, 이렇게 고백하는 것이 마땅합니다. "깊도다 하나님의 지혜와 지식의 풍성함이여, 그의 판단은 헤아리지 못할 것이며 그의 길은 찾지 못할 것이로다 누가 주의 마음을 알았느냐 누가 그의 모사가 되었느냐"(롬 11:33-34).

미련한 사람들은 섭리 교리를 제멋대로 이해하여 종종 소동을 일으킵니다. 그들은 하나님께서 인간의 죽는 때를 미리 섭리해 놓으셨다면 병을 고치거나 건강해지려는 노력이 아무 소용없다고 주장하고, 주님께서 이미 영원 전부터 모든 일을 작정해 놓으셨으니 무언가를 이루어 달라고 기도하는 일도 쓸데없는 것이라고 떠벌립니다.

하지만 하나님의 섭리는 인간의 의무를 배제하지 않습니다. 하나님의 섭리는 벌거벗은 모습으로 찾아오지 않고, 거기에 사용되는 수단을 옷 입은 상태로 찾아오기 때문입니다. 성경은 이 사실을 다음과 같이 말합니다. "사람이 마음으로 자기의 길을 계획할지라도 그의 걸음을 인도하시는 이는 여호와시니라"(잠 16:9). 잠언 기자는 자기 길을 계획하는 사람의 마음과 그의 걸음을 인도하시는 여호와의 뜻이 조화를 이루는 것으로 설명합니다. 여호와께서는 우리가 계획을 세우고 일을 진행해 나가는 과정을 통해 자신의 섭리를 이루신다는 것입니다.

그렇다면 우리의 의무는 분명합니다. 하나님께서 생명을 소중히 여기는 마음을 주셨다면, 생명을 소중히 여기는 삶을 사는 것이 하나님의 섭리를 따르는 것이고, 가난한 자를 긍휼히 여기는 마음을 주셨다면 그들을 열심히 섬기는 것이 하나님의 섭리를 따르는 것이며, 위험을 경고하는 마음을 주셨다면 무모하게 위험에 뛰어들지 않는 것이 하나님의 섭리를 따르는 것입니다.

어떤 사람들은 악한 일의 원인을 하나님께 돌림으로써 섭리의 교리를 훼손합니다. 예를 들어 도둑질이나 살인의 죄를 지은 다음에, 그것은 하나님의 섭리였다고 주장하는 것입니다. 하지만 자기의 악한 성향과 욕망에 이끌려 저지른 행동을 하나님의 뜻이라고 주장해선 안 됩니다. 하나님의 뜻은 성경에 분명하게 나타나 있습니다. 성경에 나타난 하나님의 말씀과 위배된 행동을 했다면, 하나님의 뜻을 거스른 범죄 행위에 불과합니다.

그렇다면 그런 일은 하나님의 섭리와 전혀 상관없는 일일까요? 그렇지 않습니다. 하나님의 섭리와 관계없는 일은 존재하지 않습니다. 그들이 고의적으로 하나님을 거슬렀을지라도, 하나님께서 그들의 악행을 통해 자신의 '작정'(하나님께서 태초에 세우신 계획)을 이루셨다고 보아야 합니다. 하지만 죄인들의 악한 의도를 정당하게 사용하신 것밖에 없으므로, 하나님께는 아무 책임이 없습니다. 마치 썩은 시체가 태양의 열기 때문에 악취를 풍길지라도, 태양이 악취를 풍긴다고 말할 수 없는 것과 같습니다. 죄의 책임은 썩은 시체와 같은 죄인들에게 있습니다.

섭리 교리를 바르게 이해한다면 엄청난 유익을 누릴 수 있습니다. 만사가 순조롭게 진행될 때에는 교만하지 않고 하나님께만 감사할 수 있고, 많은 역경을 겪을 때에는 하나님의 뜻을 헤아리며 인내할 수 있습니다. 예를 들어 요셉이 자신을 애굽에 종으로 팔아 버린 형들을 용서할 수 있었던 것은 그것이 하나님의 섭리임을 알았기 때문입니다(창 50:20).

그러나 부차적인 원인들도 무시해선 안 됩니다. 예를 들어 어떤 사람의 선행으로 도움을 입었다면 그를 하나님의 도구로 여기고 그에게 감사를 표해야 하고, 나의 부주의 때문에 어떤 사람이 피해를 입었다면 그것이 하나님의 섭리임을 인정하면서도 그 책임을 나에게 돌리고 그에게 정중히 사과해야 됩니다.

그렇기에 누군가의 도움으로 어려움을 극복할 수 있다면, 그 사람을 하나님의 섭리의 도구로 여기고 그에게 도움을 요청하는 것이 마땅한 자세입니다. 예를 들어 집에 불이 났다면 하나님께 기도만 해야 할까요? 소방서를 하나님의 섭리의 도구로 알고, 거기에 신속하게 연락하는 것이 지혜로운 처사입니다.

이제 우리는 행복의 근원이 무엇인지 정의할 수 있는 지점에 도달했습니다. 인간의 삶에는 고통의 원인이 수없이 많습니다. 우리 몸 안에만 해도 질병의 원인이 수천 가지나 있습니다. 더운 것은 더운 대로 위험하고, 추운 것은 추운 대로 위험합니다. 배를 타는 것도 위험하고, 말을 타는 것도 위험하며, 도시의 거리를 걷는 것은 지붕 위의 기와 조각 숫자만큼이나 위험합니다. 그 외에도 맹수와 강도와 우박과 가뭄의 위험이 우리를 둘러싸고 있기에 불안한 숨을 겨우겨우 내쉴 뿐입니다.

그러나 하나님의 섭리를 깨닫게 되면, 우리를 괴롭히던 불안과 두려움에서 벗어날 수 있습니다. 운명이라는 끔찍한 관념에서 벗어나, 우리를 사랑하시는 하나님의 지혜로운 계획하심에 자신의 삶을 맡길 수 있기 때문입니다. 이때부터 이렇게 고백할 수 있습니다. "여호와는 내 편이시라 내가 두려워하지 아니하리니 사람이 내게 어찌할까"(시 118:6). "여호와는 나의 빛이요 나의 구원이시니 내가 누구를 두려워하리요 여호와는 내 생명의 능력이시니 내가 누구를 무서워하리요"(시 27:1). 그러므로 하나님의 섭리에 무지한 것이 비참함의 가장 큰 원인이요, 하나님의 섭리를 제대로 이해하는 것이 행복한 삶으로 가는 지름길임을 잊어선 안 됩니다.

섭리 교리를 충분히 다루었다고 생각하지만, 자주 오해를 불러일으키는 내용을 마지막으로 설명해야 할 것 같습니다. 성경에는 하나님께서 후회하신다고 말하는 장면이 있습니다. 세상을 홍수로 심판하시기 전에 사람의 창조를 후회하셨던 것이나(창 6:6), 사울을 왕으로 세운 것을 후회하신다는 본문이 대표적입니다(삼상 15:11). 이런 표현들은 비유적인 의미로 보아야 합니다. 예를 들어 하나님께는 눈과 귀가 없습니다. 그럼에도 성경은 하나님께서 보신다거나 들으신다고 표현합니다. 이것은 하나님의 일하심을 인간이 이해하도록 돕는 비유적인 표현입니다.

성경이 하나님께 '후회'라는 표현을 사용하는 것은 하나님께서 지금까지와는 다른 방식으로 일하실 것을 나타내는 것에 불과합니다. 하나님께서는 원래부터 노아의 홍수로 인간을 멸하실 계획을 세우셨고, 처음부터 사울을 대신해 다윗을 왕으로 세우고자 하셨습니다. 하나님께서는 영원 전에 작정하신 일을 일관성 있게 이루어 나가시지만, 그것이 이전의 내용과 너무 상반되는 것이기에 '후회'라는 단어를 통해 하나님의 일하심을 설명할 뿐입니다.

그 외에도 의심쩍은 구절들이 몇 개 있는데, 대표적인 것이 니느웨를 멸하려 하셨다가 다시 용서하신 것이나(욘 3:10), 히스기야의 목숨을 거두려 하셨다가 다시 생명을 연장하신 사건입니다(사 38:5). 이것은 하나님께서 섭리를 왜곡하신 것이 아니라 섭리를 이루신 것으로 보아야 합니다. 만약 니느웨가 멸망하는 것이 하나님의 계획이었다면, 요나 선지자를 보내시지 않았을 것입니다. 또 히스기야가 숨을 거두는 것이 하나님의 뜻이었다면, 이사야 선지자를 보내실 필요도 없었을 것입니다. 하나님의 계획은 니느웨가 회개하는 것이었고, 히스기야가 좀 더 사는 것이었습니다. 그러므로 하나님을 원래 계획을 취소하거나 수정하는 분으로 보아선 안 됩니다.

생각나눔

1. 하나님의 섭리가 '거기에 사용되는 수단을 옷 입고' 찾아온다는 것은 어떤 의미입니까?
2. 섭리 교리를 제대로 이해하는 것은 어떤 유익을 줍니까?

18장
사탄과 악인들까지도
섭리의 도구로 사용하시는 하나님

요약

1. 사탄과 악인들의 활동까지도 하나님의 섭리 안에 있다.

하나님의 섭리를 벗어나는 일은 없습니다. "우리 하나님은 하늘에 계
셔서 원하시는 모든 것을 행하셨나이다"(시 115:3)라는 말씀처럼, 세상
모든 일이 하나님의 섭리 안에 있습니다. 그렇다면 사탄과 악인들의
활동까지도 하나님의 섭리 안에 있다고 보아야 할까요? 어떤 사람들
은 이 문제를 회피하기 위해 하나님의 역사를 "행하심"과 "허용하심"
으로 나누었습니다. 선한 일은 하나님께서 행하신 것이지만, 악한 일
은 하나님께서 허용하실 따름이라고 설명한 것입니다. 그런데 그런 설
명은 하나님의 전능하심을 훼손하는 것이나 마찬가지입니다. 사탄과
악인들이 하나님의 묵인 속에서 마음대로 행동한다는 뜻이기 때문입
니다.

성경은 사탄과 악인들의 활동까지도 하나님의 섭리 안에 있음을 분
명히 말합니다. 예를 들어 욥기 1장을 보면, 천사들이 하나님의 명령
을 받는 것과 마찬가지로 사탄도 하나님께 명령을 받습니다. 예수님의
십자가 사건 역시 마찬가지입니다. 유대인들은 예수님을 제거할 생각

을 품었고, 빌라도는 거기에 동참했습니다. 그러나 성경은 이 일에 대해 "하나님의 뜻"이 이루어진 것이라고 말합니다(행 4:28). 베드로 역시 이에 대해 "그가 하나님께서 정하신 뜻과 미리 아신 대로 내준 바 되었거늘 너희가 법 없는 자들의 손을 빌려 못 박아 죽였으나"(행 2:23)라고 말합니다. 그러므로 사탄과 악인들의 행동조차 하나님의 섭리 안에 있는 것으로 보아야 합니다. 그들은 자기 마음껏 악을 행할 수 있는 것이 아니라, 하나님께서 정하신 한계 안에서만 역사할 수 있습니다. 그래서 성경은 어둠과 환난도 하나님께서 창조하신다 말하고(사 45:7), 하나님께서 행하시지 않는 재앙은 없다고 말하는 것입니다(암 3:6).

그렇다면 하나님께서 사탄과 악인들을 통해 역사하실 때도 공의롭다고 할 수 있을까요? 이런 의문을 가지는 것은 '하나님의 뜻'과 '하나님의 계명'을 혼동하기 때문입니다. 예를 들어 다윗의 아들 압살롬이 아버지의 후궁들을 간음한 사건은(삼하 16:22), 밧세바와 간음한 다윗을 하나님께서 벌하시고자 '뜻'하신 일입니다. 하지만 하나님께서 압살롬에게 간음하지 말라는 '계명'을 어기라고 명령하신 것은 아닙니다. 즉, 하나님께서 사탄과 악인들을 통해서도 자신의 작정을 이루시지만, 그렇다고 그들의 행위가 용납되는 것은 아니라는 것입니다. 그들은 악한 마음으로 하나님의 계명을 의도적으로 어긴 것에 불과합니다.

아우구스티누스는 이것을 다음과 같이 설명했습니다. "성부께서는 성자를 내어 주셨고, 그리스도께서는 그의 몸을 내어 주셨으며, 유다는 그의 주님을 내어 주었다. 이렇게 똑같이 내어 주었으나 하나님께서는 공의로우시고 유다는 죄악 된 이유가 어디에 있는가? 모두 똑같이 내어 주었으나, 내어 줌의 동기와 목적이 동일하지 않다는 데 있다." 이 말은 유다가 예수님을 배반한 일조차 성부께서 뜻하셨기에 일어난 일이지만, 그 범죄의 책임은 계명을 어긴 유다에게 있다는 의미입니다.

생각나눔

1. 사탄과 악인들의 활동까지 하나님의 섭리 안에 있다는 성경의 증거는 무엇입니까?

제2권
구속주 하나님, 그리스도를 아는 지식

1장
아담의 타락과 반역으로
온 인류가 저주받고 부패함

요약

1. 태초의 인간은 하나님의 형상으로서 선한 것에 열심을 내고 영원한 것을 바라볼 수 있었다.
2. 아담의 범죄는 단순한 실수가 아니라 하나님을 대적하는 반역이었다.
3. 모든 사람이 아담으로부터 내려온 원죄에 감염되어 있다는 것은 인정하지 않을 수 없는 사실이다.

불신자들도 자기 자신을 아는 것을 중요하게 생각합니다. 하지만 자신의 가치와 탁월함을 아는 데에만 관심을 두고 있기에, 헛된 자신감과 교만으로 우쭐해지기만 할 뿐입니다. 그러므로 바른 기준을 가지고 자신을 살펴보아야 합니다. 나는 여기서 두 가지 기준을 제시하려고 합니다. 첫 번째는 하나님께서 처음 창조하신 상태의 인간이고, 두 번째는 아담의 타락 이후로 비참해진 상태의 인간입니다.

하나님께서는 사람을 하나님의 형상으로 지으셨습니다(창 1:27). 선한 것에 열심을 내고, 영원한 것을 바라볼 수 있도록 창조하셨습니다. 이것이 사람을 다른 짐승들과 구별 짓는 위대함입니다. 그래서 태초의 아담은 깨끗한 이성과 탁월한 지성으로 거룩하고 의로운 삶을 살 수 있었습니다. 또 하나님께서 지정하신 불멸의 목표를 향해 나아갈 수 있었습니다. 하지만 지금 우리에게서는 그런 고귀함을 찾아볼 수 없습니다. 첫 사람 아담 안에서 우리 모두가 타락했기 때문입니다.

하나님께서 아담 안에서 온 인류를 벌하셨다면, 아담의 죄는 결코 가벼울 수 없습니다. 그런데도 어떤 사람들은 아담의 죄를 무절제한 식욕(食慾) 정도로만 이해하고 있습니다. 그야말로 저급한 해석입니다. 우리는 아담의 범죄를 좀 더 깊이 들여다보아야 합니다.

하나님께서 선악과를 금하신 이유는 무엇일까요? 아담이 자율적인 존재가 아니라, 하나님의 통치 아래 있는 존재임을 알려 주시기 위해서입니다. 또 그가 하나님의 뜻에 순종하는지를 시험하시려는 목적도 있었습니다. 그런데 아담은 하나님의 말씀을 믿지 않았습니다. 오히려 야망과 교만과 욕망에 사로잡혔습니다. 그리하여 흙으로 지어진 자신의 근본을 망각하고, 하나님과 동등되기를 탐하는 지경까지 이르게 되었습니다(창 3:5). 그러므로 아담의 범죄는 그저 단순한 배반이 아닙니다. 거기엔 하나님을 대적하는 반역의 요소가 포함되어 있었습니다.

아담이 불순종한 후에, 영적 생명을 상실한 것은 당연한 일입니다. 아담의 생명은 하나님에게서 왔기 때문입니다. 성경은 "피조물이 다 이제까지 함께 탄식하며 함께 고통을 겪고 있다"고 말하는데(롬 8:22), 사람이 받을 형벌의 일부를 자연도 함께 지게 되었다는 의미입니다. 아담이 하나님의 형상을 상실한 것은 전 창조 세계에 영향을 미치는 일이었던 것입니다.

교부들은 아담에게서 유전되는 부패성을 '원죄'라는 용어로 표현했습니다. 원죄란 태초의 아담이 가졌던 선하고 순결한 본성의 상실을 의미합니다. 이 교리는 계속해서 논란이 되었습니다. 아담 한 사람의 범죄 때문에 모든 사람이 부패하고 타락했다는 것은 일반적인 상식과는 거리가 멀기 때문입니다. 하지만 성경은 아담의 부패성이 그의 후손에게 전달되었다고 명백하게 증언합니다(롬 5:12). 다윗 역시 자신이 원죄를 가지고 태어났다고 고백했습니다(시 51:5). 그러므로 우리 모두가 아담으로부터 내려온 원죄에 감염되었음은 의심의 여지없는 분명한 사실입니다.

어떤 이단들은 아담의 후손들이 아담의 범죄를 모방했기 때문에, 원죄가 대물림되었다고 주장합니다. 하지만 성경은 아담과 그리스도를 대조합니다. 아담 안에서 모든 사람이 타락했듯이, 그리스도 안에서 모든 성도들이 구원을 얻는다고 말입니다(롬 5:12, 17). 만약 이단들의 주장이 사실이라면 우리가 그리스도를 모방해야만 구원을 얻는다는 말이 되는데, 그것은 옳지 않습니다.

사도 바울은 "한 사람이 순종하지 아니함으로 많은 사람이 죄인 된 것 같이 한 사람이 순종하심으로 많은 사람이 의인이 되리라"(롬 5:19)라고 말했습니다. 그리스도의 공로가 모든 성도에게 전가된 것처럼, 아담의 원죄가 모든 인류에게 유전된 것이 확실합니다. 또 사도 바울은 모든 사람이 다 "본질상 진노의 자녀"(엡 2:3)라고 말합니다. 모든 사람이 모태에서부터 원죄의 저주를 받은 것이 아니라면, 이러한 표현은 성립할 수가 없습니다.

그러므로 우리는 원죄를 확실하게 인정하고, 이것이 우리에게 어떤 영향을 미치는지를 살펴보아야 합니다. 원죄는 우리 영혼의 모든 부분에 퍼져 있어서 우리를 하나님의 진노의 대상으로 만드는 것입니다.

동시에 우리가 "육체의 일"(갈 5:19)을 하도록 만드는 부패한 본성입니다. 그러므로 "음행과 더러운 것과 호색과 우상 숭배와 주술과 원수 맺는 것과 분쟁과 시기와 분냄과 당 짓는 것과 분열함과 이단과 투기와 술 취함과 방탕함"(갈 5:19–21) 같은 자범죄는 바로 이 원죄에서 비롯되는 것입니다.

그렇기에 우리는 다음 두 가지를 분명히 기억해야 합니다. 첫째는 우리의 본성이 이처럼 타락하고 부패하였으므로, 우리가 하나님 앞에서 유죄를 선고받는 것은 지극히 당연하다는 것입니다. 둘째는 이런 부패한 본성은 절대로 우리 안에서 사라지지 않고, 계속해서 새로운 "육체의 일"을 만들어 낸다는 것입니다.

어떤 사람들은 하나님께서 인간에게 타락한 본성을 주셨으므로, 하나님께도 책임이 있다고 주장합니다. 하지만 하나님께서는 첫 사람 아담에게 손상되지 않고 부패되지 않은 본성을 주셨습니다. 그러므로 인류의 파멸은 하나님께로부터 온 것이 아니라, 인간 스스로의 타락으로 말미암은 것입니다. 전도서 기자는 이 사실을 다음과 같이 잘 설명합니다. "내가 깨달은 것은 오직 이것이라 곧 하나님은 사람을 정직하게 지으셨으나 사람이 많은 꾀들을 낸 것이니라"(전 7:29).

생각나눔
_____

1. 태초의 인간은 어떤 존재였습니까?

2. 지금 우리에게서 태초의 모습을 거의 찾아볼 수 없는 이유는 무엇입니까?

2장
의지의 자유를 빼앗긴
인간의 비참한 상태

요약

1. 타락한 인간은 죄의 노예 상태에 있기 때문에 악한 것을 선택하고 행할 수밖에 없다.
2. 성령의 능력으로 중생하기 전에는 아무도 영적인 진리를 깨달을 수 없다.

앞 장에서는 죄의 권세가 모든 인류의 영혼을 완전히 지배하여 마치 인류의 주인처럼 행세하고 있음을 살펴보았습니다. 그렇다면 죄의 노예로 전락한 인류에게는 '의지의 자유'가 얼마만큼이나 남아 있을까요? 세속 철학자들은 선과 악을 선택할 수 있는 의지의 자유가 인간에게 여전히 남아 있다고 주장합니다. 인간의 이성이 올바르게 기능하고 있어서 하고자 한다면 충분히 선한 것을 선택할 수 있다는 것입니다.

고대 교부들도 비슷한 주장을 했습니다. 예를 들어 크리소스토무스는 "하나님께서 선과 악을 우리의 능력에 맡기셨다"고 했고, 히에로니무스는 "우리의 일은 시작하는 것이요 하나님의 일은 완성하는 것이다"라고 함으로써, 비록 인간이 죄의 노예로 전락했을지라도 여전히 선을 행할 수 있는 능력을 조금은 가지고 있다고 주장했습니다.

그들은 '자유 의지'라는 용어도 무분별하게 사용했는데, 예를 들어 교부 오리게네스는 "자유 의지란 선과 악을 서로 분간하는 이성의 한 기능이요, 둘 중의 하나를 선택하는 의지의 한 기능"이라고 주장했습니다. 하지만 타락한 인간은 선한 것을 선택하지 못할 뿐만 아니라 악한 일조차도 자기 의지로 선택할 수 없습니다. 인간은 죄의 노예 상태에 있기 때문에, 악한 것만 선택하고 행할 수밖에 없습니다. 바로 그것이 죄의 노예로 전락한 인간의 비참한 처지입니다.

예를 들어 사도 요한은 생명의 빛이 사람들에게 비췄지만 아무도 그것을 깨닫지 못했다고 기록하고(요 1:4-5), 중생하지 않고는 절대 예수님을 영접할 수 없다고 말하며(요 1:13), 마태의 경우에도 베드로가 그리스도를 알아보게 된 근거가 자신의 능력이 아니라 하나님의 특별한 계시 때문이라고 증언합니다(마 16:17).

성령의 능력으로 중생하기 전에는 아무도 영적인 진리를 깨달을 수 없음이 분명합니다. 그래서 사도 바울은 "성령으로 아니하고는 누구든지 예수를 주시라 할 수 없느니라"(고전 12:3)고 기록했고, 세례 요한은 "만일 하늘에서 주신 바 아니면 사람이 아무것도 받을 수 없느니라"(요 3:27)고 말했으며, 예수님 역시 "나를 보내신 아버지께서 이끌지 아니하시면 아무도 내게 올 수" 없다고 말씀하셨습니다(요 6:44). 그래서 성령께서 지혜의 영이시라 불리는 것입니다(엡 1:17). 성령께서 마음의 눈을 밝혀 주셔야만(엡 1:18) 영적인 것들을 분별할 수 있기 때문입니다.

그렇다면 인간은 정치, 경제, 사회, 예술 등 자연 영역에서도 선한 일을 조금도 할 수 없을까요? 그렇지 않습니다. 이와 관련하여 아우구스티누스는 다음과 같은 유명한 말을 남겼습니다. "자연적 은사들은 죄로 말미암아 사람에게서 부패하였으나, 초자연적 은사들은 사람에게서 빼앗긴바 되었다." 이 말의 의미는 중생하지 않은 사람에게서 영적인(초자연적) 은사들은 흔적도 찾을 수 없지만, 정치, 경제, 사회, 예술 등 자연 영역에 포함된 은사들은 미약하게나마 남아 있다는 것입니다. 그래서 인간은 어디서나 사회를 이루고, 법을 제정하고, 의학을 발전시키고, 수학과 과학 같은 학문을 발달시킬 수 있습니다.

하지만 자연적 은사도 하나님의 성령과 무관하지 않습니다. 예를 들어 성막을 짓는 데 필요했던 은사를 브살렐과 오홀리압에게 주신 분은 하나님의 성령이셨습니다(출 31:2-11). 사사들이 이스라엘을 잘 다스릴 수 있었던 것도 "여호와의 영"이 그들을 도우셨기 때문입니다. 이스라엘 백성들이 사울을 지지했던 것도 하나님께서 그들의 마음을 감동시켜 주셨기 때문이었습니다(삼상 10:26). 그러므로 모든 인간이 가지고 있는 자연적 은사 역시 하나님의 성령으로부터 온 것입니다.

그렇다면 왜 사도 바울은 하나님의 영이 오직 신자 안에만 거하신다고 말했을까요(롬 8:9)? 그 말은 신자를 하나님의 성전으로 세우시는 성령의 역사를 가리키는 것이지, 성령께서 신자를 대상으로만 역사하신다는 의미는 아닙니다. 하나님의 성령께서 세상의 창조에 관여하신 사실을 생각해 보면, 성령의 능력은 세상 모든 곳에 뿌리를 내리고 있다고 보아야 합니다. 하지만 어떤 사람이 자연 영역에서 탁월한 성과를 이루었다고 해서, 그를 하나님께 복 받은 사람으로 보아선 안 됩니다. 하나님께서는 그런 것들을 "세상의 초등 학문"이라고 말씀하시기 때문입니다(골 2:8). 그래서 아우구스티누스는 자연적 은사가 인간에게 남아 있긴 하나, 그것이 부패한 상태로 남아 있다고 말한 것입니다.

생각나눔

1. 성령을 지혜의 영이시라 부르는 이유는 무엇입니까?
2. 성령께서는 불신자들과는 아무 관련이 없습니까?

3장
사람의 부패한 본성에서는 저주받을 것밖에 나오지 않음

요약

1. 타락한 인간은 하나님의 도움 없이는 조금도 선을 행할 수 없다.
2. 하나님께서는 불신자들에게도 타락한 본성을 억제하는 은혜를 베푸신다.
3. 인간은 개선되어야 할 존재가 아니라 다시 태어나야 할 존재다.

사도 바울은 사람의 본성을 이렇게 설명합니다. "육신의 생각은 사망이요 … 육신의 생각은 하나님과 원수가 되나니 이는 하나님의 법에 굴복하지 아니할 뿐 아니라 할 수도 없음이라"(롬 8:6-7). 사람이란 하나님을 대적하는 것만 생각하는 전적으로 악한 존재라는 의미입니다.

인간의 전적 부패는 성경 전체에서 증거를 찾을 수 있습니다. "만물보다 거짓되고 심히 부패한 것은 마음이라 누가 능히 이를 알리요마는"(렘 17:9), "여호와께서 하늘에서 인생을 굽어살피사 지각이 있어 하나님을 찾는 자가 있는가 보려 하신즉 다 치우쳐 함께 더러운 자가 되고 선을 행하는 자가 없으니 하나도 없도다"(시 14:2-3), "그들의 입에 신실함이 없고 그들의 심중이 심히 악하며 그들의 목구멍은 열린 무덤 같고 그들의 혀로는 아첨하나이다"(시 5:9), "그들의 총명이 어두워지고 그들 가운데 있는 무지함과 그들의 마음이 굳어짐으로 말미암아 하나님의 생명에서 떠나 있도다 그들이 감각 없는 자가 되어 자신을 방탕에 방임하여 모든 더러운 것을 욕심으로 행하되"(엡 4:18-19). 이와 같은 말씀 속에서 우리가 분명하게 발견하게 되는 진리는 인간의 본성은 전적으로 부패하여 있으므로, 인간에게는 하나님의 긍휼어린 도움 외에는 선을 행할 근거가 조금도 없다는 것입니다.

어떤 사람들은 이런 반론을 제기합니다. 주위를 둘러보면 하나님을 믿지 않아도 탁월한 품행과 존귀한 성품을 가진 사람들이 있다는 것입니다(예를 들어 공자나 간디 같은 사람들). 하지만 그것은 그들 안에 거룩한 성품이 원래부터 있었기 때문이 아닙니다. 전적으로 부패한 본성 안에서 하나님의 은혜가 역사했기 때문입니다. 이때 하나님의 은혜는 부패한 본성을 완전히 변화시키는 중생의 은혜가 아니라 타락한 본성을 억제하는 은혜입니다. 하나님께서 그들에게 은혜를 베푸시지 않았다면, 그들도 역시 미친 짐승처럼 정신 나간 삶을 살았을 것이 분명합니다.

그러므로 성도들이 거룩한 삶을 살 수 있는 근거는 전적으로 하나님의 은혜에 있습니다. 사도 바울은 이 사실을 다음과 같이 설명합니다. "너희 안에서 착한 일을 시작하신 이가 그리스도 예수의 날까지 이루실 줄을 우리는 확신하노라"(빌 1:6). 우리가 스스로 착한 일을 시작한 것이 아니라, 하나님의 은혜에 그 근거가 있다는 것입니다. 우리가 선한 의지를 품은 결과 하나님의 은혜가 임한 것이 아니라, 하나님의 은혜가 임한 결과 우리가 선을 행할 의지를 가지게 되었다는 것입니다.

에스겔 선지자 역시 동일한 사실을 말합니다. "또 새 영을 너희 속에 두고 새 마음을 너희에게 주되 너희 육신에서 굳은 마음을 제거하고 부드러운 마음을 줄 것이며 또 내 영을 너희 속에 두어 너희로 내 율례를 행하게 하리니 너희가 내 규례를 지켜 행할지라"(겔 36:26-27). 여기서 '굳은 마음'이란 선한 것은 조금도 찾아볼 수 없는 부패한 인간의 본성을 의미합니다. 그래서 하나님께서는 "새 영"과 "새 마음"을 주셔서 인간의 본성을 완전히 변화시키십니다. 다시 말해 회심하게 하는 하나님의 은혜는 연약한 의지에 새 힘을 주는 정도가 아닙니다. 전적으로 부패한 의지가 선한 의지로 완전히 새롭게 탈바꿈되도록 하는 것입니다. 그래서 예수님께서는 인간이란 단순히 개선되어야 할 존재가 아니라, 다시 태어나야 하는 존재라고 말씀하셨습니다(요 3:5-7).

어떤 사람은 최초의 회심은 전적인 하나님의 은혜일지라도 이후에 뒤따르는 선행은 사람의 의지에 근거한다고 생각합니다. 하지만 예수님께서는 "나를 떠나서는 너희가 아무 것도 할 수 없음이라"(요 15:5)는 말씀을 통해 회심 이후의 선행조차도 하나님의 전적인 은혜임을 강조하셨습니다. 사도 바울 역시 "너희 안에서 행하시는 이는 하나님이시니 자기의 기쁘신 뜻을 위하여 너희에게 소원을 두고 행하게 하시나니"(빌 2:13)라고 말하는데, 여기서도 하나님의 은혜가 선행의 근거임을 알 수 있습니다. 그러므로 우리가 하나님을 위해 선한 일을 한다 할지라도, 그 선행의 공로가 조금도 우리의 몫이 되어선 안 됩니다.

아우구스티누스는 이렇게 말했습니다. "성도들이 어떤 일을 이룰 수 있었던 것은 그들이 성령의 감동으로 그 일을 간절히 원했기 때문이고, 그들이 그 일을 그렇게 원하게 되었던 것은 그렇게 원하도록 하나님께서 역사하셨기 때문이다."

생각나눔

1. 불신자들도 탁월한 품행과 존귀한 성품을 가질 수 있습니까?
2. 선한 일의 공로를 우리에게 돌릴 수 없는 이유는 무엇입니까?

4장
사람의 마음속에서
역사하시는 하나님

요약

1. 죄인들의 행위조차 하나님의 섭리 안에 있다.
2. 목적과 방법이 다르기 때문에 하나님의 의로우심은 손상되지 않고 사람의 추악함은 더욱 두드러진다.
3. 하나님께서는 타락한 자들에게서 지혜의 빛을 거두시거나 그들에게 직접 악한 목적과 의지를 불러일으키신다.

지금까지 전적인 부패와 타락을 살펴보았습니다. 그리하여 사람이란 하나님의 은혜 없이는 조금도 선한 것을 사모하거나 실행할 수 없는 존재임을 알게 되었습니다. 하지만 사람의 상태를 그 정도로 설명하는 것은 부족합니다. 사람은 단순히 부패하기만 한 것이 아니라 사탄의 지배를 받는 존재이기 때문입니다. 사도 바울은 "이 세상의 신이 믿지 아니하는 자들의 마음을 혼미하게"(고후 4:4)하며, 사탄이 "불순종의 아들들 가운데서 역사"한다고 말했습니다(엡 2:2).

그러면 이런 의문이 생길 수 있습니다. "사탄이란 타락한 인간의 의지를 마음대로 조종할 수 있을 만큼 무제한적인 권한을 가지고 있는 것일까?", "인간의 의지란 사탄에게 마음대로 조종당할 만큼 완전히 자유를 빼앗긴 것일까?", "하나님께서는 이 모든 일과 아무 상관이 없으신 것일까?" 하는 의문 말입니다. 그래서 지금부터는 사람의 마음에 일어나는 일들에서 인간의 의지와 사탄의 역사와 하나님의 섭리가 어떻게 작용하는지를 살펴보려 합니다.

먼저 갈대아 사람들이 욥에게 행한 일을 생각해 보겠습니다. 갈대아 사람들은 욥의 목자들을 죽이고 양 떼를 약탈했습니다(욥 1:17). 그들은 분명 자신들의 악한 의지에 이끌려 그렇게 한 것입니다. 하지만 성경은 갈대아 사람들의 행동 이면에 사탄의 간섭이 있었다고 말합니다(욥 1:12). 그리고 욥은 이 모든 일들을 행하신 분이 하나님이시라고 고백합니다(욥 1:21).

어떻게 동일한 사건에 인간의 의지와 사탄의 간섭과 하나님의 섭리가 동시에 작용할 수 있을까요? 그리고 이 모든 일이 결국 하나님의 섭리 안에서 시행된 것이라면, 어떻게 하나님께서는 죄의 조성자라는 비난을 피하실 수 있을까요? 이것은 그 행동의 목적과 방법을 살펴보면 이해할 수 있습니다. 하나님의 목적은 고난을 통해서 욥을 연단시키시는 것이었습니다. 반면 사탄의 목적은 욥을 절망에 빠트리는 것이었고, 갈대아 사람들의 목적은 욥의 재산을 가로채어 이익을 얻는 것이었습니다.

목적을 이루기 위한 방법 역시 확연하게 다릅니다. 하나님께서는 직접 죄를 지으신 것이 아니라 사탄이 욥에게 환난을 가져다 주도록 그저 허락하셨을 뿐이고, 갈대아 사람들은 사탄의 지배를 받도록 내어 주셨을 뿐입니다. 반면 사탄은 갈대아 사람들의 욕망을 부추겨 악행을 시행하게 했고, 갈대아 사람들은 욕망에 사로잡혀 미친 듯이 죄를 지었습니다. 이처럼 동일한 행위 속에 하나님과 사탄, 그리고 인간이 함께 개입되어 있다고 해도 전혀 모순되지 않습니다. 목적과 방법이 다르기 때문에 하나님의 의로우심은 손상되지 않고, 사탄과 사람의 추악함은 더욱 두드러지는 것입니다.

하나님께서는 성도들의 마음만이 아니라 타락한 자들의 마음속에서도 역사하십니다. 주로 두 가지 방향으로 시행되는데, 첫 번째는 그들의 마음에서 지혜의 빛을 거두시는 것이고, 두 번째는 그 마음에 직접 악한 목적과 의지를 불러일으키시는 것입니다.

첫 번째 방식의 근거는 다음 구절에서 찾을 수 있습니다. "충성된 사람들의 말을 물리치시며 늙은 자들의 판단을 빼앗으시며"(욥 12:20), "만민의 우두머리들의 총명을 빼앗으시고 그들을 길 없는 거친 들에서 방황하게 하시며"(욥 12:24), "여호와여 어찌하여 우리로 주의 길에서 떠나게 하시며 우리의 마음을 완고하게 하사 주를 경외하지 않게 하시나이까"(사 63:17).

두 번째 방식을 설명하는 구절은 다음과 같습니다. "내가 바로의 마음을 완악하게 하고"(출 7:3), "내가 그의 마음과 그의 신하들의 마음을 완강하게 함은"(출 10:1), "여호와께서 바로의 마음을 완악하게 하셨으므로 이스라엘 자손을 보내지 아니하였더라"(출 10:20), "헤스본 왕 시혼이 우리가 통과하기를 허락하지 아니하였으니 이는 네 하나님 여호와께서 그를 네 손에 넘기시려고 그의 성품을 완강하게 하셨고 그의 마음을 완고하게 하셨음이 오늘날과 같으니라"(신 2:30).

그러므로 하나님께서 때로는 지혜의 빛을 거두셔서 죄를 짓게 하시고, 때로는 그들의 마음을 완전히 완악한 상태로 바꾸기도 하신다는 것은 분명한 사실입니다. 아우구스티누스는 이렇게 말했습니다. "사람들이 죄를 짓는 것은 그들 자신이 하는 일이다. 그러나 그들이 죄를 지음으로써 이런저런 일을 행하는 것은 하나님의 권능에서 비롯된다. 하나님께서는 그가 기뻐하시는 대로 어둠을 나누시기 때문이다."

하나님께서는 죄인들의 마음속에 직접 역사하시는 것과 마찬가지로, 사탄의 행동에도 간섭하고 계십니다. 이것은 다음의 구절들에 분명하게 나타납니다. "여호와의 영이 사울에게서 떠나고 여호와께서 부리시는 악령이 그를 번뇌하게 한지라"(삼상 16:14), "그 이튿날 하나님께서 부리시는 악령이 사울에게 힘 있게 내리매"(삼상 18:10), "여호와께서 부리시는 악령이 사울에게 접하였으므로"(삼상 19:9). 그러므로 하나님께서는 사탄조차도 자신의 공의로운 목적을 위해 사용하심이 분명합니다.

그렇다면 하나님께서 일상적인 일들에는 어느 정도나 개입하실까요? 세상 역사를 살펴보면 그저 사람의 의지에 따라서만 이루어진다고 보기 힘든 일들이 너무 많습니다. 그래서 많은 사람들이 역사의 증거를 통해 하나님의 살아 계심을 찬양합니다. 하지만 더 분명한 증거는 성경에 있습니다. 이스라엘 백성들이 출애굽할 때에 애굽 사람들은 자신들이 아끼는 은금 패물을 이스라엘 백성에게 내주었습니다. 그들이 그토록 아끼는 것들을 내 줄 수 있는 마음은 어디에서 온 것일까요? 하나님께서 그들의 마음을 움직이신 결과입니다. 압살롬은 오랫동안 의지했던 모사 아히도벨의 지략을 무시함으로써 패망하였는데, 그것 역시 하나님께서 압살롬의 마음을 움직이셨기 때문입니다. 결정적으로, 그토록 담대했던 가나안 거민들이 이스라엘의 진군을 보며 두려워 떨도록 만드신 분도 하나님이셨습니다.

그러므로 우리는 하나님께서 사람의 의지를 선한 쪽이든 악한 쪽이든 기울게 하시며, 사람들이 저마다 자기 의지를 따라 자유로운 선택을 한다 할지라도 결국에는 그것이 하나님의 다스림 안에 있다는 것이 분명한 진리임을 기억해야 합니다.

생각나눔

1. 모든 일이 하나님의 섭리 안에서 시행되지만, 하나님께서 죄의 조성자가 아니신 이유는 무엇입니까?

2. 하나님께서 타락한 자들의 마음속에서 행하시는 두 가지 방식은 무엇입니까?

5장
자유 의지를
변호하는 자들에 대한 반론

요약

1. 인간이 필연적으로 죄를 지을 수밖에 없는 이유는 스스로 타락하고 부패하였기 때문이므로 하나님께는 아무 책임이 없다.
2. 인간은 악으로 기울어진 본성을 가지고 있으므로 형벌을 받는 것이 마땅하다. 또한 상급을 받는 것도 마땅한데, 그 근거는 하나님의 자비이다.
3. 모든 사람이 전적으로 타락한 본성을 가지고 있지만, 하나님의 은혜는 의인과 죄인을 나눈다.
4. 전적으로 타락한 자들에게도 성경의 교훈과 책망은 유익하다.
5. 선을 행해야 은혜를 받는 것이 아니라, 은혜를 받아야 선을 행할 수 있다.

지금까지 성경이 말하는 인간의 '자유 의지'를 살펴보았습니다. 그리하여 인간에겐 자유 의지가 아니라, 악한 것만 선택하고 행하는 '악으로 기울어진 의지'밖에 없음을 알게 되었습니다. 하지만 여전히 인간의 자유 의지를 변호하려는 자들이 있습니다. 그래서 여기서는 그들의 주장들을 하나하나 반박하려 합니다.

첫 번째는 "인간이 필연적으로 죄를 지을 수밖에 없다면, 그것은 죄라고 볼 수 없다"는 주장입니다. 하지만 필연적이기에 죄가 아니라는 주장은 성경적이지 않습니다. 인간의 타락은 하나님의 창조에서 비롯된 것이 아니라, 인간의 자발적인 불순종에서 비롯된 것이기 때문입니다. 만약 하나님께서 처음부터 인간을 필연적으로 죄를 지을 수밖에 없는 존재로 창조하셨다면, 하나님께서는 인간의 죄를 벌하실 수 없습니다. 부족하게 창조한 책임이 하나님께 있기 때문입니다. 하지만 태초의 인간은 하나님의 형상대로 흠과 부족함이 없이 창조되었습니다. 그럼에도 불구하고 첫 사람 아담이 하나님께 반역함으로 모든 인류가 반역의 책임을 지게 된 것입니다. 그러므로 모든 인간의 죄는 심판받아 마땅합니다.

두 번째는 "자유 의지로 말미암아 선과 악을 행하는 것이 아니라면, 상과 벌의 의미가 없다"는 주장입니다. 우선 '벌'의 측면을 살펴보면, 모든 사람은 벌을 받아 마땅합니다. 비록 악으로 기울어진 본성을 가지고 있다 할지라도, 죄에 대한 책임이 사라지는 것은 아니기 때문입니다. '상'도 마찬가지입니다. 그것이 성도의 공로에 따른 것이 아니라 하나님의 자비에 근거한 것이므로 역시 아무 문제가 없습니다.

세 번째는 "모든 사람이 전적으로 타락한 본성을 가지고 있다면, 선한 사람과 악한 사람을 구분할 수 없다"는 주장입니다. 물론 사도 바울 역시 의인은 없나니 하나도 없다고 주장했습니다(롬 3:10). 하지만 그것은 하나님의 은혜를 배제한 주장입니다. 모든 사람이 동일한 영혼의 질병을 앓고 있을 지라도 주님께서는 택한 자들에게 치료의 손길을 베푸셨습니다. 그 결과 어떤 사람들은 부패한 상태에서 그들의 인생을 죄로 허비하지만, 어떤 사람들은 끝까지 주 안에서 인내하게 됩니다.

네 번째는 "전적으로 타락하여 순종할 능력이 없다면, 성경의 교훈과 책망도 무의미하다"는 주장입니다. 하지만 예수님께서는 "나를 떠

104

처음 시작하는 **기독교강요**

나서는 너희가 아무것도 할 수 없음이라"(요 15:5)고 말씀하시는 동시에 자신을 떠나 악을 행하는 자들을 책망하시고, 모든 사람을 향하여 선을 행하라고 권면하셨습니다. 구약의 선지자들 역시 마찬가지입니다. 그러므로 성경의 교훈과 책망은 다음과 같은 이유들 때문에 여전히 유효하다고 보아야 합니다. 첫째, 그 권면들은 마지막 날 심판대 앞에서 악한 자들을 정죄하는 기준이 될 것이고, 둘째, 하나님께서 성령을 통해 그 권면을 도구로 사용하셔서 택함받은 성도들을 더욱 분발하게 만드시기 때문입니다.

자유 의지 옹호론자들은 이상의 네 가지 이유 외에 또 다른 근거를 제시하기도 하는데, 그중 하나가 "율법이 주어졌다는 것은 율법을 지킬 능력이 인간에게 있다는 것이다"는 주장입니다. 하지만 성경은 율법을 지킬 능력이 인간에게 있다고 말하지 않습니다. 성경은 율법에 대해 인간의 능력을 가늠하는 척도가 아니라 인간이 죄인임을 확증하는 기준이라고 말합니다(롬 3:20). 그러므로 율법이란 인간의 자유 의지를 옹호하는 것이 아니라, 오히려 인간이 악으로 기울어져 있음을 더욱 분명히 나타내는 증거입니다.

그렇다면 율법의 참된 기능은 무엇일까요? 우리는 율법을 통해 자신의 타락한 본성을 발견하게 되고, 그 결과 스스로의 능력으로는 도저히 구원에 이를 수 없음을 알게 됩니다. 그리하여 예수님을 유일한 구원자로 인정하고 의지하게 됩니다. 아우구스티누스는 이 사실을 다음과 같이 매우 적절하게 표현했습니다. "하나님께서 우리가 할 수 없는 일을 명하시는 것은, 우리가 하나님께 무엇을 구하여야 할지를 알게 하시기 위함이다."

그러므로 우리가 율법을 행할 수 있는 유일한 근거는 하나님의 은혜에 달려 있습니다. 선행이 있어야 은혜가 따라오는 것이 아니라, 은혜가 있어야 선행이 따라올 수 있는 것입니다. 그래서 성경은 우리가 "주 안에" 있어야만 강건할 수 있다고 말하고(엡 6:10), 하나님의 성령께서 우리의 구원을 보증하신다고 말하는 것입니다(엡 4:30).

그런데 어떤 이들은 "내게로 돌아오라 … 그리하면 내가 너희에게로 돌아가리라"(슥 1:3) 같은 말씀을 근거로, 선행이 먼저 있어야 이후에 하나님의 은혜가 따라온다고 주장합니다. 하지만 지금까지 살펴본 대로 하나님께서 우리에게 율법을 지킬 것을 요구하시는 것은 우리에게 율법을 지킬 능력이 있어서가 아닙니다. 반대로 우리가 율법을 지킬 수 있도록 은혜를 베푸실 것이기 때문입니다. 은혜가 먼저 약속되어 있기 때문에, 율법을 요구할 수 있는 것입니다. 그래서 시편 기자는 "내가 주의 율례들을 영원히 행하려고 내 마음을 기울였나이다"(시 119:112)라고 말하는 동시에, "내 마음을 주의 증거들에게 향하게 하시고 탐욕으로 향하지 말게 하소서"(시 119:36)라고 기도했습니다.

우리를 반대하는 자들은 하나님께서 우리를 떠나 지켜보시겠다고 말하는 구절들을 볼 때, 우리에게 스스로 선을 행할 능력이 있는 것 아니냐고 주장하기도 합니다. 대표적인 것이 "그들이 그 죄를 뉘우치고 내 얼굴을 구하기까지 내가 내 곳으로 돌아가리라"(호 5:15)는 말씀입니다. 스스로 죄를 뉘우칠 때까지 기다리겠다는 말씀은 회개하는 능력이 우리 안에 내재되어 있다는 의미가 아니냐는 것입니다. 하지만 이 말씀은 성도들을 고난 가운데 잠시 두시겠다는 의미입니다. 갖가지 환난으로 시험하셔서 우리를 더욱더 낮추신다는 의미입니다.

또 어떤 자들은 창세기 4장 7절을 근거로 그릇된 반론을 제기합니다. "죄가 너를 원하나 너는 죄를 다스릴지니라"라는 말씀을 볼 때, 죄를 다스릴 능력이 인간 안에 있다고 보아야 한다는 것입니다. 하지만 우리는 은혜 없이는 선을 행할 수 없다는 사실을 분명히 살펴보았습니다. 그러므로 창세기 본문 역시 그런 식으로 해석해선 안 됩니다. 나는 이 본문을 하나님께서 가인과 아벨을 비교하시는 것으로 보는 것이 합당하다고 생각합니다. 가인은 장자로서 아벨을 영적으로 지도하는 자가 되어야 하는데, 오히려 동생보다 못한 처지가 되었다는 것입니다.

지금까지 살펴본 것처럼, 인간에게 선이든 악이든 스스로 선택할 의지가 있다는 주장은 성경적이지 않습니다. 그런 점에서 인간에겐 자유 의지가 아니라 악으로 기울어진 타락한 의지가 있을 뿐입니다. 타락한 인간의 의지는 부족하거나 연약한 것이 아니라, 완전히 죽어 있으므로 치료되거나 개선되는 정도가 아니라 다시 살아나야만 합니다. 그래서 하나님의 전적인 은혜가 필요한 것입니다. 이 사실을 바르게 깨닫는다면, 성령의 은혜가 항상 우리 안에 충만하도록 힘써 기도해야 함을 잊어선 안 됩니다.

생각나눔

1. 인간은 필연적으로 죄를 지을 수밖에 없으므로, 그것은 죄로 볼 수 없다는 주장은 어떤 점에서 오류를 범하고 있습니까?

2. 하나님께서 우리에게 율법을 지키라고 하시는 것은, 우리에게 율법을 지킬 능력이 있기 때문입니까?

6장
타락한 인간은 마땅히 그리스도를 통해서 하나님께 나가야 함

요약

1. 하나님과 인간 사이의 중보자는 그리스도 예수밖에 없다.
2. 구약 시대의 성도들도 예수님 때문에 구원받았다.

원래 모든 인류는 하나님의 창조 세계를 보면서 하나님의 위대함을 깨닫고, 경건을 배울 수 있었습니다. 그리하여 참된 영생의 상태로 나아갈 수 있었습니다. 하지만 타락하여 부패한 이후로는 하나님의 영광을 비추고 있는 우주를 보면서도 하나님께서 만물의 창조주이심을 깨닫지 못하게 되었습니다.

하나님께서는 타락한 인간을 모두 심판하실 수 있었고, 새로운 인류를 창조하실 수도 있었습니다. 하지만 그렇게 하지 않으시고 하나님과 인간 사이에 중보자를 세우셨습니다. 중보자는 화해자라는 뜻입니다. 죄인 된 인간이 거룩하신 하나님 앞에 다시 설 수 있도록 돕는 존재라는 의미입니다. 그렇다면 우리의 중보자는 누구일까요? 성경은 이렇게 말합니다. "영생은 곧 유일하신 참 하나님과 그가 보내신 자 예수 그리스도를 아는 것이니이다"(요 17:3).

영생에 이르는 길은 예수님을 믿는 것밖에 없습니다. 하나님께서 세우신 유일한 중보자가 예수님이시기 때문입니다. 그래서 성경은 예수님을 향해 구원에 이르는 유일한 길이며(요 10:9), 태초부터 생명이 그분 안에 있었다고 말합니다(요 1:4). 하지만 구약 시대 성도들은 예수님을 보지 못했으므로 예수님 없이 구원받은 것 아닐까요? 그렇지 않습니다. 하나님께서는 유일한 중보자 되시는 예수님 없이는 누구에게도 자비를 보이시거나 은혜에 대한 소망을 주신 적이 없습니다.

구약 시대 성도들은 희생 제사를 드림으로써 하나님께 나아간다고 생각했습니다. 하지만 그들에게도 중보자는 예수님이셨습니다. 하나님께서는 양이나 염소를 보시고 제사를 받아 주신 것이 아니라 앞으로 오실 예수님을 보시고, 그들의 제사를 받아 주셨던 것입니다. 그래서 사도 바울은 "그리스도 예수 안에서 아브라함의 복이 이방인에게"(갈 3:14) 이르렀다고 말했던 것입니다.

구약의 선지자들도 동일한 진리를 선포했습니다. 이사야는 악한 왕 아하스를 향해 "보라 처녀가 잉태하여 아들을 낳을 것이요 그의 이름을 임마누엘이라 하리라"(사 7:14)고 선언했습니다. 이 말의 의미는 이스라엘이 하나님의 약속을 고의로 거부하고 있지만, 그럼에도 불구하고 오실 그리스도 때문에 구원의 약속이 결코 무효화되지 않는다는 것입니다.

그러므로 예수님을 중보자로 의지하지 않는 믿음은 결코 구원에 이르는 믿음이라 할 수 없습니다. 예수님께서 중보자가 되어 주시지 않기 때문에 결국 시들어 버릴 것이 분명합니다. 또 그런 믿음은 하나님께서 인정해 주시지도 않습니다. 그래서 예수님께서는 "하나님을 믿으니 또 나를 믿으라"(요 14:1)고 말씀하셨던 것입니다. 그러므로 이슬

람교도를 비롯한 수많은 사람들이 하나님을 믿는다고 주장하지만, 그들의 믿음은 예수님 없는 믿음이기에 결국 우상을 숭배하는 것에 지나지 않습니다.

생각나눔

1. 중보자라는 용어의 뜻은 무엇입니까?
2. 하나님께서 구약의 성도들을 구원하신 것은 누구 때문입니까?

7장

율법의 최종적 목표는
그리스도의 오실 길을 예비하는 것임

1. 율법은 예수님을 대체하지 않고, 예수님의 오실 길을 예비한다.
2. 하나님께서 제사를 받아 주신 것은 희생 제물들이 예수님을 상징하기 때문이다.
3. 도덕법의 기능은 첫째, 교만한 자들에게 하나님의 높은 기준을 제시하고, 둘째, 올바른 것에 관심이 없는 악한 자들을 위협하고, 셋째, 구원받은 성도들이 추구해야 할 거룩한 삶의 목표를 보여 주는 것이다.

하나님께서는 아브라함에게 한 후손을 약속하셨습니다(창 3:15). 사도 바울은 하나님께서 약속하신 후손이 예수님이라고 말합니다(갈 3:16). 그러므로 하나님께서 아브라함에게 약속하신 복은 예수님을 통한 구원이라고 할 수 있습니다. 그런데 아브라함이 죽은 지 약 400년 정도가 지났을 때, 하나님께서는 모세를 통해 율법을 주셨습니다. 그래서 어떤 사람들은 모세에게 주신 약속이 아브라함에게 주신 약속을 대체했다고 주장합니다. 이것은 성경적이지 않습니다. 율법은 예수님을 대체하는 것이 아니라, 예수님의 오실 길을 예비하는 것이기 때문입니다.

예를 들어 제사와 관련된 율법을 의식법이라고 합니다. 그런데 제사가 어떻게 우리의 죄를 해결할 수 있을까요? 제사에 사용되는 짐승은 인간보다 훨씬 가치가 낮으므로 사실 이것은 말이 되지 않습니다. 그런 점에서 우리는 의식법이 훨씬 높은 무언가를 상징하고 있음을 깨닫게 됩니다. 즉, 의식법은 예수님을 지향합니다. 하나님께서 짐승으로 드린 제사를 인정해 주신 것은, 그 희생 제물들이 예수님을 상징하기 때문입니다. 그런 점에서 의식법은 오실 예수님을 희미하게 보여 주는 그림자였습니다.

의식법과 함께 율법의 중요한 부분을 차지하는 것이 도덕법입니다. 하나님의 백성이 어떻게 살아야 할지를 정해 놓은 것인데, 십계명이 바로 이 도덕법을 압축시킨 것입니다. 그런데 타락한 인간이 도덕법을 완전히 지키기란 불가능합니다. 그런 점에서 율법은 연약합니다. 우리를 구원으로 이끄는 것이 아니라, 도리어 절망의 나락으로 떨어뜨리기 때문입니다.

하지만 바로 거기에 도덕법의 유익이 있습니다. 우리의 한계를 깨닫고 도움을 구할 때, 하나님께서는 우리의 부족한 순종을 기쁘게 받아 주십니다. 심지어 우리의 모자란 부분을 은혜로 채우셔서 완전하게 하십니다. 그리고 그 순종을 마치 우리가 이룬 것처럼 여겨 주십니다. 그러나 도덕법과 관련한 오해가 너무나 많기 때문에, 도대체 도덕법의 기능이 무엇이며, 그것이 어떻게 우리를 그리스도께로 인도하는지를 좀 더 자세히 살펴보려합니다.

도덕법에는 크게 세 가지 기능이 있습니다. 첫 번째는 스스로를 의롭게 여기는 교만한 자들에게 하나님의 높은 기준을 제시하는 것입니다. 사람이 자신의 부족함을 깨닫지 못하면 근거 없는 자부심을 가지고 우쭐됩니다. 하지만 자신의 삶을 율법이라는 저울에 올려놓는 순간, 곧바로 자신이 크나큰 죄인이며 하나님의 진노 아래 놓인 저주 받은 인생임을 깨닫게 됩니다. 그래서 성경은 율법을 죄를 깨닫게 하고 (롬 3:20), 진노를 이루고(롬 4:15), 죽이는 사망의 직분(고후 3:7)이라고 말합니다. 율법의 이러한 기능 때문에 성도들은 오직 하나님의 은혜에만 자신을 의탁하게 됩니다. 아우구스티누스는 이것을 다음과 같이 설명했습니다. "우리가 율법의 조건들을 이행하려 애쓰다 우리의 연약함을 깨닫고 지칠 때, 율법은 우리에게 은혜를 구하라고 명령한다", "율법의 유익은 사람으로 하여금 자신의 연약함을 깨닫게 하고, 그를 움직여 그리스도 안에서 은혜의 치유를 구하도록 하는 것이다", "하나님께서 우리가 행할 수 없는 것을 명령하시는 이유는 우리가 그에게서 구해야 할 바를 알게 하시기 위함이다."

도덕법의 두 번째 기능은 악한 자들을 율법으로 위협하여 타락한 본성이 제멋대로 활개를 치지 않게 하는 것입니다. 그들의 부패함이 내부적으로 가둬지게 하는 것입니다. 그래서 악인들의 삶이 하나님 앞에서 더 의로워지진 않지만, 최소한 겉으로는 악한 일을 삼가게 되고, 사회가 최소한의 질서를 유지할 수 있게 됩니다.

도덕법의 세 번째 기능은 거룩한 삶의 목표를 보여 주는 것입니다. 우리가 하나님을 위해 살고자 할지라도, 기준과 목표가 없다면 우리의 노력은 허공을 맴돌게 될 것입니다. 그런 점에서 율법은 우리가 나아가야 할 참된 기준과 목표가 됩니다. 뿐만 아니라 게으른 나귀를 분발시키는 채찍처럼 율법도 우리를 더욱 분발하도록 자극합니다. 그래서 다윗은 율법에 대해 "여호와의 율법은 완전하여 영혼을 소성시키며 여호와의 증거는 확실하여 우둔한 자를 지혜롭게 하며 여호와의 교훈은 정직하여 마음을 기쁘게 하고 여호와의 계명은 순결하여 눈을 밝게 하시도다"(시 19:7-8)라고 말했던 것입니다.

신약성경의 몇몇 구절들을 근거로 율법이 폐지되었다고 주장하는 자들이 있지만, 그들은 본문을 제대로 이해한 것이 아닙니다. 예를 들어 사도 바울이 "무릇 율법 행위에 속한 자들은 저주 아래에 있나니 기록된 바 누구든지 율법 책에 기록된 대로 모든 일을 항상 행하지 아니하는 자는 저주 아래에 있는 자라 하였음이라"(갈 3:10)라고 말하는 것은 율법의 무용함을 주장하려는 것이 아닙니다. 예수님 없이 율법만으로 구원을 이루려고 하는 자들을 정죄하는 것입니다. 성도가 율법에서 해방되었다고 말하는 모든 구절들도 마찬가지입니다. 율법이 무의미하다는 것이 아니라, 율법을 구원의 도구로 삼아서는 안 된다고 말하는 것입니다.

하지만 의식법은 경우가 다릅니다. 도덕법은 지금도 그 역할을 분명히 하고 있지만, 의식법은 확실히 폐지되었습니다. 의식법의 주된 내용은 성전과 제사에 관한 것인데, 예수님께서 자기 몸으로 새 성전을 세우셨고(요 2:19-21), 자기 몸으로 단번에 영원한 제사를 드리셨기 때문입니다(히 9:12). 이제 더 이상 의식법은 효력이 없습니다.

생각나눔

1. 구약의 의식법들이 상징하는 것은 무엇입니까?
2. 율법은 어떤 식으로 교만한 자들을 겸손하게 만듭니까?

8장
도덕법의 핵심인 십계명 해설

요약

1. 십계명은 모든 도덕법의 요약이다.
2. 십계명을 올바르게 지키기 위해서는 첫째, 십계명이 육체에만 관계된 것이 아님을 알아야 하고, 둘째, 십계명이 제유법의 형식으로 선포되었음을 알아야 하며, 셋째, 십계명이 두 돌판으로 구분되어 있음을 알아야 한다.

도덕법을 지킨다는 것은 십계명을 행한다는 말과 같습니다. 십계명은 모든 도덕법의 요약이기 때문입니다. 십계명을 지켜 순종할 때에 가장 중요한 원칙은 무언가를 더하거나 빼서는 안 된다는 것입니다. 타락한 인간에게는 하나님께서 주신 율법을 자기에게 유리하고 편한 방향으로 가감하려는 본성이 있습니다. 그런 식으로 율법을 지키려 해선 안 됩니다. 그래서 하나님께서는 율법을 주시면서, "내가 너희에게 명령하는 이 모든 말을 너희는 지켜 행하고 그것에 가감하지 말지니라"(신 12:32)라고 경고하셨던 것입니다. 그러므로 하나님의 율법에 영원한 가치가 있음을 인정하고, 무언가를 더하거나 빼지 않으며, 모든 율법 하나하나를 엄격하게 지키려고 노력해야 합니다.

십계명을 올바르게 지키기 위해 주의해야 할 첫 번째 지침은, 십계명이 육체에만 관계된 것이 아니라는 것입니다. 세상의 통치자들은 우리가 악한 마음을 품는다 할지라도, 그것을 실행으로 옮기지 않으면 결코 벌하지 않습니다. 하지만 하나님께서는 우리의 내면까지 보시기에, 마음속에서 일어나는 정욕, 분노, 미움, 탐심까지도 죄로 여기십니다. 그런 점에서 율법은 영적인 지침입니다(롬 7:14). 예수님께서도 동일한 관점으로 율법을 해석하셨습니다. 겉으로만 지키면 문제 될 것 없다고 가르쳤던 바리새인들과 달리, 부정한 눈으로 바라보기만 해도 간음하는 것이며(마 5:28), 형제를 미워하는 것만으로도 살인이라고 하셨습니다(요일 3:15).

두 번째 지침은 십계명이 제유법의 형식으로 선포되었음을 아는 것입니다. 제유법이란 일부분으로 전체를 나타내는 것을 말합니다. 십계명은 단지 열 가지 조항만을 말하는 것이 아니라, 모든 도덕법을 열 가지로 요약한 것입니다. 그래서 십계명을 지킬 때는 그 조항이 요약하고 있는 전체적인 의미를 생각해야 합니다. 최선의 방법은 하나님의 마음을 생각하는 것입니다. 하나님께서 왜 이것을 하지 말라고 하셨는지를 생각해 보면 무엇을 해야 하는지를 알 수 있습니다. 반대로 왜 이것을 하라고 하셨는지를 생각해 보면 무엇을 하지 말아야 하는지도 알게 됩니다.

세 번째 지침은 십계명이 두 개의 돌판으로 구분되어 있음을 명심하는 것입니다. 하나님께서는 첫 번째 돌판에서는 하나님을 경외하는 법을 다루시고, 두 번째 돌판에서는 이웃을 사랑하는 법을 다루셨습니다. 이것은 하나님을 예배하는 것이 모든 선행의 기초이며, 하나님을 먼저 경외하지 않고서는 이웃을 참되게 사랑할 수도 없음을 나타냅니다. 그러면 지금부터 이 세 가지 기준을 가지고 십계명을 살펴보겠습니다.

십계명의 머리말은 "나는 너를 애굽 땅, 종 되었던 집에서 인도하여 낸 네 하나님 여호와니라"입니다(출 20:2). 이 머리말의 핵심은 여호와께서 베푸신 구원의 은혜를 기억하라는 것입니다. 하나님께서 이스라엘을 비참한 노예 상태에서 구원하여 내셨으므로, 그 하나님께 마음을 다해 순종하는 것은 당연하다는 것입니다. 그런데 우리는 노예가 되었던 적이 없으므로, 이것이 우리와 아무 상관없다고 생각해선 안 됩니다. 설령 애굽의 노예는 아니었다 할지라도, 우리 모두는 영적으로 사탄의 노예였기 때문입니다. 그러므로 십계명의 머리말은 우리가 율법에 순종해야 하는 이유를 설명한다고 볼 수 있습니다.

제1계명은 "너는 나 외에는 다른 신들을 네게 두지 말라"입니다(출 20:3). 이것은 모든 종류의 우상 숭배를 금지합니다. 동시에 하나님께만 드려져야 할 것을 다른 것에게 전가하는 일을 제한합니다. 예를 들어 예배와 기도와 찬양의 대상은 하나님 한 분밖에 없음에도 불구하고, 다른 무언가를 더 기뻐하고 의지하고 신뢰한다면 바로 그것이 제1계명을 어기는 일입니다.

제2계명은 "너를 위하여 새긴 우상을 만들지 말고 또 위로 하늘에 있는 것이나 아래로 땅에 있는 것이나 땅 아래 물 속에 있는 것의 어떤 형상도 만들지 말며 그것들에게 절하지 말며 그것들을 섬기지 말라"입니다(출 20:4-5). 이것은 상상할 수 없이 크신 하나님을 감히 어떤 형상으로 제한해선 안 된다는 것입니다. 또 미신적인 사람들처럼 형상으로 하나님을 예배해선 안 된다는 것입니다.

특별히 제2계명에는 "나 네 하나님 여호와는 질투하는 하나님인즉 나를 미워하는 자의 죄를 갚되 아버지로부터 아들에게로 삼사 대까지 이르게 하거니와 나를 사랑하고 내 계명을 지키는 자에게는 천 대까지 은혜를 베푸느니라"(출 20:5-6)는 경고의 말씀이 덧붙여져 있습니다. 하나님께서는 자신의 위엄과 영광을 다른 피조물이나 우상에게 전가시키는 자들을 결코 용서치 않을 것임을 경고하십니다. 동시에 하나님을 참되게 예배하는 자들에게 영구한 은혜를 약속하십니다.

제3계명은 "너는 네 하나님 여호와의 이름을 망령되게 부르지 말라 여호와는 그의 이름을 망령되게 부르는 자를 죄 없다 하지 아니하리라"입니다(출 20:7). 이것은 하나님의 이름을 함부로 사용함으로써 그 이름을 욕되게 해서는 안 된다는 뜻입니다. 우리가 하나님의 이름을 신중하게 사용하지 않으면, 하나님의 높으신 위엄을 망각하기 쉽기 때문입니다.

특별히 제3계명은 맹세에 관한 것입니다. 맹세란 자기 말의 진실성을 확보하기 위해 하나님을 증인으로 요청하는 것을 말합니다. 이러한 맹세는 정당하게 시행되기도 했지만, 때로는 잘못 사용되거나 쓸데없이 오용되기도 했습니다. 예를 들어 사울은 "이스라엘을 구원하신 여호와께서 살아 계심을 두고 맹세하노니 내 아들 요나단에게 있다 할지라도 반드시"(삼상 14:39) 죽을 것이라고 말했는데, 이것은 전혀 불필요한 맹세였습니다. 사울은 자기 뜻을 관철시키기 위해 여호와의 이름을 쓸데없이 사용했습니다.

하지만 맹세는 정당하게 시행되기만 하면 매우 유익합니다. 예를 들어 모세는 "네 하나님 여호와를 경외하며 그를 섬기며 그의 이름으로 맹세할 것"(신 6:13)을 요구했는데, 이런 맹세는 정당하고 꼭 필요합니다. 사도 바울 역시 "내가 내 목숨을 걸고 하나님을 불러 증언하시게 하노니 내가 다시 고린도에 가지 아니한 것은 너희를 아끼려 함이라"(고후 1:23)라는 말로써 여호와의 이름을 걸고 자신의 진실성을 보증했습니다. 그러므로 "도무지 맹세하지 말지니"(마 5:34)라는 예수님의 말씀은 거짓 맹세와 쓸데없는 맹세를 금하신 것으로 보아야 합니다.

제4계명은 "안식일을 기억하여 거룩하게 지키라 엿새 동안은 힘써 네 모든 일을 행할 것이나 일곱째 날은 네 하나님 여호와의 안식일인즉 너나 네 아들이나 네 딸이나 네 남종이나 네 여종이나 네 가축이나 네 문안에 머무는 객이라도 아무 일도 하지 말라"입니다(출 20:8-10). 여기에는 세 가지 의미가 담겨 있다고 볼 수 있습니다.

첫째, 안식일은 영원한 안식을 기대하고 소망하는 '율법적 의식'이다.
둘째, 안식일은 하나님의 백성이 모두 함께 모여 율법을 듣고 배우는 '경건 훈련'의 날이다.
셋째, 안식일은 종과 같이 다른 사람의 권세 아래 있는 자들이 휴식하는 날이다.

이 가운데 첫 번째 의미는 이제 사라졌습니다. 율법의 실체였던 예수님께서 오셨기 때문입니다. 율법을 통해 누리고자 했던 안식의 참된 모습이 예수님 안에 있기 때문에, 오늘날에는 안식일을 의식적으로 지키는 것이 아니라 경건을 훈련하고 휴식하는 날로서 지킵니다. 사도들이 신약의 안식일을 토요일에서 주일로 바꾼 것도 그런 이유 때문입니다. 구약의 안식일이 상징했던 '영원한 안식'이라는 목표가 예수님의 부활로 말미암아 성취되었기 때문에, 토요일이 아니라 부활의 날인 주일을 새로운 안식일로 지정한 것입니다. 하지만 반드시 주일을 안식일로 지켜야 하는 것은 아닙니다. 하나님께서는 칠 일 중 하루를 안식일로 지키라고 하셨으므로, 교회가 다른 날을 엄숙히 지정하여 모인다 해도 문제 되지는 않습니다.

제5계명은 "네 부모를 공경하라 그리하면 네 하나님 여호와가 네게 준 땅에서 네 생명이 길리라"입니다(출 20:12). 이것은 창조 세계의 질서를 위한 계명입니다. 가정은 하나님의 창조 세계가 질서 있게 유지되기 위한 근간이자 기초인데, 이처럼 중요한 가정이 든든하게 서기 위해서는 반드시 자녀가 부모를 공경하는 일이 있어야 합니다. 그래서 하나님께서는 부모를 공경할 것을 요구하시고, 부모를 공경하는 자에게 장수의 축복을 약속하시는 것입니다.

그런데 십계명은 제유법의 형식으로 선언되었기 때문에, 제5계명이 말하는 부모를 꼭 육신의 부모로만 한정해서는 안 됩니다. 대신 하나님께서 우리 위에 세우신 모든 자들을 우러러보며 공경하는 것이 올바른 태도입니다. 다른 말로 하면, 윗사람들을 낮추어 보거나 고집을 부리거나 배은망덕하게 행동해선 안 된다는 것입니다. 하지만 반드시 "주 안에서"만 공경해야 합니다(엡 6:1). 예를 들어 부모나 국가 지도자들이 하나님의 뜻을 어기도록 우리를 부추긴다면, 더 이상 그들을 윗사람으로 여겨선 안 됩니다. 윗사람들이 받는 존귀는 하나님께서 나눠 주신 것입니다. 그러므로 윗사람에게 순종하는 것은 반드시 하나님을 공경하는 방향으로만 나아가야 합니다.

제6계명은 "살인하지 말라"입니다(출 20:13). 이것은 이웃의 몸에 해를 끼치는 모든 일을 금하는 것입니다. 또 이웃의 생명을 살리고, 이웃의 안식에 도움 되는 일이 있으면 그것을 성실하게 행해야 한다는 것입니다. 제6계명도 제유법으로 표현되었기에, 마음으로 형제를 미워하는 것도 살인입니다. 그래서 성경은 "형제를 미워하는 자마다 살인"하는 자라고 말합니다(요일 3:15). 이웃의 몸과 마음에 상처를 주어선 안 되는 첫 번째 이유는 모든 사람이 하나님의 형상이기 때문입니다. 두 번째 이유는 하나님께서 모든 인류를 한 혈통으로 지으셨기 때문입니다. 그러므로 우리가 형제를 미워하고 심지어 형제의 생명을 빼앗기까지 한다면, 그것은 하나님의 형상을 미워하고 자신의 형제를 해치는 일입니다.

제7계명은 "간음하지 말라"입니다(출 20:14). 이것은 결혼 제도 안에서만 성관계를 가져야 한다는 것입니다. 그러므로 결혼 전에 이성과 동거하거나 결혼 후에 배우자 외의 사람과 관계를 가져선 안 됩니다. 그런데 주님께서 원하시는 순결은 육체와 영혼 모두를 포함합니다. 그러므로 몸의 순결만이 아니라 영혼의 순결에도 힘써야 합니다. 우리의 마음이 음란한 정욕으로 불타오르게 내버려 두거나 음란한 것들에 우리의 눈을 고정하거나 음란한 장식과 혀로 이성을 유혹한다면, 그것 역시 간음의 죄를 짓는 일입니다.

제8계명은 "도둑질하지 말라"입니다(출 20:15). 이것은 다른 사람의 소유를 탐내지 않으며, 동시에 각 사람이 자기의 소유를 지닐 수 있도록 도와야 한다는 것입니다. 각 사람의 소유는 하나님께서 그들 각자에게 분배해 주신 것이기 때문입니다. 그러므로 다른 사람의 소유를 빼앗는 것은 곧 하나님의 것을 빼앗는 것과 마찬가지입니다. 제8계명은 하나님께서 각 사람에게 주신 소유와 재산에 피해를 주는 모든 행위를 포함하기 때문에, 악한 속임수로 은밀하게 가로채는 것이나 정당해 보이는 교묘한 방법으로 피해를 주는 것도 도둑질임을 명심해야 합니다. 그러므로 우리는 하나님께서 주신 것에 만족하고, 오직 정당한 방법을 통해서만 이익을 얻어야 합니다. 뿐만 아니라 꼭 필요한 소유를 가지지 못한 어려운 이웃이 있다면, 우리의 소유를 그들과 나누는 것 역시 팔 계명을 올바르게 지키는 것입니다.

제9계명은 "네 이웃에 대하여 거짓 증거하지 말라"입니다(출 20:16). 여기에는 크게 두 가지 의미가 있습니다. 하나는 법정에서 거짓 증언을 해선 안 된다는 것이고, 또 하나는 일상생활에서 이웃의 명예를 훼손하는 거짓말을 해선 안 된다는 것입니다. 요약하면, 언제나 우리의 입으로 진실만을 말해야 한다는 것입니다. 하지만 다른 계명들과 마찬가지로 제9계명에 순종하기란 쉽지 않습니다. 인간에겐 다른 사람의 악행을 찾아내어 폭로하는 일을 매우 기뻐하는 타락한 본성이 있기 때문입니다. 하지만 재물보다 명예가 소중하다는 잠언 말씀처럼(잠 22:1), 이웃의 명예를 지키는 것은 매우 중요합니다. 그런 점에서 이웃의 명예를 훼손하는 험담은 이유 여하를 막론하고 정당화될 수 없습니다.

제10계명은 "네 이웃의 집을 탐내지 말라 네 이웃의 아내나 그의 남종이나 그의 여종이나 그의 소나 그의 나귀나 무릇 네 이웃의 소유를 탐내지 말라"입니다(출 20:17). 이것은 우리의 마음이 탐심에 물들지 않도록 노력해야 한다는 것입니다. 하나님께서는 우리가 사랑에서 비롯된 동기 때문에 무언가를 하기 원하시지만, 실제로는 탐심이 우리 행동의 근원일 때가 많습니다. 그래서 하나님께서는 십계명을 통해 탐심이 우리 마음에 자리 잡는 것을 경계하고, 절제된 마음 상태를 유지할 것을 명령하십니다.

지금까지 십계명의 의미를 하나하나 살펴보았습니다. 이제 십계명을 어떤 마음가짐으로 지켜야 하는지를 생각해 보려고 합니다. 십계명을 지킬 때 반드시 기억해야 할 사실은 십계명 안에 하나님의 성품이 담겨 있다는 것입니다. 그래서 십계명을 지키는 것은 하나님을 닮아가고, 하나님의 형상을 회복하는 일입니다. 그런 점에서 십계명을 예외 없이 하나하나 지키려는 노력은 너무나 중요합니다. 그런데 이상하게도 구약 선지자들의 말씀을 살펴보면, 거의 대부분 첫 번째 돌판의 내용은 제외하고, 두 번째 돌판의 내용만 강조합니다.

이것은 첫 번째 돌판의 내용인 하나님 사랑을 경시하는 것이 절대로 아닙니다. 다만 두 번째 돌판의 내용인 이웃 사랑을 실천함으로써 보이지 않는 하나님 사랑을 입증하라는 것입니다. 참으로 하나님을 사랑하지 않는 사람은 진정으로 이웃을 사랑할 수 없기 때문입니다. 그런데 이웃을 사랑한다고 할 때, 우리가 사랑하기 쉬운 사람들만을 대상으로 해선 안 됩니다. 예수님께서는 선한 사마리아인의 비유(눅 10:36)를 통해 '이웃'이란 지극히 먼 사람까지 포함함을 보여 주셨습니다. 또 성경 어디에서나 원수를 사랑해야 함을 강조합니다(잠 25:21, 출 23:4-5, 레 19:18). 그러므로 우리는 강자나 약자, 내국인과 외국인, 친구나 원수 등의 구별 없이 온 인류를 품고 사랑해야 합니다.

또 하나 생각해야 할 것은 십계명을 어기면서 어떤 것은 대죄(大罪)로 여기고 어떤 것은 소죄(小罪)로 여기는 구분은 피해야 한다는 것입니다. 예수님께서는 "누구든지 이 계명 중의 지극히 작은 것 하나라도 버리고 또 그같이 사람을 가르치는 자는 천국에서 지극히 작다 일컬음을 받을 것이"(마 5:19)라고 말씀하셨습니다. 어떤 계명도 작지 않다는 것입니다. 또한 율법을 주신 분이 누구신지를 생각해 보면, 특정한 죄를 소죄로 여기는 것이 얼마나 어리석은 구분인지 잘 알 수 있습니다. 아무리 작은 계명이라도 거기에는 온 우주의 왕이신 하나님의 권위가 담겨 있습니다. 그렇다면 작은 죄라고 할 만한 죄는 하나도 없습니다. 또한 하나님께서는 "범죄하는 그 영혼은 죽으리라"(겔 18:4) 하셨고, 사도 바울은 로마서에서 "죄의 삯은 사망이요"(롬 6:23)라고 선언하였으므로, 어떤 죄든 하나님의 뜻을 거스르며, 하나님의 진노와 심판을 초래한다고 할 수 있습니다.

생각나눔

1. 율법을 가감하지 말라는 명령이 주어진 이유는 무엇입니까?

2. 제유법이란 무엇입니까?

9장

율법에서 예고되고
복음에서 분명히 드러나신 예수님

요약

1. 구약과 신약은 공통적으로 예수 그리스도를 말한다.
2. 아브라함 역시 자신의 행위가 아니라, 예수님 때문에 구원받을 것을 희미하게 알고 있었다.

구약과 신약은 공통적인 것을 말합니다. 바로 예수 그리스도입니다. 구약은 앞으로 오실 예수님을, 신약은 이미 오신 예수님을 설명합니다. 하지만 둘 사이에는 차이점도 존재합니다. 구약은 예수님을 희미하게 보여 주는데 반해, 신약은 분명하고 명확하게 보여줍니다. 예를 들어 구약의 희생 제사나 성전 같은 것들은 앞으로 오실 예수님을 희미하게 보여 주는 도구였습니다. 하지만 신약 시대의 성도들은 육체로 오신 예수님을 직접 눈으로 보았습니다.

어떤 사람들은 구약은 율법을 말하고 신약은 복음을 말하기 때문에 구약과 신약 사이에는 공통점이 전혀 없다고 주장하기도 합니다. 그러나 율법과 복음은 상반되는 것이 아닙니다. 모세의 율법도 사실은 예수님을 희미하게 보여 주는 도구였습니다(요 5:46). 율법이 아니라 복음으로만 구원을 얻을 수 있다는 말씀도 마찬가지입니다(롬 3:21 이하). 율법을 행함으로써 구원 얻을 자가 없다는 것이지, 구약은 율법을 구원의 길로 제시하고 신약은 복음을 구원의 길로 제시한다는 의미는 아닙니다.

예를 들어 아브라함과 야곱 같은 자들은 예수님을 보지 못했으므로 저주 아래 있는 걸까요? 아닙니다. 성부 하나님께서는 앞으로 오실 성자 예수님을 보시고, 그들을 의롭다고 인정해 주셨습니다. 구약 시대의 성도든 신약 시대의 성도든 모두 다 예수님 때문에 구원을 얻습니다. 그래서 예수님께서는 "너희 조상 아브라함은 나의 때 볼 것을 즐거워하다가 보고 기뻐하였느니라"(요 8:56)고 말씀하셨던 것입니다.

생각나눔

1. 구약과 신약의 공통점은 무엇입니까?

2. 구약과 신약의 차이점은 무엇입니까?

10장
구약과 신약의 유사점

요약

1. 신구약 모두 영원한 다음 세상을 약속한다.
2. 신구약 모두 인간의 공로와 행위가 아니라 하나님의 자비와 긍휼에 근거한다.
3. 신구약 모두 중보자이신 그리스도를 통해 하나님께서 주시는 복에 참여한다.

구약과 신약의 언약이 전혀 다른 것이라 주장하는 사람들이 있지만, 사실 구약과 신약은 본질적으로 동일한 언약입니다. 그 유사점은 다음의 세 가지로 정리할 수 있습니다.

첫째, 신구약 모두 영원한 다음 세상을 약속합니다. 어떤 사람들은 신약의 성도들과 구약의 성도들이 서로 다른 복을 소망했다고 주장합니다. 신약의 성도들은 다음 세상에 소망을 두었던 반면, 구약의 성도들은 현세적인 복을 소망했다는 것입니다. 하지만 구약의 성도들 역시 영원한 다음 세상을 소망했습니다. 예를 들어 믿음의 조상인 아브라함은 현세적인 복을 거의 누리지 못했습니다. 고향을 떠나 평생 나그네로 방황해야 했고, 아내를 빼앗기거나 조카와 헤어져야 했으며, 오랫동안 자식이 없었을 뿐만 아니라 늘그막에 얻은 하나뿐인 자식을 자기 손으로 죽여야 하는 위기에 처하기도 했습니다. 하나님께서 아브라함을 그토록 연단하셨던 이유는, 그가 다음 세상을 소망하도록 만드시기 위함이었습니다. 그래서 성경은 아브라함의 삶을 이렇게 묘사합니다. "이는 그가 하나님이 계획하시고 지으실 터가 있는 성을 바랐음이라"(히 11:10). 여기서 말하는 '성'은 영원한 다음 세상을 의미합니다. 그러므로 구약의 대표적인 성도인 아브라함 역시 현세적인 소망이 아니라 영원한 다음 세상을 소망하며 살았던 것입니다.

둘째, 신구약 모두 인간의 공로와 행위가 아니라 하나님의 자비와 긍휼에 근거합니다. 신약의 성도뿐만 아니라 구약의 성도들도 하나님의 자비하심 때문에 은혜를 받았습니다. 예를 들어 이스라엘이 하나님의 백성으로 선택된 것은 그들의 공로와 행위가 아니라 하나님의 자비와 긍휼 때문이었습니다. 그래서 성경은 이스라엘이 받은 복에 대해 "여호와를 자기 하나님으로 삼은 나라 곧 하나님의 기업으로 선택된 백성은 복이 있도다"(시 33:12)라고 말합니다.

셋째, 신구약 모두 그리스도를 통해서만 하나님께서 주시는 복에 참여할 수 있습니다. 세 번째 유사점의 근거는 아브라함의 삶에서 찾을 수 있습니다. 예수님께서는 아브라함에 대해 이렇게 말씀하셨습니다. "너희 조상 아브라함은 나의 때 볼 것을 즐거워하다가 보고 기뻐하였느니라"(요 8:56). 물론 아브라함에게 예수님을 향한 구체적이고 확실한 믿음이 있었다는 건 아닙니다. 하지만 그 역시도 중보자를 통해서만 영생에 참여한다는 믿음이 있었다는 것은 확실합니다.

생각나눔

1. 하나님께서 아브라함을 수많은 시련으로 연단하신 이유는 무엇입니까?

2. 아브라함이 예수님을 볼 것을 즐거워했다는 말씀의 의미는 무엇입니까?

11장

구약과 신약의 차이점

요약

1. 신약은 영적 축복을 직접 강조하지만, 구약은 현세적 축복을 통해 영적 축복을 바라보도록 한다.
2. 신약은 그리스도를 직접 보여 주지만, 구약은 예수님의 그림자만 보여 준다.
3. 신약은 영적이지만, 구약은 문자적이다.
4. 구약은 두려움을 만들어 내지만, 신약은 신뢰와 확신을 갖게 한다.
5. 구약은 이스라엘과만 관계되지만, 신약은 모든 민족과 관계된다.

구약은 율법을 강조하고 신약은 복음을 강조한다고 오해하기 쉽지만, 율법 역시 복음의 한 부분입니다. 구약의 성도들도 율법이 아니라, 그리스도 때문에 구원을 얻었다는 점에서 구약과 신약은 본질상 동일합니다. 아우구스티누스는 구약과 신약을 구분지어선 안 된다고 주장하기도 했습니다. 하지만 구약과 신약이 완전히 동일한 것은 아닙니다. 구약과 신약 사이에는 뚜렷하게 구분되는 다섯 가지 특징이 있습니다.

첫 번째 차이는, 신약은 영적 축복을 직접 강조하지만 구약은 현세적 축복을 통해서 영적 축복을 바라보도록 한다는 점입니다. 예를 들어 신약의 성도들은 하늘나라를 약속받았지만, 구약의 족장들은 가나안 땅을 약속받았습니다. 하나님께서 이렇게 하신 이유는, 구약의 성도들은 복음을 초급 수준 정도로만 이해하고 있었기 때문입니다 (갈 4:3). 그래서 가나안 땅을 통해서 하늘나라를 바라보도록 하신 것입니다. 현세적 축복을 통해 영적 축복을 바라보도록 하셨다는 의미입니다.

두 번째 차이는, 신약은 실체이신 그리스도를 직접 보여 주지만 구약은 실체의 그림자만 보여 준다는 점입니다. 이 점을 가장 잘 보여 주는 성경이 히브리서인데, 여기서 사도는 "율법은 장차 올 좋은 일의 그림자일 뿐이요 참 형상이 아니"라고 말합니다(히 10:1). 또 예수님께서도 "율법과 선지자는 요한의 때까지요 그 후부터는 하나님 나라의 복음이 전파되어 사람마다 그리로 침입하느니라"고 말씀하심으로써(눅 16:16), 구약은 언젠가 명확하게 드러날 그리스도를 미리 맛보게 해 준 것임을 분명하게 강조하십니다.

세 번째 차이는, 신약은 영적이지만 구약은 문자적이라는 점입니다. 예를 들어 예레미야 선지자는 "여호와의 말씀이니라 보라 날이 이르리니 내가 이스라엘 집과 유다 집에 새 언약을 맺으리라 … 내가 이스라엘 집과 맺을 언약은 이러하니 곧 내가 나의 법을 그들의 속에 두며 그들의 마음에 기록하여 나는 그들의 하나님이 되고 그들은 내 백성이 될 것이라 여호와의 말씀이니라"(렘 31:31-34)라고 예언하였습니다. 사도 바울은 이 말씀을 근거로 율법은 문자로 된 것이지만 복음은 영으로 된 것이며, 율법은 돌판에 쓰여졌지만 복음은 사람의 마음판에 쓰여졌으며, 율법은 죽음을 전하지만 복음은 생명을 전한다고 기록합니다(고후 3:6-11).

네 번째 차이는, 구약은 사람의 마음에 두려움을 만들어 내지만, 신약은 신뢰와 확신을 갖게 한다는 점입니다. 성경은 이것을 종과 자유인의 대조로 설명합니다. 예를 들어 사도 바울이 "너희는 다시 무서워하는 종의 영을 받지 아니하고 양자의 영을 받았으므로 우리가 아빠 아버지라고 부르짖느니라"(롬 8:15)고 말하는 것이 바로 그러한 구분입니다.

다섯 번째 차이는, 구약은 이스라엘과만 관계되지만 신약은 모든 민족과 관계된다는 점입니다. 구약 시대에 하나님께서는 특별히 이스라엘을 자기 백성으로 선택하시고, 그들에게 배타적인 사랑을 베풀어 주셨습니다(신 10:14-15, 32:8-9). 그때에 이스라엘은 여호와의 사랑을 받는 아들이었고, 다른 민족들은 외인에 불과했습니다. 이스라엘은 하나님의 보호를 받았지만, 다른 민족들은 내버려져 있었습니다. 하지만 "때가 차매"(갈 4:4) 그리스도께서 하나님과 사람 사이의 화목자로 오셨고, 오랫동안 이스라엘 경계에 있던 담을 허무셨습니다. 그 결과 모든 민족과 백성이 "외인도 아니요 나그네도 아니요 오직 성도들과 동일한 시민이요 하나님의 권속"(엡 2:19)이 되게 하셨습니다.

어떤 사람들은 이러한 차이점을 두고 하나님께서 일관적이지 않으시다고 생각합니다. 하지만 어린 자녀와 성년이 된 자녀를 똑같은 방법으로 훈계할 수 없는 것처럼, 하나님께서 각 시대마다 가장 적절한 방법으로 일하신 것을 일관성이 없다고 말해선 안 됩니다. 사도 바울은 구약의 유대인들을 어린아이로, 신약의 성도들을 청년에 비유합니다(갈 4:1이하). 그렇다면 하나님께서 구약과 신약의 성도들을 각각 다른 방법으로 대하신 것은 당연한 일입니다. 하나님께서는 구약과 신약의 성도들에게 전혀 다른 것을 가르치지 않았습니다. 언제나 동일한 복음과 예배를 요구하셨습니다. 그 점에서 '하나님께서는 일관되게 신실하시다'라고 보아야 합니다.

생각나눔

1. 하나님께서 구약의 족장들에게 하늘나라가 아니라 가나안을 약속하신 이유는 무엇입니까?
2. 신약과 구약의 차이점이 있다고 해서 하나님을 일관되지 않으신 분이라고 할 수 없는 이유는 무엇입니까?

12장
하나님의 아들께서는 중보자의 직분을 행하시기 위해 사람이 되셔야 했음

요약

1. 우리의 중보자가 하나님이셔야 하는 것은 죽음을 삼키고 이기시는 것이 그분의 사명이기 때문이다.
2. 우리의 중보자가 사람이어야 하는 것은 하나님께 불순종한 대상이 사람이기 때문이다.

하나님의 아들께서 인간이 되신 것은 하나님의 뜻과 계획을 따라 일어난 일입니다. "오직 너희 죄악이 너희와 너희 하나님 사이를 갈라 놓았고"(사 59:2)라는 말씀처럼, 죄로 인해 하나님과 우리는 너무나 멀어졌기에 하나님의 아들이 아니고서는 어느 누구도 이 관계를 회복시킬 수 없었습니다. 만약 하나님의 아들께서 우리를 위해 직접 내려오시지 않았다면 우리에게 희망이란 일절 존재할 수 없었습니다. 사람은 온갖 부패와 타락으로 말미암아 죽음과 지옥으로 떨어진 상태였기 때문입니다.

그런데 왜 하나님이시면서 동시에 인간이어야만 우리의 중보자가 되실 수 있을까요? 우리의 중보자가 하나님이셔야 하는 것은 죽음을 삼키고 이기시는 것이 그분의 사명이었기 때문입니다. 스스로 생명이신 분이 아니면 아무도 그 일을 감당할 수 없었습니다. 또한 죄를 이기시는 것이 그분의 역할이었기 때문입니다. 전적으로 의로우신 분이 아니면 아무도 그것을 해낼 수 없기 때문입니다.

우리의 중보자가 사람이어야 하는 것은 하나님께 불순종하여 죄에 대한 형벌을 치러야 하는 대상이 인간이기 때문입니다. 그래서 하나님의 아들께서는 인간의 몸으로 오셔서 우리를 대표하시고, 우리 대신 하나님께 벌을 받아야 했습니다. 다시 말해 하나님의 신분으로는 죽을 수 없고, 사람의 신분으로는 죽음을 이길 수 없었기 때문입니다. 그래서 하나님의 아들께서는 하나님이시자 동시에 인간이신 상태에서 사람으로서는 죽음에 굴복하시고, 하나님으로서는 죽음을 이기셔서 우리를 위한 생명을 얻으셨던 것입니다.

그러므로 하나님의 아들께서 인간이 되신 이유는 오직 하나, 우리의 구원을 위해서입니다. 그런데 '오시안더'와 같은 미련한 사람들은 "하나님의 아들께서 다른 이유 때문에 인간이 되셨을 수도 있다"라고 주장합니다. 하지만 "그가 찔림은 우리의 허물 때문이요 그가 상함은 우리의 죄악 때문이라"(사 53:5)라는 말씀처럼 하나님의 아들께서는 비참한 죄인들을 위해 이 땅에 오셨음이 분명합니다. 심지어 예수님께서 직접 자신의 직분을 이렇게 말씀하셨습니다. "하나님이 세상을 이처럼 사랑하사 독생자를 주셨으니 이는 그를 믿는 자마다 멸망하지 않고 영생을 얻게 하려 하심이라"(요 3:16), "예수께서 이르시되 나는 부활이요 생명이니 나를 믿는 자는 죽어도 살겠고"(요 11:25), "인자가 온 것은 잃어버린 자를 찾아 구원하려 함이니라"(눅 19:10). 이 외에도 성경의 근거를 나열하자면 끝이 없을 정도입니다.

그러므로 왜 하나님의 아들께서 인간이 되셨는지에 대해 성경이 말하는 이상으로 불필요한 상상을 하는 것은 정당하지 않습니다. 성경의 진리에 만족하지 않고 그 이상을 원하는 태도는 부당한 욕심입니다. 그들은 "어리석은 변론"(딛 3:9)을 피하라고 했던 사도 바울의 경고를 명심해야 하고, 우리가 진리를 추구하는 유일한 목적이 "십자가에 못 박히신 그리스도"를 아는 데 있음을 기억해야 합니다(고전 2:2).

생각나눔

1. 예수님께서 오직 하나님이시라면 무엇을 하실 수 없습니까?

2. 예수님께서 오직 사람이시라면 무엇을 하실 수 없습니까?

13장
하나님의 아들께서
인간 본성의 참 본질을 취하셨음

요약

1. 하나님의 아들께서는 실제로 인간이 되셨다. 하늘의 몸을 입으셨다거나 인간의 몸을 입으신 것처럼 보였을 뿐이라는 주장은 사실이 아니다.

교회 역사 속에서 그리스도께서 참 하나님이심은 크게 문제 되지 않았습니다. 반면 그리스도께서 참 인간이시라는 교리는 특히 마니교 신자들과 마르키온주의자들에게 많은 공격을 받았습니다. 마니교 신자들은 그리스도께서 인간의 몸이 아닌 하늘의 몸을 부여받으셨다고 주장했고, 마르키온주의자들은 그리스도께서 인간의 몸을 입으신 것처럼 보였을 뿐, 실제로 인간의 몸을 취하신 것은 아니라고 주장했습니다.

하지만 성경의 수많은 증언들이 이들의 주장을 반박합니다. 예를 들어 성경은 아담과 아브라함과 다윗의 후손 가운데 메시야가 올 것을 약속하고 있고(창 3:15, 12:3, 시 132:11), 심지어 주님께서는 직접 자신을 향해 "인자(사람의 아들)"라고 부르시기도 했습니다. 그러므로 그리스도께서 참된 인간으로 이 땅에 오셨음은 명백한 사실입니다. 복음서에도 그리스도께서 배고픔과 목마름과 추위 같은 인간 본성의 연약함을 지니셨다는 증거들이 무수히 많습니다. 그래서 성경은 그리스도를 우리와 똑같은 본성을 취하신 분이고(히 2:17), 우리의 연약함을 이해하시는 분이라고 말하는 것입니다(히 4:15).

어떤 사람들은 그리스도께서 인간이 되셨다는 주장은 그리스도를 모욕하는 일이라고 생각합니다. 영은 선하고 육은 악하기에, 하나님께서 악한 육신을 취하실 수 없다는 것입니다. 이것은 헬라 철학에 근거한 영지주의적 이단 사상입니다. 우리의 구원이 확실한 것은 그리스도께서 인간으로 오셨기 때문이고, 이것은 성경이 분명히 증거하는 사실입니다. 또 어떤 사람들은 그리스도께서 마리아의 몸을 통해 오셨다면, 그를 통해 원죄를 물려받았을 것이라고 주장하기도 합니다. 하지만 그리스도께서는 마리아에게서 잉태되신 것이 아니라 성령으로 잉태되셨습니다. 그리스도께서는 오직 마리아의 자궁만을 빌리셨을 뿐입니다. 그러므로 그리스도께서는 인간 본성의 오염을 전혀 물려받지 않으셨습니다.

생각나눔

1. 예수님께서 실제 인간이 되셨다는 성경의 증거는 무엇입니까?
2. 그리스도께서 마리아를 통해 나셨다면 인간의 원죄를 물려받으신 것 아닙니까?

14장
그리스도 안에는
신성과 인성이 통일되어 있음

요약

1. 그리스도 안에는 신성과 인성이 하나로 연합되어 있다.
2. 그리스도의 신성과 인성은 각각의 본성이 전혀 손상되지 않은 상태로 온전히 보존되어 있다.

성경은 말씀이 육신이 되었다고 말합니다(요 1:14). 하나님의 아들께서 인성을 취하셨다는 의미입니다. 그렇다고 해서 그리스도 안에 신성과 인성이 혼합되어 있다고 생각해선 안 됩니다. 하나님의 아들께서 우리의 구원자가 되시기 위해서는 반드시 참 하나님이신 동시에 참 인간이셔야 하기 때문입니다. 그래서 우리는 그리스도 안에 신성과 인성이 하나로 연합되어 있지만, 그 각각의 본성이 전혀 손상되지 않은 상태로 온전히 보존되어 있다고 믿습니다. 마치 인간에게 육체와 영혼의 두 본질이 있지만, 각각의 본질이 고유성을 유지하며 조화롭게 연합되어 있는 것과 같습니다.

예를 들어 예수님께서 "모든 피조물보다 먼저" 나셨으며 "만물보다 먼저" 계셨다는 말씀, 그리고 창세전부터 "아버지와 함께" 계셨다는 말씀은, 사람에게는 전혀 해당되지 않는 것으로서 예수님의 신성을 입증하는 증거입니다(골 1:15-17, 요 5:17, 17:5). 그리고 "예수는 지혜와 키가 자라가며 하나님과 사람에게 더욱 사랑스러워 가시더라", "그때에 예수께서 성령에게 이끌리어 마귀에게 시험을 받으러 광야로 가사 사십 일을 밤낮으로 금식하신 후에 주리신지라"와 같은 말씀들은 예수님의 인성을 입증하는 증거입니다(눅 2:52, 마 4:1-2).

예수님의 신성과 인성을 동시에 말하는 말씀도 있습니다. "하늘에서 내려온 자 곧 인자 외에는 하늘에 올라간 자가 없느니라"(요 3:13)는 구절에서, 예수님께서는 자신께서 여전히 이 땅에 발붙이고 계시지만 이미 하늘에 올라가신 것으로 말씀하십니다. 이것은 인성으로는 이 땅에 몸담고 계실지라도, 신성은 하늘에 계시다는 의미입니다. 또한 예수님께서 죄를 사하시는 권세를 받으셨다는 말씀을 보면(요 1:29), 죄를 사하시는 권세를 가지고 계시다는 점에서 예수님께서는 참 하나님이시지만 동시에 그 권세를 하나님께 받으셔야 한다는 점에서 예수님께서는 참 인간이십니다. 마찬가지로 예수님께서 죽은 자를 다시 살리시는 권세를 받으셨다는 말씀을 보면(요 5:21-23), 죽은 자를 다시 살리시는 권세를 가지고 계시다는 점에서는 참 하나님이시지만, 그 권세를 하나님께 받으셔야 한다는 점에서는 참 인간이십니다.

그러므로 우리는 예수님을 참 인간으로만 보거나 참 하나님으로만 보는 주장, 그리고 신성과 인성의 두 본성을 완전히 혼합하거나 완전히 분리시켜서 예수님을 참 하나님도 아니며 참 인간도 아니라고 주장하는 자들을 주의하고 배격해야 합니다. 우리의 구원이 성립되려면, 우리의 구원자는 반드시 참 하나님이신 동시에 참 인간이셔야 하기 때문입니다.

생각나눔

1. 그리스도 안에 신성과 인성이 혼합되어 있다고 생각해선 안 되는 이유는 무엇입니까?

2. 예수님의 신성과 인성을 동시에 말하는 구절은 무엇입니까?

15장

그리스도께서
우리를 구원하시기 위해 행하신 삼중 사역

요약

1. 예수님께서는 하나님의 아들이시므로, 가장 특별한 선지자이시다.
2. 예수님께서는 영원한 왕으로서, 영적으로 우리를 통치하신다.
3. 예수님께서는 자기 몸으로 온전하고 영원한 제사를 드리신 제사장이시다.

이단 중에도 예수님의 이름을 부르는 자들이 있습니다. 하지만 그들이 생각하는 예수님은 우리가 알고 있는 예수님과 다릅니다. 교황주의자들도 마찬가지입니다. 그들도 "하나님의 아들"이란 말을 자주 입에 담지만, 예수님에 대한 참된 지식과 이해를 가진 것은 아닙니다. 그런 점에서 그들은 사도 바울이 정죄했던 "머리를 붙들지 아니하"는 자들에 지나지 않습니다(골 2:19). 그렇다면 예수님을 어떻게 믿어야 제대로 믿는 것일까요? 우리가 예수님 안에서 확고한 구원의 기초를 찾기 원한다면, 반드시 다음의 원리를 가지고 믿어야 합니다. 예수님께서는 그리스도의 삼중 직분을 행하신 분이라고 말입니다.

원래 그리스도라는 말은 "기름 부음 받은 자"라는 의미입니다. 그래서 구약 시대에는 왕, 선지자, 제사장이 그리스도로 불렸습니다. 그들이 기름 부음을 통해 세워졌기 때문입니다. 하지만 구약의 그리스도들은 완전하고 참된 그리스도가 아니었습니다. 일시적으로 그리스도의 직분을 수행하기는 했지만, 여전히 인간으로서의 한계와 죄인으로서의 연약함을 가지고 있었기 때문입니다. 그래서 하나님의 백성들은 참된 그리스도가 오시기를 대망하게 되었습니다. 심지어 참 신앙을 가지지 못했던 사마리아인들조차 그리스도를 대망하는 사상을 가지고 있었습니다(요 4:25). 그러므로 예수님께서 자신을 그리스도라 칭하신 것은 자신께서 오랫동안 기다려 왔던 바로 그 왕이시고 선지자이시며 제사장이시라는 의미입니다.

예수님께서 참된 선지자로 오실 것을 특별히 이사야 선지자가 예언했습니다. 이사야는 기름 부음 받은 자에 의해 "여호와의 은혜의 해"가 선포될 것이라 말했는데(사 61:1-2), 그의 예언처럼 예수님께서는 성령으로 기름 부음 받으시고, 하나님의 구원과 은혜를 선포하는 선지자가 되셨습니다. 특히 하나님 아버지께서 "이는 내 사랑하는 아들이요 내 기뻐하는 자니 너희는 그의 말을 들으라"(마 17:5)고 말씀하심으로써 예수님께는 누구와도 비교될 수 없는 특별한 선지자적 권위가 주어졌습니다.

예수님의 왕 되심에는 크게 두 가지 특징이 있습니다. 첫 번째는 '영원성'입니다. 예수님께서는 세상의 왕들처럼 잠깐 다스리다 사라지시는 왕이 아니라 영원한 왕이십니다. 이것은 다윗의 시편에 잘 나타나 있습니다. 다윗은 "여호와께서 내 주에게 말씀하시기를 내가 네 원수들로 네 발판이 되게 하기까지 너는 내 오른쪽에 앉아 있으라 하셨도다"(시 110:1)라고 노래하였는데, 이것은 아무리 강력한 원수들이 교회를 전복시키려 할지라도 하나님께서 자기 아들을 영원한 왕으로 삼으신 이상, 그 누구도 하나님의 뜻을 흔들 수 없다는 의미입니다.

두 번째는 예수님의 왕적 직분이 특별히 영적인 부분에서 수행된다는 것입니다. 예를 들어 예수님께서는 이렇게 말씀하셨습니다. "내 나라는 이 세상에 속한 것이 아니니라"(요 18:36). 이것은 예수님의 돌보심이 외형적이고 물질적인 것을 넘어서 특별히 영적인 부분에 있다는 의미입니다. 그래서 우리는 이 땅에서 수많은 어려움과 고난을 겪지만, 결국에는 사탄의 모든 공격을 이겨내고 영원한 하늘나라를 소망하며 살 수 있습니다.

예수님의 제사장 직분은 그가 이루신 화목 제사를 통해 완성되었습니다. 구약의 제사는 두 가지 부분에서 미흡했습니다. 첫 번째는 제사를 시행하는 제사장 역시 한 명의 죄인에 불과하다는 점이고, 두 번째는 제물로 바쳐지는 짐승의 가치가 현격하게 낮다는 점입니다. 하지만 예수님의 제사는 달랐습니다. 첫 번째는 죄 없으신 하나님의 신분으로 제사장이 되셨다는 점이고, 두 번째는 자기 몸을 희생 제물로 드려 영원하고 온전한 제사를 이루셨다는 점입니다. 그런 점에서 예수님만이 유일하시고 참되신 제사장이십니다. 그런데 교황주의자들은 예수님의 제사를 영원하고 완전한 것으로 인정하지 않고, 지금도 미사라는 이름의 제사를 계속 시행하고 있습니다. 이것은 예수님께서 자기 몸으로 드리신 제사가 부족하다는 의미를 드러내는 일로서, 참으로 어리석고 역겨운 행위입니다.

생각나눔

1. 예수님께서 자신을 그리스도라고 칭하신 것의 의미는 무엇입니까?

2. 예수님의 왕 되심의 특징 두 가지는 무엇입니까?

16장
사도신경으로 살펴본
그리스도의 생애

요약

1. 사도신경에는 믿음의 전 역사가 요약되어 있으며, 성경적으로 뒷받침되지 않는 내용은 하나도 없다.
2. 사도신경은 모든 종류의 복이 그리스도 안에 있음을 보여 준다.

지금까지 살펴본 그리스도에 관한 논의는 다음과 같이 요약할 수 있습니다. 우리는 하나님의 심판과 저주 아래 있었지만, 하나님의 아들께서 친히 우리의 구원자가 되어 주셨다는 것입니다. 그러므로 우리는 그리스도께서 과연 어떤 방식으로 우리의 구원을 이루셨는지를 꼼꼼히 살펴보아야 합니다. 나는 이 일을 사도신경의 순서를 따라서 하고자 합니다. 사도신경이 우리의 구원과 관련하여 중요한 내용들을 몇 마디 말로써 요약해 주기 때문입니다. 사도신경에는 믿음의 전 역사가 간결하게 정리되어 있으며, 성경의 증거가 뒷받침되지 않는 내용은 하나도 없습니다.

본디오 빌라도에게 고난을 받아

예수님께서 빌라도에게 재판을 받고 죽으신 데에는 중요한 의미가 있습니다. 만약 예수님께서 도둑에게 살해당하셨거나 폭도들에게 맞아 죽으셨다면, 그런 죽음을 통해서는 예수님께서 우리 대신 죽으셨다는 증거가 전혀 나타나지 않을 것입니다. 하지만 예수님께서는 범죄자로 고발을 당하시고, 심문을 당하시며, 사형을 선고받으심으로써, 자신의 죽음이 죄인을 대신한 죽음임을 나타내셨습니다.

십자가에 못 박혀

그리스도께서 죽으신 방식 자체도 놀라운 진리를 포함합니다. 구약성경은 나무에 달려 죽는 것이 하나님께 저주받은 죽음이라고 기록하는데(신 21:23), 그리스도께서는 바로 이러한 방식으로 죽으심으로써, 자신의 죽음이 우리가 받아야 할 저주를 대신 받으신 죽음임을 나타내셨습니다. 그래서 사도 바울은 "그리스도께서 우리를 위하여 저주를 받은 바 되사 율법의 저주에서 우리를 속량하셨으니 기록된 바 나무에 달린 자마다 저주 아래에 있는 자라 하였음이라"(갈 3:13)라고 말하였고, 베드로 역시 "친히 나무에 달려 그 몸으로 우리 죄를 담당하셨으니"(벧전 2:24)라고 기록했습니다.

죽으시고 장사되어

예수님의 죽음은 우리를 대신한 죽음이었으므로, '죽음을 삼키는 죽음'이라고 정의할 수 있습니다. 예수님의 죽음으로 말미암아 우리가 죽음의 권세에서 벗어났기 때문입니다. 예수님의 죽음이 가져다주는 또 하나의 효과는 우리로 하여금 육체의 욕심을 죽이며 살도록 한다는 것입니다. "내가 그리스도와 함께 십자가에 못 박혔나니 그런즉 이제는 내가 사는 것이 아니요 오직 내 안에 그리스도께서 사시는 것이라 이제 내가 육체 가운데 사는 것은 나를 사랑하사 나를 위하여 자기 자신을 버리신 하나님의 아들을 믿는 믿음 안에서 사는 것이라"(갈 2:20)는 말씀이 바로 그런 의미입니다.

지옥에 내려가사

이 문구는 초기 사도신경 원문에는 포함되지 않았지만, 점차 교회의 중요한 신앙 고백이 되어 어느 정도 시간이 지난 후에는 공적인 사도신경의 일부분으로 자리 잡았습니다. 교부 가운데 그리스도께서 지옥에 내려가신 것을 언급하지 않는 자가 없을 정도입니다. 예수님의 지옥 강하가 중요한 이유는, 그리스도께서 단지 육체의 고통만을 당하신 것이 아니라 몸과 영혼 전체에 걸쳐 저주받으셨음을 나타내기 때문입니다. 예수님께서는 우리가 받아야 할 하나님의 심판과 저주를 철저하게 대신 받으셨습니다.

사흘 만에 죽은 자 가운데서 다시 살아나셨으며

부활이 중요한 이유는 그리스도의 부활이 없으면 지금까지 논의한 것들이 불완전해지기 때문입니다. 예를 들어 그리스도의 죽음을 통해 우리의 죄가 사해졌지만, 우리가 의로움을 얻는 것은 그리스도의 부활 때문입니다. 사도 바울은 이것을 다음과 같이 설명합니다. "예수는 우리가 범죄한 것 때문에 내줌이 되고 또한 우리를 의롭다 하시기 위하여 살아나셨느니라"(롬 4:25). 다시 말해 그리스도의 죽으심을 통해서는 죄가 제거되고 죽음이 소멸되었지만, 의와 생명이 회복되는 것은 부활을 통해서라는 것입니다.

하늘에 오르시어

그리스도께서는 "내가 떠나가는 것이 너희에게 유익"하다고 말씀하셨습니다(요 16:7). 왜냐하면 하늘에 오르심으로써 그리스도의 권능과 힘이 땅의 모든 경계를 넘어서 확산되기 때문입니다. 그러므로 그리스도의 육체는 우리 곁에 없지만, 그리스도의 능력은 언제나 우리와 함께하고 있음을 잊지 말아야 합니다.

전능하신 아버지 하나님 우편에 앉아 계시다가

이것은 실제로 그리스도께서 성부 우편에 계신다는 의미가 아닙니다. 그리스도께서 성부와 동등한 지위로 높여지셨음을, 고대의 왕들이 자기 대신 나라를 다스리는 신하를 우편에 앉혔던 것에 비유하여 나타낸 것입니다. 사도 바울은 이것을 다음과 같이 설명합니다. "그의 능력이 그리스도 안에서 역사하사 죽은 자들 가운데서 다시 살리시고 하늘에서 자기의 오른편에 앉히사 모든 통치와 권세와 능력과 주권과 이 세상뿐 아니라 오는 세상에 일컫는 모든 이름 위에 뛰어나게 하시고 또 만물을 그의 발 아래에 복종하게 하시고 그를 만물 위에 교회의 머리로 삼으셨느니라"(엡 1:20-22). 그러므로 그리스도께서는 단지 자신의 유익을 위해서가 아니라 우리를 위해 하나님 우편에 계신 것입니다.

거기로부터 살아 있는 자와 죽은 자를 심판하러 오십니다

때가 되면 그리스도께서는 초림 때의 연약한 모습이 아니라, 말할 수 없는 위엄과 권능 속에서 천사들의 호위를 받으며 나타나실 것입니다. 불신자들에게는 한없이 두려운 일이지만, 우리에게는 놀라운 위로가 되는 일입니다. 그리스도께서는 우리의 머리이시며 왕이시기 때문입니다. 우리의 머리이시며 왕이신 분께서 어떻게 우리를 심판하실 수 있겠습니까! 그날이 되면 우리는 그리스도의 심판에 함께 참여하게 될 것입니다(마19:28).

결론

지금까지 살펴본 것처럼, 그리스도께서는 모든 복의 근원이십니다. 우리가 힘을 얻고자 한다면 그리스도의 다스림 속에서 찾을 수 있고, 구원을 얻고자 한다면 그리스도의 고난에서 찾을 수 있고, 죄사함을 얻고자 한다면 그리스도의 정죄받으심에서 찾을 수 있고, 저주를 면하고자 한다면 그리스도의 십자가에서 찾을 수 있고, 영원한 생명을 얻고자 한다면 그리스도의 부활에서 찾을 수 있고, 천국을 얻고자 한다면 그리스도의 승천에서 찾을 수 있습니다. 다시 말해 모든 종류의 복이 그리스도 안에 풍성히 준비되어 있으므로, 우리는 오직 그리스도만을 바라보아야 마땅합니다.

생각나눔

1. 그리스도께서 이루신 구원을 사도신경을 통해 살펴보는 것이 합당합니까?

2. 사도신경은 모든 복의 근원이 무엇이라고 설명합니까?

17장
그리스도의 공로로 주어진
하나님의 은혜와 구원

요약

1. 하나님의 사랑과 그리스도의 공로는 서로 대치되지 않는다.
2. 그리스도의 공로는 구체적으로 우리 대신 흘리신 '피'를 의미한다.

그리스도의 공로 때문에, 우리가 하나님께 값없이 은혜를 얻는다는 사실을 인정하지 않는 자들이 있습니다. 그들은 그것이 하나님의 은혜를 가린다고 생각합니다. 하나님과 우리 사이에 그리스도께서 계시면 하나님의 은혜가 반감된다는 것입니다. 하지만 그리스도의 공로를 인정하는 것은 하나님의 은혜를 반감시키지 않습니다. 하나님께서 직접 하나님과 우리 사이의 중보자로 그리스도를 세우셨기 때문입니다. 하나님의 사랑과 그리스도의 공로는 서로 대치되지 않고 하나님의 사랑에 그리스도의 공로가 포함된다고 보아야 합니다.

예를 들어 "하나님이 세상을 이처럼 사랑하사 독생자를 주셨으니 이는 그를 믿는 자마다 멸망하지 않고 영생을 얻게 하려 하심이라"(요 3:16)는 말씀을 보면, 하나님의 사랑이 먼저 있었고 그리스도를 믿는 믿음이 뒤따릅니다. 그리스도의 공로가 하나님의 사랑에 포함된다는 의미입니다. "사랑은 여기 있으니 우리가 하나님을 사랑한 것이 아니요 하나님이 우리를 사랑하사 우리 죄를 속하기 위하여 화목 제물로 그 아들을 보내셨음이라"(요일 4:10)는 말씀 역시 마찬가지입니다. 그렇다고 해서 그리스도의 공로를 무시해서는 안 됩니다. 우리의 구원은 그리스도의 공로와 직접 연결되어 있습니다. 예를 들어 사도 바울은 "우리가 원수 되었을 때에 그의 아들의 죽으심으로 말미암아 하나님과 화목하게 되었"다고 말합니다(롬 5:10). 우리는 원래 하나님과 원수 된 존재였으나 그리스도의 죽음을 통해 하나님의 사랑을 받는 자로 변화되었습니다.

좀 더 구체적으로 말하자면 그리스도의 공로는 '그리스도의 피'입니다. 우리의 죄가 깨끗이 씻겨진 것은 예수님의 피 때문입니다. "그 아들 예수의 피가 우리를 모든 죄에서 깨끗하게" 한다는 말씀처럼(요일 1:7), 우리가 하나님의 심판을 피할 수 있는 것은 우리가 받아야 할 심판을 그리스도께서 대신 받으시면서 거룩한 피를 흘리셨기 때문입니다. 그래서 세례 요한은 하나님의 아들을 향해 "보라 세상 죄를 지고 가는 하나님의 어린 양이로다"(요 1:29)라고 말했던 것이고, 이사야 선지자는 예수님에 대해 "그가 찔림은 우리의 허물 때문이요 그가 상함은 우리의 죄악 때문이라 그가 징계를 받으므로 우리는 평화를 누리고 그가 채찍에 맞으므로 우리는 나음을 받았도다"(사 53:5)라고 예언했던 것입니다. 결론적으로 우리의 구원은 그리스도 때문임을 잊어선 안 됩니다. 하나님께서 우리를 사랑하셨던 것은, 우리를 대신하여 죽으시고 피 흘리신 그리스도께서 계셨기 때문입니다. 그리스도의 피 흘림이 없었다면, 하나님께서 우리를 사랑하실 수도 없었고, 우리가 값없는 구원을 은혜로 얻을 수도 없었습니다.

생각나눔

1. 하나님의 사랑과 그리스도의 공로는 어떤 관계입니까?

2. 그리스도의 공로를 구체적으로 어떻게 설명할 수 있습니까?

처음 시작하는 기독교강요

제3권

그리스도의 은혜를 받는 길

1장
그리스도의 은혜는
성령의 은밀한 역사를 통해 베풀어짐

요약

1. 그리스도와 연합되어야만 그리스도께서 베푸신 은혜가 우리의 것이 된다.

2. 하나님께서는 성령을 통해 우리를 그리스도와 연합시키신다.

3. 성령께서는 우리 안에 믿음을 일으키심으로써 우리를 그리스도와 연합되게 하신다.

우리가 그리스도 바깥에 있는 한, 그분께서 인류의 구원을 위해 행하신 모든 일들이 우리와 전혀 상관없게 되어 버립니다. 그래서 하나님께서는 우리를 그리스도와 하나가 되게 하셨습니다. 예를 들어 성경에는 그리스도께서 "우리의 머리"(엡 4:15)이시며, 우리가 그리스도께 "접붙임"(롬 11:17)받았고, "그리스도로 옷 입었다"(갈 3:27)는 표현들이 나오는데, 이것들은 모두 우리와 그리스도 사이의 '영적인 연합'을 의미합니다.

그렇다면 하나님께서 우리를 그리스도와 영적으로 연합시키는 방법은 무엇일까요? 성령을 통해서입니다. "주 예수 그리스도의 이름과 우리 하나님의 성령 안에서 씻음과 거룩함과 의롭다 하심을 받았느니라"(고전 6:11)는 말씀은 바로 그런 의미입니다. 성령께서 우리를 그리스도와 연합시키는 끈이 되신다는 것입니다. 그리스도께서 성령을 받으신 것도 이러한 이유 때문입니다. 그리스도께서는 우리에게 성령을 나눠 주시고, 그 성령을 통해 우리와 연합되기를 원하셨습니다. 주님 께서는 "누구든지 목마르거든 내게로 와서 마시라 나를 믿는 자는 성 경에 이름과 같이 그 배에서 생수의 강이 흘러나오리라"(요 7:37-38)고 약속하셨는데, 바로 이 생수의 강이 그리스도께서 보내신 성령을 의미 합니다. 이처럼 그리스도께서 우리에게 성령을 보내시기 때문에, 성 령을 가리켜 그리스도의 영이시라고 하는 것입니다(롬 8:9).

우리를 그리스도와 연합시키는 성령께서는 다양한 칭호를 가지고 계십니다. 그분은 "양자의 영"(롬 8:15)이시라고 불리는데, 이는 성령 께서 우리 안에 거하심으로 말미암아 우리가 하나님의 양자로 받아들 여지기 때문입니다. 같은 이유 때문에 성령께서는 "보증이며 인"(고후 1:22)이시라고도 불리는데, 이는 성령으로 말미암아 변화된 우리의 신 분과 구원은 절대 변하거나 흔들리지 않기 때문입니다. 어떤 곳에서 성령께서는 "물"이시라고 불리는데, 이는 그분이 우리를 자라게 하실 뿐만 아니라 깨끗케 하시기 때문입니다(사 55:1, 겔 36:25). 또 "기름"으 로도 불리시는데, 이는 우리를 회복시키시기 때문이고(요일 2:20), 때로 "불"로도 불리시는데 이는 우리의 정욕을 태우시는 동시에, 하나님을 향한 헌신으로 불타오르게 하시기 때문입니다(눅 3:16).

성령의 가장 주된 역사는 우리 안에 믿음을 불러일으키시는 일입니 다. 오직 믿음을 통해서만 그리스도와 연합될 수 있기 때문입니다. 다 시 말해 우리가 그리스도의 공로를 받는 것은 믿음 때문이며, 이 믿음 을 주시는 분이 바로 성령이십니다. 그래서 사도 요한은 "우리에게 주 신 성령으로 말미암아 그가 우리 안에 거하시는 줄을 우리가 아느니라"(요일 3:24)고 말했던 것입니다. 주님께서 성령을 향해 "진리의 영"이라고 말씀하신 것 역시 동일한 의미라 할 수 있습니다(요 14:17). 그러므로 성령을 가리켜 천국의 보화를 여는 열쇠라고 부르는 것은 참으로 합당한 일입니다(계 3:17).

생각나눔

1. 성령께서 양자의 영이시라 불리는 이유는 무엇입니까?

2. 성령께서는 어떤 식으로 우리를 그리스도와 연합되게 하십니까?

2장
믿음이란
무엇인가?

요약

1. 참된 믿음에는 첫째, 확고하고도 분명한 지식, 둘째, 그리스도 안에서 주어진 은
혜의 약속, 셋째, 성령의 역사가 있어야 한다.

우리가 신앙생활을 하면서 가장 자주 사용하는 말이 '믿음'임에도 불
구하고, 믿음이 무엇인지 구체적으로 알고 있는 사람은 그렇게 많지
않습니다. 간단하게 말하자면 믿음이란 "그리스도를 아는 지식"입니
다. 사도 바울은 고린도 교회 성도들을 향해 그리스도 외에는 아무것
도 알기를 원치 않는다고 말하였고(고전 2:2), 에베소 교회 성도들을 향
해서는 "우리 주 예수 그리스도께 대한 믿음을 증언"(행 20:21)한다고 말
했습니다. 믿음에는 내용이 있어야 하고, 그 내용은 그리스도여야 한
다는 뜻입니다. 그런데 왜 하나님을 아는 지식이 아니라 그리스도를
아는 지식일까요? 그리스도 없이는 아무도 하나님을 알 수 없기 때문
입니다. 그래서 사도 바울은 하나님의 영광을 아는 빛이 그리스도의
얼굴에 비친다고 말했고(고후 4:6), 베드로는 "하나님을 그리스도로 말
미암아 믿는"다고 말했습니다(벧전 1:21).

믿음과 관련한 가장 잘못된 생각은 "맹목적 믿음"입니다. 이것은

참된 믿음을 매장시킬 뿐만 아니라 완전히 말살시킵니다. 사도 바울은 "사람이 마음으로 믿어 의에 이르고 입으로 시인하여 구원에 이르느니라(롬 10:10)"라고 말했는데, 이것은 구원 얻는 참된 믿음에는 입으로 시인할 수 있는 믿음의 내용이 있어야 한다는 의미입니다. 자기가 무엇을 믿고 있는지 표현할 수 없고 설명할 수 없다면, 그 믿음은 구원 얻는 참된 믿음이 아니라는 것입니다. 자신이 무엇을 믿는지도 모르면서 그저 맹목적으로 믿기만 하는 것은 올바르지 않습니다.

그렇다면 우리가 마땅히 믿어야 할 믿음의 내용은 어디에서 찾을 수 있을까요? 하나님의 말씀인 성경입니다. 내가 하나님을 어떻게 생각하는지는 중요하지 않습니다. 하나님께서 나에게 자신을 어떻게 알리셨는지가 중요합니다. 그래서 하나님께서는 구원 얻기 위해 필요한 지식을 성경에 기록하여 우리에게 주셨습니다. 그러므로 우리는 오직 성경을 통해서만 하나님을 알아가야 합니다. 하지만 성경을 통해 알게 된 모든 지식이 우리를 참된 믿음에 이르게 하지는 않습니다. 하나님의 말씀 속에서 우리의 믿음이 자라기 위해서는 아래와 같은 세 가지 조건이 필요합니다.

첫째, 확고하고도 분명한 지식이 있어야 합니다. 믿음의 주된 요소는 지식이지만, 그것은 일반적인 지식이 아닙니다. 믿음은 단지 이해하고 느끼는 차원이 아니라 인간의 생각과 감각을 초월하는 지식입니다. 그래서 사도 바울은 "지식에 넘치는 그리스도의 사랑"이라 표현했던 것입니다. 그리고 그 지식에는 반드시 확신의 요소가 포함되어야 합니다. 사도 바울은 "우리가 그 안에서 그를 믿음으로 말미암아 담대함과 확신을 가지고 하나님께 나아감을 얻느니라(엡 3:12)"라고 말하는

데, 참된 믿음에는 반드시 확신이 포함된다는 의미입니다. 그러므로 하나님 앞에서 두려움 없이 담대하게 서지 못하는 믿음은 참된 믿음이라 볼 수 없습니다.

하지만 한 점의 의심과 근심도 없어야만 참된 믿음인 것은 아닙니다. 완전무결한 믿음의 상태는 다음 세상에서나 가능하기 때문입니다. 대표적인 예로 다윗을 들 수 있습니다. 그는 "내 영혼아 네가 어찌하여 낙심하며 어찌하여 내 속에서 불안해 하는가"(시 42:5)와 같은 무수히 많은 탄식을 시편에 남겼습니다. 그가 평생 동안 낙심과 불안 속에서 살았다는 증거입니다. 중요한 사실은 참된 믿음을 가진 성도는 결코 확신을 완전히 버리지 않는다는 것입니다. 어떤 환난을 당하든지 간에 결국에는 하나님께 돌아오고야 만다는 것입니다. 다윗처럼 말입니다.

둘째, 그리스도 안에서 주어진 은혜의 약속이 있어야 합니다. 우리 믿음의 근거는 하나님의 약속에 있습니다. 하나님께서 약속을 지키실 줄 믿기에 하나님의 말씀에 순종할 수 있습니다. 그런데 우리로 하여금 생명을 얻게 하는 믿음은 징벌과 저주에 대한 약속에서는 찾을 수 없습니다. 만약 그런 약속만 붙든다면 우리의 믿음은 불안과 두려움 속에서 흔적조차 없이 사라지고 말 것입니다. 그러므로 우리는 은혜의 약속을 붙들어야 합니다. '그리스도 안에서' 베풀어진 은혜의 약속을 붙들어야 합니다. 사도 바울은 복음이 모든 믿는 자에게 구원을 주시는 하나님의 능력이라고 말합니다(롬 1:16). 하나님의 아들께서 우리를 구원하시기 위해 십자가에 못 박히셨다는 복음을 믿기만 하면, 반드시 구원을 얻는다는 의미입니다. 그러므로 우리는 하나님께서 자기 아들을 통해 우리와 화해하셨다는 사실을 믿어야 합니다. 이 믿음은 반드시 우리를 하나님 안에서 자라게 할 것입니다.

셋째, 성령의 역사입니다. 지금까지 믿음이란 "확고하고도 분명한 지식"이며, "그리스도 안에서 주어진 은혜의 약속을 붙드는 것"임을 살펴보았습니다. 그런데 이러한 믿음을 우리의 능력만으로 소유하는 것은 불가능합니다. 전적인 타락으로 말미암아 우리의 마음이 매우 우둔한 상태에 놓여 있기 때문입니다. 그래서 하나님께서 우리에게 성령을 보내 주셨습니다. 사도 바울이 기록한 대로 오직 성령을 통해서만 성경을 깨닫고 하나님을 알 수 있기 때문입니다(고전 2:9-10).

이 사실을 다음과 같은 아우구스티누스의 가르침을 통해 더욱 분명히 알 수 있습니다. "우리 주님께서는 그를 믿는 믿음이 인간의 공로가 아니라 하나님의 선물임을 가르치시기 위하여 '나를 보내신 아버지께서 이끌지 아니하시면 아무도 내게 올 수 없으니'(요 6:44)라고 말씀하셨고, 또 '내 아버지께서 오게 하여 주지 아니하시면 누구든지 내게 올 수 없다'(요 6:65)고 말씀하셨다. 그래서 두 사람이 들을지라도 한 사람은 멸망당하고 한사람은 구원 얻는 일이 일어난다. 하지만 멸망당하는 자는 그 책임이 자기에게 있음을 알아야 하고, 구원 얻는 자는 그것을 자기 덕분이라고 생각해서는 안 된다."

생각나눔

1. 맹목적 믿음은 왜 참된 믿음이 아닙니까?
2. 참된 믿음의 세 가지 요소는 무엇입니까?

3장
믿음으로 말미암는 성화

요약

1. 그리스도를 믿는 자는 '칭의'의 은혜와 '성화'의 은혜를 함께 받는다.
2. 그리스도와의 연합 없이는 심령의 변화도 없으며, 심령의 변화 없이는 외적인 변화도 없다.

지금까지 우리는 오직 믿음을 통해서만 그리스도와 연합할 수 있음을 살펴보았습니다. 그런데 어떤 사람들은 그리스도와의 연합을 단지 죄를 용서받는 측면에서만 생각하려 합니다. 하지만 그리스도와의 연합은 죄를 용서받는 차원을 넘어서서 죄와 싸워 이기는 차원까지를 포함합니다. 간단하게 말해서, 그리스도를 믿는 자는 값없이 의롭게 되는 '칭의'의 은혜뿐만 아니라 성화의 은혜까지 함께 받습니다.

성화의 핵심은 참된 회개인데, 참된 회개란 몸과 마음 전체가 하나님께로 완전히 돌아서는 것입니다. 단지 입으로만 죄를 자백하는 것이 아니라, 인생의 방향이 하나님의 영광으로 향하게 됩니다. 자기 욕심을 추구하던 삶에서 하나님의 뜻을 이루는 삶으로의 전적인 돌이킴입니다. 성경은 이것을 옛 사람을 죽이고 새 사람을 입는 것이라 말합니다(골 3:10). 옛 사람이란 자기 욕심을 추구하는 삶을, 새 사람이란 하나님께 순종하는 삶을 의미합니다. 다시 말해, 참된 회개란 아담의 타락으로 말미암아 파괴되었던 하나님의 형상을 다시 회복하는 과정으로 볼 수 있습니다. 그러므로 성화는 외적인 변화이기 이전에 지극히 내적인 변화입니다. 그런 측면에서 성화의 근거는 그리스도와의 연합에 있음이 분명합니다. 그리스도와의 연합으로만 우리의 심령이 변화될 수 있기 때문입니다.

어떤 이단들은 회개가 한 번으로 족하다고 주장하는데, 너무나 어리석은 생각입니다. 예수님을 믿고 중생한 사람에게도 악한 욕망과 본성은 여전히 남아 있어서, 평생 동안 죄의 유혹과 공격을 받기 때문입니다. 그러므로 회개는 평생에 걸쳐 해야 합니다. 그리고 우리가 진정으로 회개하면 반드시 열매가 나타나게 되는데, 첫 번째는 하나님을 향한 경건이고, 두 번째는 사람을 향한 사랑입니다. 다른 말로 하면 삶전체의 성화와 거룩입니다. 그러므로 회개를 그저 울고 금식하는 차원으로만 생각해서는 안 됩니다. 진정한 회개는 그런 외적인 차원을 넘어서서, 우리의 삶 전체를 하나님의 말씀을 통해 성령의 다스림 아래두는 것입니다.

생각나눔

1. 참된 회개란 무엇입니까?

2. 회개가 한 번으로 족하다는 가르침은 어떤 점에서 잘못되었습니까?

4장

성화에 대한 오해

: 잘못된 회개론

요약

1. '마음의 통회'는 회개의 근거를 그리스도의 십자가가 아니라 자기 공로에 둔다는 점에서 잘못된 교리다.
2. 하나님께 죄를 자백하는 것은 필수이지만, 그 외에는 개인의 선택에 달린 문제이므로 '고해성사'는 잘못된 제도다.
3. '보속'은 죄 용서의 근거를 하나님의 자비와 긍휼이 아니라, 자기 공로에 둔다는 점에서 잘못된 교리다.

중세 교회의 타락은 상당 부분 잘못된 회개론 때문입니다. 당시 스콜라 신학자들은 죄에 대한 슬픔을 외적으로 나타내는 것, 즉 '마음의 통회'를 회개의 중요한 부분으로 가르쳤습니다. 자기 죄를 깊이 슬퍼할 때 죄사함에 이를 수 있다고 가르친 것입니다. 물론 "하나님의 뜻대로 하는 근심"(고후 7:10)이 우리를 구원에 이르게 한다는 말씀에 근거할 때, 마음의 통회가 회개의 중요한 요소인 것은 사실입니다. 하지만 그들은 죄의 정도에 걸맞게 슬퍼해야 죄 용서를 받을 수 있다고 가르쳤습니다. 예를 들어 큰 죄를 지었을 때는 그에 걸맞게 더 큰 슬픔을 나타내야 한다는 것입니다. 그 결과 연약한 양심을 가진 성도들은 과연 자신의 회개가 죄 용서를 받기에 합당한 회개인지 확신할 수 없었고,

아무리 오랫동안 죄와 씨름해도 피난처를 찾을 수 없는 지경에 이르게 되었습니다. 또한 이들의 주장은 회개의 근거를 그리스도의 십자가가 아니라 자기 공로에 둔다는 점에서 명백히 잘못되었습니다.

다음으로 문제가 된 것은 고해성사인데, 참된 회개를 위해서는 정기적으로 사제를 찾아가 자기 죄를 자백해야 한다는 교리입니다. 그들은 세례 요한에게 세례를 받으러 온 자들이 자기 죄를 고백했다는 사실(마 3:6)과 "죄를 서로 고백"하라는 사도 야고보의 말씀을 고해성사의 근거로 주장합니다(약 5:16). 하지만 사람들이 요한에게 죄를 고백한 것은 세례를 받기 위해서였습니다. 세례가 죄사함을 상징하기 때문입니다. 또 사도 야고보 가르침은 교회 안에서 서로서로 죄를 고백하고 서로의 연약함을 위해 기도하라는 것이지, 사제를 향해서만 일방적으로 죄를 자백하라는 의미가 아닙니다. 성경은 명백히 우리가 죄를 자백해야 할 일차적 대상이 하나님이시라고 말합니다(시 32:5, 51:5, 요일 1:9). 교회에서 공적으로 자기 죄를 자백할 수도 있지만, 그것은 하나님 앞에서 자기 죄를 진심으로 뉘우친 이후에야 가능합니다. 그리고 하나님께 죄를 자백하는 것은 필수이지만, 그 외에는 개인의 선택에 달린 문제입니다. 그러므로 고해성사는 회개의 근거가 그리스도가 아니라 가톨릭 사제에게 있다는 잘못된 교리에 지나지 않습니다.

마지막으로 살펴볼 것은 보속(보상)인데, 이것은 우리가 죄를 회개함으로써 죄책은 용서받을 수 있지만, 죄의 형벌 자체는 그냥 넘어갈 수 없으므로 눈물, 금식, 헌금, 구제와 같은 형태로 보속을 치러야 한다는 것입니다. 하지만 하나님께서는 우리가 참되게 회개할 때에 더이상 우리의 죄를 기억하지 않으십니다(겔 18:24, 사 38:17, 시 32:1–2). 그리고 우리의 죄사함의 근거는 보속이 아니라 예수님의 십자가에 있습니다(롬 3:24, 5:8, 골 2:13-14). 그러므로 보속의 교리는 죄 용서의 근거를 하나님의 자비와 긍휼이 아니라 자기 공로에 두는 미련한 주장에 불과합니다.

생각나눔

1. 고해성사는 무엇이며, 어떤 문제점을 가지고 있습니까?
2. 보속은 무엇이며, 어떤 문제점을 가지고 있습니까?

5장
성화에 대한 오해
: 면벌부와 연옥

요약

1. 성자와 순교자를 통해서는 죄사함에 필요한 그 어떤 도움도 얻을 수 없다.
2. 연옥 교리는 보속 교리에서 파생된 비성경적 가르침이다.

타락한 로마 가톨릭은 자신의 행위로 하나님의 기준을 만족시켜야만 완전한 죄 용서를 받을 수 있다는 보속 교리를 가르쳤습니다. 그러면서 자기 힘으로 보속을 이루기 힘든 사람은 다른 사람의 공로를 빌려오기라도 해야 한다고 주장했는데, 이때 등장한 것이 면벌부입니다. 그들은 다른 사람에게 공로를 빌려줄 수 있는 자격이 순교자와 성자에게 있다고 가르쳤고, 그들의 공로가 교회에 저장되어 있다고 했으며, 이것을 분배하는 자격이 교회의 주교에게 있다고 가르쳤습니다.

하지만 베드로는 "그(그리스도)를 믿는 사람들이 다 그의 이름을 힘입어 죄사함을 받는다"(행 10:43)고 외쳤고, 사도 요한은 "그 아들 예수의 피가 우리를 모든 죄에서 깨끗하게 하실 것이요"(요일 1:7)라고 했으며, 사도 바울은 "하나님이 죄를 알지도 못하신 이(그리스도)를 우리를 대신하여 죄로 삼으신 것은 우리로 하여금 그 안에서 하나님의 의가 되게 하려 하심이라"(고후 5:21)라고 가르쳤습니다. 그러므로 그리스도가 아닌 성자와 순교자들을 통하여 죄사함을 얻는다는 주장은 아무런 성경적 근거를 가지지 못하는 잘못된 교리입니다.

잘못된 보속 교리에서 파생된 또 하나의 비성경적 교리가 연옥 교리입니다. 살아서 보속을 다 행하지 못한 사람은 죽은 후에 연옥이란 곳에서 보속을 행해야 한다는 것입니다. 하지만 이미 여러 차례 언급한 것처럼, 죄 문제를 해결하는 방법은 그리스도의 십자가밖에 없습니다. 로마 가톨릭의 주장처럼 그리스도 외의 다른 것들을 죄사함의 방법으로 제시하는 것은 그리스도의 십자가를 무효화시키는 것이요, 하나님의 긍휼하심을 욕되게 하는 것에 지나지 않습니다.

생각나눔

1. 면벌부란 무엇이며, 어떤 문제점을 가지고 있습니까?

2. 연옥이란 무엇이며, 어떤 문제점을 가지고 있습니까?

6장

성화란 무엇인가?

: 그리스도인의 삶에 관한 성경의 가르침

요약

1. 하나님께서는 거룩한 삶으로 우리를 부르셨다.
2. 거룩한 삶을 살지 않는 것은 창조주를 거역하는 것이며, 그리스도의 은혜를 저버리는 행위다.

하나님께서는 우리가 거룩한 삶을 살도록 우리를 구원하셨습니다. 하지만 설계도가 없으면 제대로 된 집을 지을 수 없는 것처럼, 거룩한 삶의 설계도가 없으면 하나님께 합당한 삶을 살 수 없습니다. 그래서 하나님께서는 우리에게 성경을 주셨습니다. 성경이라는 설계도대로 우리의 삶을 건축해 가는 것, 바로 그것이 거룩한 삶입니다. 하나님께서 우리에게 거룩한 삶을 요구하시는 가장 중요한 이유는, 우리를 부르신 하나님이 거룩한 분이시기 때문입니다(레 19:2). "여호와여 주의 장막에 머무를 자 누구오며 주의 성산에 사는 자 누구오니이까 정직하게 행하며 공의를 실천하는 자니이다"(시 15:1-2)라는 말씀처럼, 거룩한 삶 없이는 거룩하신 하나님과 참된 교제를 나눌 수 없습니다. 그런 점에서 '거룩'은 하나님과 우리를 하나로 묶어 주는 교제의 끈입니다.

하나님께서 우리 안에 자기 형상을 심어 놓으신 이유는 우리로 하여금 하나님께 합당한 삶을 살도록 하시기 위해서입니다. 그리고 예수님을 통해 참된 삶의 모범을 보여 주셨습니다. 그러므로 예수님의 모범을 따라 살지 않는 것은 창조주를 거역하는 것이며, 우리를 구원하신 그리스도를 저버리는 행위라고 할 수 있습니다. 또한 하나님께서 우리를 자녀 삼아 주셨으니 하나님의 자녀답게 사는 것이 당연하고(엡 5:1), 그리스도께서 우리를 자신에게 접붙여 주셨으니 흠과 티가 없이 거룩하게 사는 것이 마땅하며(요 15:3-6), 우리의 머리 되신 그리스도께서 하늘에 계시니 이 땅의 것들에 마음을 내려놓고 저 하늘을 사모하며 사는 것이 합당합니다(골 3:1).

하지만 이 땅에서 사는 동안에는 연약함에 눌려서 머뭇거리고, 때로는 넘어지기까지 하는 것이 현실입니다. 그럴지라도 우리의 미약한 힘을 모아 할 수 있는 만큼은 최선을 다해야 합니다. 아무리 연약한 그리스도인이라 할지라도, 매일 조금씩 전진하는 것은 불가능한 일이 아닙니다. 그러므로 절대로 포기하지 말고, 날마다 주님의 길을 걸어가야 합니다. 비록 바라는 만큼 성공을 거두지 못한다 할지라도, 어제보다 오늘의 삶이 더 낫다면, 절대로 우리 인생은 헛되지 않습니다.

생각나눔

1. 거룩한 삶을 살기 위해 성경을 보아야 하는 이유는 무엇입니까?

2. 하나님과 우리를 하나로 묶어 주는 교제의 끈은 무엇입니까?

7장
성화란 무엇인가?
: 자기 부인의 삶

요약

1. 성화의 삶이란 첫째, 하나님을 우리 삶의 주인으로 삼는 것이고, 둘째, 하나님만을 영화롭게 하는 것이며, 셋째, 나를 낮추고 남을 높이는 것이다.
2. 하나님의 축복 없이는 번영할 수 없으며, 하나님께서 주시지 않은 번영은 불행을 초래한다.

하나님께서는 우리가 칭의에만 머물러 있기를 원하지 않으십니다. 그러므로 칭의를 통해 값없이 하나님의 자녀가 된 우리들은 성실하게 성화의 삶을 추구해야 합니다. 그렇다면 성화를 추구하는 삶이란 구체적으로 무엇일까요? 첫째, 하나님을 우리 삶의 주인으로 삼는 것입니다. 성경은 우리의 몸을 산 제사로 하나님께 드려야 한다고 말합니다(롬 12:1). 이것은 우리 삶의 주인이 하나님이시기에 하나님의 뜻과 지혜가 우리의 모든 행동을 다스리게 해야 한다는 의미입니다.

둘째, 하나님만을 영화롭게 하는 것입니다. 성공과 인기, 세상의 영광을 향한 야망을 모두 버리고, 오직 모든 일의 목표가 하나님의 영광에 집중되도록 하는 것입니다. 바로 이것이 예수님께서 그토록 강조하셨던 '자기 부인'입니다(마 16:24). 이러한 자기 부인이 완전히 자리를 잡아야만 교만과 허식, 자랑과 탐욕 같은 악행들을 뿌리 뽑을 수 있습니다.

셋째, 나를 낮추고 남을 높이는 것입니다. 자기를 부인하는 것은 하나님뿐만 아니라 사람과의 관계에도 해당됩니다. 성경은 나보다 남을 낮게 여기며 전심으로 그들의 유익을 위하여 수고하라고 명령합니다(롬 12:10). 이것은 너무나 어려운 일입니다. 우리에게는 자기를 높이고 상대방을 멸시하려는 본성이 있기 때문입니다. 그러므로 사도 바울의 권면을 항상 붙들어야 합니다. "누가 너를 남달리 구별하였느냐 네게 있는 것 중에 받지 아니한 것이 무엇이냐 네가 받았은즉 어찌하여 받지 아니한 것 같이 자랑하느냐"(고전 4:7).

남을 높이는 것을 좀 더 구체적으로 말하면, 남을 유익하게 한다는 것입니다. 성경은 "각각 은사를 받은 대로 하나님의 여러 가지 은혜를 맡은 선한 청지기 같이 서로 봉사하라"(벧전 4:10)고 말하는데, 하나님께서 우리에게 은사를 주신 이유가 이웃을 섬기는 데 있다는 뜻입니다. 하지만 도저히 사랑할 마음이 들지 않는 사람에게는 어떻게 해야 할까요? 성경은 사랑에 어떤 조건도 달지 않습니다. 도리어 "너희 원수를 사랑하며 너희를 박해하는 자를 위하여 기도하라"(마 5:44)고 말합니다. 그리고 아무리 사랑받을 자격이 없어 보이는 사람이라도, 그 사람이 하나님의 형상임을 기억해야 합니다. 즉, 그 사람에게 어떤 자격이 있어서가 아니라, 그 사람 안에서 빛나고 있는 하나님의 형상을 바라보며 사랑할 수 있어야 합니다.

마지막으로 자기 부인이 우리 삶에 미치는 영향을 생각해 보겠습니다. 우리에게는 가난과 어려움을 끔찍하게 싫어하는 본성이 있습니다. 그래서 거의 모든 사람들이 부자 되는 것을 일생의 목표로 삼고 살아갑니다. 그러므로 두 가지 기준을 명심해야 합니다. 첫째, 하나님께서 주시는 축복 없이는 번영할 수 없다는 것이고, 둘째, 하나님께서 주시는 축복과 상관없는 번영은 그것이 무엇이든지 간에 결국은 불행을 초래한다는 것입니다. 이런 믿음을 가진다면, 부귀와 명예를 탐하지 않고 행운과 요행을 바라지 않게 됩니다. 언제나 주님을 우러러보며, 주님께서 베푸시는 것에 만족하게 됩니다. 그리하여 고난 가운데서도 하나님을 신뢰함으로 평안을 누리고, 인내할 수 있습니다.

생각나눔

1. 하나님을 우리 삶의 주인으로 삼는다는 말의 의미는 무엇입니까?

2. 자기 부인이란 무엇입니까?

8장

성화란 무엇인가?

: 십자가를 지는 삶

요약

1. 자기를 부인하는 삶이란 십자가를 지는 삶이다.
2. 고난의 십자가를 통해 겸손과 인내와 순종을 배운다.

성화를 추구하는 삶은 자기를 부인하는 삶입니다. 자기를 부인하기 위해서는 십자가를 져야만 합니다. 여기서 말하는 십자가는 하나님께서 주시는 고난을 의미하는데, 예수님께서는 고난의 십자가를 지지 않는 사람은 참된 제자가 아니라고 말씀하셨고(마 16:24), 사도 바울은 고난 없이는 하나님 나라에 들어갈 수 없다고 가르쳤습니다(행 14:22). 그러므로 예수님께서 고난을 통해 온전하게 되신 것처럼(히 5:8), 우리 역시 고난의 십자가를 통해 성화를 이루어 가야 합니다.

하나님께서 우리에게 고난의 십자가를 주시는 이유는, 자신의 연약함이 드러나기 전에는 모든 영광을 자기 육체에 돌리려는 우리의 악한 본성 때문입니다. 그래서 고난을 통해 우리의 무능력을 깨닫게 하십니다. 또 다른 이유는 고난을 통해 인내와 순종을 배울 수 있기 때문입니다. 우리는 고난 중에 인내할 수 있는 능력을 하나님께 공급받는데, 그 과정을 통해 하나님께서 진실로 우리를 도우시는 분임을 알게 됩니다.

또한 인내하는 과정 속에서 순종이 무엇인지도 배우게 됩니다.

십자가는 우리의 영적 질병을 치료하는 도구이기도 합니다. 혈기 왕성한 말을 며칠만 그냥 내버려두면 도저히 길들일 수 없게 되는 것처럼, 우리 영혼 역시 그냥 내버려 두면 하나님의 멍에를 벗어 버리려는 본성을 가지고 있습니다. "살찌고 비대하고 윤택하매 자기를 지으신 하나님을 버리고 자기를 구원하신 반석을 업신여겼도다"(신 32:15)라는 말씀처럼 말입니다. 또한 하나님께서 고난을 통해 우리를 징계하시지 않으면 우리는 세상의 방종과 부패를 벗어 버릴 수 없습니다. 그래서 하나님께서는 십자가를 통해 우리를 하나님의 자녀답게 성장시켜 가시는 것입니다(잠 3:11-12).

생각나눔

1. 성도가 져야 하는 십자가는 구체적으로 무엇을 의미합니까?

2. 하나님께서 우리에게 고난의 십자가를 지게 하시는 이유는 무엇입니까?

9장

성화란 무엇인가?

: 다음 세상을 열망하는 삶

요 약

1. 하나님께서는 현세의 고난을 통해 내세를 사모하게 하신다.
2. 현세의 삶에 애착을 가져선 안 되지만, 혐오해서도 안 된다.

거룩한 삶을 위해서는 이 세상의 것들을 사랑하지 말아야 합니다(요일 2:15). 하지만 우리에게는 이 세상의 부귀와 권력과 명예에 지나치게 집착하는 본성이 있습니다. 하나님께서는 이러한 상태를 교정하시기 위해 때때로 전쟁을 허용하시고, 가뭄이나 기근이 있게도 하시며, 배우자의 부정이나 가족을 잃는 것과 같은 슬픔을 주시기도 하십니다. 그리하여 이 세상의 삶이 얼마나 헛된 것인지를 깨우쳐 주십니다. 그럼에도 불구하고 세상을 무절제하게 사랑하는 것은 뿌리 깊은 인간의 본성이라 쉽게 고쳐지지 않습니다. "인생은 하루살이다"와 같은 말을 들으면 잠깐 공감하다가도, 그 주제를 진지하게 생각하기는커녕 오히려 이 땅에서 영원히 살 것처럼 세상 것들에 여전히 마음을 쓰는 것이 우리의 본성입니다. 그러므로 이 땅의 삶을 무시하고, 다음 세상을 사모하는 방향으로 우리 자신을 흔들어 깨우는 일에 게을러선 안 됩니다.

그렇다고 해서 이 세상의 삶에 혐오감을 가져서도 안 됩니다. 세상에 악한 것들이 가득하지만, 그럼에도 불구하고 지금의 삶이 하나님의 선물이기 때문입니다. 그러므로 우리 삶에서 일어나는 모든 일들이 우리의 구원을 위한 것인 줄 알고 감사해야 하고, 웅장한 자연의 풍광 속에서도 그것이 우리를 위한 하나님의 선물인 줄 알고 찬양할 수 있어야 합니다. 이렇게 하나님의 자비하심을 깊이 생각할 때, 비로소 세상의 부패를 바르게 인식할 수 있고, 이 땅의 삶에 대한 지나친 애착을 피할 수 있습니다.

이렇게 다음 세상을 사모하게 된다면, 세상 모든 사람을 두려워 떨게 만드는 죽음과 관련해서도 바른 자세를 가질 수 있습니다. 하늘이 진짜 집인 것을 알기에 이 땅을 유배지로 여기게 되고, 하늘에 진짜 생명이 있음을 알기에 이 세상을 무덤으로 여기게 되고, 하늘에 참된 행복이 있음을 알기에 이 세상의 것들을 비참하게 여기게 됩니다. 그리하여 사도 바울처럼 이 세상에 집착하기보다는 다음 세상을 사모하게 되고(롬 7:24), 심지어 주님을 위해 죽는 것조차 두려워하지 않을 수 있습니다(롬 14:8). 그 결과 아무리 악인들이 이 땅에서 부귀와 영화를 누린다 할지라도 그것들을 부러워하기보다는 마지막 날 주님께서 우리를 영접해 주실 것을 유일한 위로로 삼게 됩니다.

생각나눔

1. 하나님께서 우리 삶에 전쟁과 가뭄 같은 일들을 허용하시는 이유는 무엇입니까?
2. 이 세상의 삶을 혐오해선 안 되는 이유는 무엇입니까?

10장
성화란 무엇인가?
: 세상의 것들을 절제하는 삶

요약

1. 세상의 것들을 사용하면서 첫째, 그것을 주신 하나님의 목적을 생각해야 하며, 둘째, 부족할 때는 인내해야 하고, 셋째, 정산할 날이 있음을 기억해야 하며, 넷째, 소명을 이루는 데 집중해야 한다.

거룩한 삶을 살기 위해서는 이 세상 것들에 마음을 내려놓고 다음 세상을 열망해야 합니다. 하지만 이 세상 것들을 완전히 무시하는 것은 바른 자세가 아닙니다. 이 세상은 우리를 위한 하나님의 선물이기 때문입니다. 그러므로 우리는 이 세상 것들을 완전히 무시하는 금욕이나 이 세상 것들을 무절제하게 사랑하는 방종, 두 극단을 함께 주의해야 합니다. 하지만 우리에게는 세상 것들에 집착하는 악한 본성이 있으므로, 그것들을 사용할 때 몇 가지 원칙을 따라야 합니다.

첫 번째 원칙은, 땅에 있는 것들을 사용할 때에 그것을 주신 하나님의 목적을 생각하는 것입니다. 예를 들어 금욕주의자들은 '음식'에는 생명 유지의 목적만 있을 뿐이라고 주장합니다. 하지만 성경은 하나님께서 우리에게 "사람의 마음을 기쁘게 하는 포도주와 사람의 얼굴을 윤택하게 하는 기름과 사람의 마음을 힘있게 하는 양식을 주셨"다고 말합니다(시 104:15). 음식에는 생명을 유지하는 기능만이 아니라 즐거움과 기쁨을 위한 기능도 포함되어 있다는 뜻입니다. 하지만 "정욕을 위하여 육신의 일을 도모하지 말라"(롬 13:14)는 말씀처럼, 땅에 있는 것들을 사용하는 것이 우리의 정욕을 채우는 일이 되지 않도록 스스로를 통제하는 것은 매우 중요합니다.

두 번째 원칙은, 부족한 상태를 인내할 줄 아는 것입니다. 이러한 삶의 모범은 사도 바울의 고백에서 찾을 수 있습니다. "나는 비천에 처할 줄도 알고 풍부에 처할 줄도 알아 모든 일 곧 배부름과 배고픔과 풍부와 궁핍에도 처할 줄 아는 일체의 비결을 배웠노라"(빌 4:12).

세 번째 원칙은, 하나님께서 주신 것들을 어떻게 사용했는지 정산할 날이 있음을 기억하는 것입니다. 그러므로 우리는 "네가 보던 일을 셈하라"(눅 16:2)는 말씀을 염두에 두고 우리에게 있는 것들을 사용해야 합니다.

마지막 원칙은, 하나님께서 주신 소명(召命: 부르심)을 기억하고 사는 것입니다. 하나님께서는 우리 모두에게 소명을 주셨습니다. 소명이란 하나님께서 우리 각자에게 부여하신 의무들을 말합니다. 예를 들어 학생에겐 공부의 의무가 있고, 주부에게는 가정을 돌보는 의무가 있고, 구급대원에겐 생명을 지키는 의무가 있습니다. 소명을 생각하지 않는다면 방탕하기 쉽지만, 주어진 소명을 이루기 위해 노력하는 사람은 더욱 절제된 삶을 살 수 있습니다. 더 나아가 자기에게 닥치는 온갖 어려움들조차 하나님께서 주신 소명을 완수하는 과정인 줄 알고 불평 없이 받아들일 수 있습니다.

생각나눔

1. 금욕주의자들이 음식을 대하는 태도는 어떤 점에서 잘못되었습니까?

2. 소명을 기억하고 사는 삶이란 무엇입니까?

11장
칭의란 무엇인가?
: 오직 믿음으로 얻는 칭의

요약

1. 칭의란 법적인 용어로서 그리스도의 공로 때문에 하나님 앞에서 값없이 의롭다는 인정을 받는 것이다.
2. 성경은 우리의 의를 "거저 얻은 것" 또는 "값없이 얻은 것"으로 말한다.
3. 성경은 믿음과 행위를 대조함으로써 우리의 의가 행위가 아니라 믿음에 근거한 것이라 말한다.
4. 은혜의 근거는 우리에게 있지 않고 하나님의 사랑에 있다.
5. 의를 획득하는 방법은 그리스도의 의를 전가 받는 길밖에 없다.

하나님께서 불의(不義)를 미워하시기에, 죄인 된 인간은 심판의 대상일 뿐입니다. 오직 하나님 앞에서 의롭다 하심을 얻은 사람만 마지막 날의 심판대 앞에서 견고하게 설 수 있습니다. 그렇다면 과연 누가 하나님 앞에서 의롭다 하심을 받을 수 있을까요? 로마 가톨릭은 인간의 공로와 행위가 의로움의 근거라고 주장하지만 그것은 성경적이지 않습니다. "복음에는 하나님의 의가 나타나서 믿음으로 믿음에 이르게 하나니 기록된 바 오직 의인은 믿음으로 말미암아 살리라"(롬 1:17)는 말씀처럼, 그리스도를 믿음으로써만 의롭게 될 수 있습니다. 이것을 '이신칭의(以信稱義)'라고 합니다.

칭의는 법원에서 사용하는 용어로서, 재판관이 피고를 향해 의롭다고 선언하는 것을 말합니다. 실제로는 의롭지 않을지라도, 법적으로는 의로운 신분을 획득했다는 의미입니다. 만약 우리가 죄인의 위치에 있다면 하나님의 원수에 지나지 않습니다. 하나님의 은혜가 아니라 진노와 벌을 받아야 할 뿐입니다. 그래서 하나님께서는 그리스도를 통해 우리를 의롭다고 인정해 주시는 것입니다. "누가 능히 하나님께서 택하신 자들을 고발하리요 의롭다 하신 이는 하나님이시니 누가 정죄하리요"(롬 8:33-34)라는 말씀처럼, 하나님께서 우리를 법적으로 의롭다 하셨기 때문에 이제 그 누구도 우리의 의로운 신분에 흠집을 낼 수 없습니다. 이처럼 칭의의 은혜는 율법과는 아무 상관이 없습니다.

사도 바울은 에베소서에서 "그 기쁘신 뜻대로 우리를 예정하사 예수 그리스도로 말미암아 자기의 아들들이 되게 하셨으니 이는 그가 사랑하시는 자 안에서 우리에게 거저 주시는 바 그의 은혜의 영광을 찬송하게 하려는 것이라"(엡 1:5-6)라고 말하면서 "거저 주신다"는 단어를 사용하고, 또 로마서에서는 "그리스도 예수 안에 있는 속량으로 말미암아 하나님의 은혜로 값없이 의롭다 하심을 얻은 자 되었느니라"(롬 3:24)라고 말하면서 "값없이 얻은 은혜"를 말하고 있는데, 바로 이것들이 칭의를 말합니다.

믿음에 행위가 더해져야만 의로움을 얻을 수 있다고 생각하는 자들이 너무 많습니다. 그러나 사도 바울은 빌립보서에서 "내가 가진 의는 율법에서 난 것이 아니요 오직 그리스도를 믿음으로 말미암은 것이니 곧 믿음으로 하나님께로부터 난 의라"(빌 3:9)라고 말하고, 로마서에서는 "그런즉 자랑할 데가 어디냐 있을 수가 없느니라 무슨 법으로냐 행위로냐 아니라 오직 믿음의 법으로니라"(롬 3:27)라고 말함으로써 하나님께 의롭다는 인정을 받는 것이 행위가 아니라 '오직 믿음' 때문임을 강조합니다.

우리의 본성은 행위로 얻는 구원을 생각하게 하지만, 성경은 그것과는 전혀 다른 방향으로 우리를 이끕니다. 하나님의 말씀은 우리 자신의 행위에 대한 생각을 완전히 물리치고, 오직 하나님의 긍휼과 그리스도의 완전하심만을 바라보게 합니다. 그러므로 우리는 우리의 비참한 처지를 불쌍히 여기신 하나님의 값없는 사랑 외에는, 하나님께서 우리에게 은혜를 베풀어 주실 이유가 전혀 없었음을 기억해야 합니다. 진실로 하나님의 은혜의 근거는 우리 자신이 아니라, 하나님의 선하심에만 있습니다.

지금까지 살펴본 내용을 '의의 전가'라는 측면에서 정리해 보면 그 의미를 좀 더 분명히 이해할 수 있습니다. 하나님 앞에서 의롭다 하심을 얻는 것은 그리스도께서 우리의 중보자가 되시기 때문입니다. 그리스도를 믿음으로써, 그분의 의로움을 전가받아야만 의로워 집니다. 사도 바울은 이렇게 말했습니다. "하나님이 죄를 알지도 못하신 이를 우리를 대신하여 죄로 삼으신 것은 우리로 하여금 그 안에서 하나님의 의가 되게 하려 하심이라"(고후 5:21). 의는 우리 안에 있는 것이 아니라 그리스도 안에만 있습니다.

그래서 그리스도의 의를 전가받는 것 외에는 의로워질 길이 없습니다. 로마서 역시 마찬가지입니다. "한 사람이 순종하지 아니함으로 많은 사람이 죄인 된 것같이 한 사람이 순종하심으로 많은 사람이 의인이 되리라"(롬 5:19). 여기서도 사도 바울은 그리스도의 순종이 마치 우리의 순종처럼 여겨지기 때문에 우리가 의롭다는 인정을 받는다고 말합니다.

생각나눔

1. '이신칭의'란 무엇입니까?

2. 우리의 의로움은 누구에게서 전가된 것입니까?

12장
칭의란 무엇인가?
: 칭의 교리를 제대로 이해하기 위해서는 하늘 법정을 생각해야 함

요약

1. 사람들이 칭의 교리를 제대로 이해하지 못하는 것은 자기 처지를 제대로 이해하지 못하기 때문이다.
2. 성경은 하늘 법정의 기준을 통과할 수 있는 사람이 아무도 없다고 말한다.
3. 그러므로 우리는 사람들과 자신들을 비교할 것이 아니라, 하늘 법정의 기준으로 우리의 비참함을 생각해야 한다.

사람들이 칭의 교리를 제대로 납득하지 못하는 이유는 자신의 비참한 처지를 정확하게 이해하지 못하기 때문입니다. 칭의 교리의 핵심은 우리의 노력으로는 의를 이룰 수 없고, 오직 예수님의 의를 전가받을 때에만 의로울 수 있다는 것입니다. 그런데 미련한 사람들은 자신의 행위와 공로를 통해서도 하나님의 기준을 통과할 수 있다고 생각합니다.

그토록 어리석게 생각하는 이유는 자기를 판단하는 기준을 하늘 법정에 두지 않고, 세상 법정에 두기 때문입니다. 만약 세상 법정의 기준으로 우리를 판단한다면 우리 역시 의로운 사람일 수 있습니다. 세상 법정은 드러난 행위만 판단하기 때문입니다. 하지만 하늘의 법정에서 의를 인정받을 수 있는 사람은 아무도 없습니다. 하늘 법정은 우리의 숨겨진 동기와 마음의 자세, 그리고 타락한 본성 자체를 심판하기 때문입니다. 그래서 시편 기자는 "여호와여 주께서 죄악을 지켜보실진 대 주여 누가 서리이까"(시 130:3), "주의 종에게 심판을 행하지 마소서 주의 눈 앞에는 의로운 인생이 하나도 없나이다"(시 143:2)라고 고백했 던 것입니다.

그러므로 헛되이 자신을 높이는 일을 그만두고, 눈을 들어 하늘을 바라보며 두려워 떨기를 배워야 합니다. 다른 사람들과 우리 자신을 비교하면 어느 정도 선한 면을 발견할 수 있겠지만, 하나님을 향하여 시선을 돌리는 순간 그런 확신은 일순간 사라지기 때문입니다. 만약 우리가 이런 자세를 가지지 않는다면, 하나님께서는 바리새인들에게 하셨던 말씀으로 우리를 책망하실 것입니다. "너희는 사람 앞에서 스 스로 옳다 하는 자들이나 너희 마음을 하나님께서 아시나니 사람 중에 높임을 받는 그것은 하나님 앞에 미움을 받는 것이니라"(눅 16:15). 자기 의를 자랑하고 싶거든 얼마든지 사람들 가운데서 떠들어도 좋습니다. 하늘의 하나님께서 그것을 가증스럽게 여기실 테니 말입니다.

생각나눔

1. 사람들이 '칭의 교리'를 제대로 납득하지 못하는 이유는 무엇입니까?

2. 하늘의 법정에서 아무도 의로움을 인정받을 수 없는 이유는 무엇입니까?

13장
칭의란 무엇인가?
: 칭의에 관하여 유념해야 할 사항들

요약

1. 칭의의 은혜를 받은 사람은 여호와께만 영광을 돌리게 된다.
2. 칭의의 은혜를 받은 사람은 오직 은혜로만 구원 얻음을 알게 된다.
3. 칭의의 은혜를 받은 사람은 확실한 평안 가운데 거하게 된다.

하나님께 칭의의 은혜를 받게 되면, 반드시 세 가지 열매를 맺게 됩니다. 첫 번째, 하나님께만 영광을 돌리게 됩니다. 칭의가 무엇인지 아는 사람은 자기 자신을 높이는 일이 하나님께 돌려져야 할 감사를 도둑질하는 것임을 압니다. 그리하여 예레미야서의 말씀처럼 오직 하나님만을 자랑하게 되는 것입니다(렘 9:23-24).

두 번째, "너희는 그 은혜에 의하여 믿음으로 말미암아 구원을 받았으니 이것은 너희에게서 난 것이 아니요 하나님의 선물이라 행위에서 난 것이 아니니 이는 누구든지 자랑하지 못하게 함이라"(엡 2:8-9)는 말씀처럼, 우리의 구원이 자신의 공로가 아니라 오직 은혜의 산물임을 자랑하게 됩니다.

세 번째, 구원의 확신 속에서 평안을 누리게 됩니다. 행위나 율법을 통해서 구원을 얻고자 하는 사람은 절대로 평안할 수 없습니다. 어느 누구도 구원 얻을 만한 자격을 확신할 수 없기 때문입니다. 이런 사람은 자신을 의심하는 가운데 절망에 이르게 됩니다. 하지만 칭의가 무엇인지 아는 사람은, 자기 자신이 아니라 그리스도를 의지하기 때문에 결코 공포에 사로잡히지 않습니다.

생각나눔

1. 칭의의 은혜를 받은 사람의 삶에 나타나는 세 가지 변화는 무엇입니까?

14장

칭의란 무엇인가?

: 칭의의 시작과 발전

요약

1. 불신자들의 선행은 순수한 동기에서 나온 것이 아니기에 참된 선행이라 할 수 없다.

2. 부패한 마음에서 비롯된 것이라면, 아무리 아름다운 말과 행동이라 할지라도 참된 선행이라 할 수 없다.

3. 중생한 자들은 비록 행위로는 죄인에 불과할지라도, 그리스도의 십자가 때문에 하나님께 합당하게 된다.

이 세상엔 네 종류의 사람들이 있습니다. 첫째, 하나님을 믿지 않고 우상 숭배에 빠져 있는 사람들. 둘째, 입으로는 신앙을 고백하지만, 행위를 보면 불신자임을 알 수 있는 허울뿐인 자들. 셋째, 선을 행하긴 하지만 악한 마음으로 행하는 위선자들. 그리고 마지막은 하나님의 성령으로 중생한 참된 성도들입니다.

첫 번째 부류의 사람들도 선을 행할 수 있습니다. 심지어 하나님께서 그들의 선행에 상을 주기도 하십니다. 하지만 그들의 선행에 그만큼의 가치가 있어서가 아니라, 하나님께서 선한 것을 기뻐하심을 보이시고 세상의 질서를 유지하시기 위해서 그렇게 하실 뿐입니다. 그런 점에서 이들의 선행에 대한 아우구스티누스의 묘사는 참으로 적절합니다. "유일하신 하나님을 믿는 신앙에서 벗어나 있는 모든 사람들은 아무리 많은 선을 행한다 할지라도 상보다는 벌을 받아 마땅하다. 그들의 마음이 오염되어 있어서 하나님의 선한 일을 더럽히기 때문이다. 그들은 의와 정절과 우정과 절제와 용기와 지혜로 인간 사회를 보존하는 하나님의 도구들이지만, 하나님께 맡은 임무를 최악의 상태로 이행하는 것에 지나지 않는다. 선을 이루고자 하는 순수한 열심에서가 아니라 단지 야망과 애착, 혹은 기타 부패한 동기에서 악행을 억제하기 때문이다."

두 번째와 세 번째 사람들 역시 마찬가지입니다. 입으로는 신앙을 말하고 선해 보이는 일을 행하기도 하지만, 그들의 마음이 여전히 부패한 상태에 있기 때문입니다. 학개 선지자는 거룩한 고기라 할지라도 그것을 더러운 옷으로 싼 이후에는 성물로서의 가치를 잃어버린다고 말했습니다(학 2:11-14). 마찬가지로 더러운 마음에서 비롯된 것이라면, 아무리 아름다운 말과 행동이라 할지라도 하나님 앞에서 아무런 가치를 가질 수 없습니다. 하나님께서는 이사야 선지자를 통해서도 동일하게 말씀하셨습니다(사 58:1-5). 율법을 열심히 지킨다 할지라도 율법을 지키는 사람들의 마음이 부패한 상태에 있다면, 하나님께서 그것을 가증하게 여기신다는 것입니다. 그러므로 중생하지 못한 자들이 고귀한 행위를 나타낸다 할지라도, 주님 앞에서 의롭게 여겨질 수 없습니다.

하지만 네 번째 부류의 사람들은 다릅니다. "선을 행하고 전혀 죄를 범하지 아니하는 의인은 세상에" 없다는 말씀처럼(전 7:20), 그들 역시 행위로는 죄인에 지나지 않습니다. 만약 행위 그 자체로만 판단한다면, 이들도 상급을 받을 자격은 전혀 없습니다. 하지만 하나님께서 아브라함의 믿음을 보시고 그를 의롭다 인정하신 것처럼, 하나님께서는 중생한 자들의 믿음을 보시고 그들을 삶을 가치 있게 여겨 주십니다. 그래서 하박국 선지자는 "의인은 믿음으로 말미암아" 산다고 했던 것이고(합 2:4), 사도 바울은 "불법이 사함을 받고 죄가 가리어짐을 받는 사람들은 복이 있도다"(롬 4:7)라고 말했던 것입니다. 그러므로 어떤 경우라도 행위로 말미암는 의를 신뢰하거나 어떤 식으로든 우리의 행위를 자랑해선 안 됩니다. 우리가 하나님께 받아들여질 수 있는 유일한 근거는 그리스도 한 분밖에 없기 때문입니다. 하나님께서 그리스도의 십자가 때문에 우리를 용서하시는 것일 뿐, 우리의 모든 행위는 본질적으로 하나님의 진노를 촉발한다는 사실을 명심해야 합니다.

생각나눔

1. 두 번째와 세 번째 부류의 사람들은 왜 참된 신자라 할 수 없습니까?

2. 중생한 사람들을 불신자와 구별 짓는 가장 큰 차이점은 무엇입니까?

처음 시작하는 **기독교강요**

15장

칭의란 무엇인가?:
자기 공로를 자랑하는 것은 하나님을 향한 찬양과 구원의 확신을 무너뜨린다

요약

1. 선행을 통해 하나님께 칭찬은 받을 수 있겠지만, 그것으로 칭의를 얻을 수는 없다.

2. 고대 교부들이 공로라는 용어를 사용한 것은, 인간의 선행을 자랑하기 위해서가 아니라 그 반대 의미를 강조하기 위해서였다.

3. 하나님의 은혜로 선을 행할 수 있게 된 것이므로, 아무도 자기 선행을 자랑해선 안 된다.

4. 구원은 은혜로 받지만 복은 행위로 받는다는 주장은 명백히 잘못되었다.

5. 그리스도께서는 칭의의 기회를 제공하시는 분이 아니라, 우리의 의로움 그 자체이시다.

칭의 교리는 오랫동안 논쟁의 대상이 되었는데, 그중 하나가 칭의를 받기 위해서는 공로가 필요하다는 것입니다. 공로가 있어야 칭의를 받을 수 있다고 주장하는 사람들은 하나님께서 사람의 선행을 인정하시는 구절들을 근거로 삼습니다. 하지만 지금까지 살펴보았던 것처럼, 행위를 통해 칭의를 받기 위해서는 몇 가지 율법이 아니라 모든 율법을 지켜야 합니다. 그러므로 특정한 선행으로 칭찬은 받을 수 있을 언정, 그것으로 칭의를 얻을 수는 없습니다.

또 다른 논쟁의 주제는 공로에 따른 상급 여부입니다. 우리의 행위가 칭의를 위해서는 부족할지라도, 하나님께 자비를 받을 만한 조건은 되지 않을까 하는 것입니다. 먼저 공로라는 단어를 생각해 보면, 이 단어는 성경에 존재하지 않습니다. 그럼에도 이 단어를 흔히 사용하는 것은 고대 교부들이 이 단어를 사용했기 때문입니다. 하지만 그들이 공로라는 단어를 사용했던 것은 인간의 행위를 자랑하기 위해서가 아니라, 인간의 행위에 아무런 가치가 없음을 나타내기 위해서였습니다. 예를 들어 아우구스티누스는 다음과 같이 공로라는 단어를 사용했습니다. "인간의 공로는 아담을 통하여 사라졌으니 여기서는 잠잠하게 하라. 그리고 하나님의 은혜가 예수 그리스도로 말미암아 통치하도록 하라." 크리소스토무스 역시 마찬가지입니다. "혹 하나님의 값없이 부르신 부르심에 뒤이어 우리에게 행위가 있다면, 그 행위는 빚을 갚는 것이요, 하나님의 선물은 은혜와 자비와 큰 너그러우심이다."

그러므로 우리가 선을 행한다 할지라도 그것이 우리의 공로가 될수는 없습니다. 우리가 선을 행할 수 있었던 것은 그럴 만한 능력이 우리에게 있어서가 아니라, 하나님의 은혜의 결과이기 때문입니다. 하나님의 은혜로 행해진 선을 우리의 공로인 것처럼 자랑한다면, 마치 은혜로 자유를 얻은 노예가 원래부터 자유인이었던 것처럼 자랑하는 것과 마찬가지일 것입니다. 그래서 예수님께서는 우리가 하나님을 위해 선한 일을 행한 이후에라도 자신을 무익한 종으로 여겨야 마땅하다고 말씀하셨습니다(눅 17:10).

어떤 자들은 구원은 은혜로 받지만, 복은 행위로 받는다고 주장합니다. 하지만 성경은 하나님께서 우리에게 주시는 모든 것이 값없이 베푸시는 자비의 결과라고 말합니다(요 1:16, 사 55:1). 그러므로 성도들의 구원을 위해 주어지는 것들뿐만 아니라 이 세상에서 받는 복까지도 전적으로 하나님의 은혜로 보아야 합니다. 그럼에도 주님께서 선을 행하라고 요구하시는 것은, 우리가 하나님의 선물을 받기에 합당한 자로 자라기를 원하시기 때문입니다.

그리스도께서는 우리가 의를 얻도록 도와주시는 분이 아니라, 친히 우리의 의로움이 되시는 분임을 마땅히 기억해야 합니다. 그래서 성경은 하나님께서 창세전에 우리를 택하시되, 우리의 공로에 근거해서가 아니라 그의 기쁘신 뜻대로 하셨다고 말하고(엡 1:4-5), 우리의 선행이 아니라 예수님의 피로 말미암아 하나님과 화목하게 되었다고 말합니다(롬 5:9-10). 정리하자면 우리는 아무런 선도 행할 수 없지만, 우리가 그리스도를 소유하고 있기 때문에 마치 모든 선을 행한 것처럼 하나님께 인정받는다는 것입니다. 그래서 성경은 예수 그리스도라는 터 위에서만 거룩한 성전으로 자랄 수 있다고 말합니다(엡 2:21).

생각나눔

1. 행위를 통해 의로워질 수 없는 이유는 무엇입니까?

2. 선을 행할지라도 그것이 우리의 공로가 될 수 없는 이유는 무엇입니까?

16장

칭의란 무엇인가?
: 칭의 교리에 대한 잘못된 비판들

요약

1. 거룩하게 되는 것도 그리스도께서 주시는 선물이다.
2. 하나님의 긍휼을 깨닫지 않고서는 참된 선행이 불가능하다.
3. 우리의 죗값은 선행이 아니라 그리스도의 피값으로만 속량할 수 있다.

로마 가톨릭은 그리스도의 은혜로 값없이 의로움을 얻는다는 칭의 교리가 성도들의 삶을 부패하게 만들 것이라고 비판합니다. 하지만 이들의 주장은 성경적이지 않습니다.

첫 번째 이유는 거룩하게 되는 것도 그리스도께서 주시는 선물이기 때문입니다(고전 1:30). 그러므로 그리스도로 말미암아 의롭다 하심을 얻은 사람은 반드시, 정도의 차이는 있을지라도 거룩한 삶을 살게 됩니다. 칭의와 거룩, 둘 다 그리스도께서 주시는 것이기 때문에 칭의만 받고 거룩은 받지 못하는 일은 있을 수 없습니다.

두 번째 이유는 하나님의 값없는 구원과 은혜에 대한 깨달음이 상급에 대한 소망보다 더 강력하게 우리를 거룩한 삶으로 이끌기 때문입니다. 로마 가톨릭은 행위에 대한 보상이 주어지지 않는다면, 성도들이 올바른 삶을 살기 위해 조심하지 않을 것이라고 주장하지만, 그것은 완전히 잘못된 논리에 불과합니다. "사유하심이 주께 있음은 주를 경외하게 하심이니이다"(시 130:4)라는 말씀처럼, 하나님의 긍휼을 깨닫는 것이 선행의 시작이기 때문입니다. 또한 로마 가톨릭의 주장처럼 보상을 바라고 하나님을 섬긴다면, 하나님께서 기뻐하시는 선행이라 할 수도 없습니다. 하나님께서 기뻐하시는 선행은 아무 대가를 바라지 않는 것이기 때문입니다.

세 번째 이유는 칭의 교리를 제대로 이해한 사람만 죄의 심각성을 올바로 알 수 있기 때문입니다. 선행을 통해 자신의 죗값을 해결할 수 있다고 믿는 자들은 자기 죄가 얼마나 큰지를 모르는 자들입니다. 하지만 자신의 죄가 너무나 크기에 예수님의 희생 외에는 아무것도 자기 죄를 해결할 수 없다고 믿는 자들은 자기 죄의 크기를 제대로 이해한 자들이기에 이런 사람들은 훨씬 더 죄짓는 일을 두려워하며 죄와 싸우는 삶을 살게 됩니다.

생각나눔

1. 칭의 교리가 성도들의 삶을 부패하게 만든다는 주장은 어떤 점에서 잘못되었습니까?

17장

칭의란 무엇인가?

: 율법이 약속하는 의와 복음이 약속하는 의의 조화

요약

1. 선행으로 의를 얻기 위해서는 율법을 완전무결하게 지켜야 하는데, 그것은 불가능하다.
2. 율법의 약속들은 복음 안에서만 효력을 발휘한다.
3. 하나님께서 우리의 부족한 선행을 기쁘게 받아 주시는 것은 그리스도 안에서 우리를 보시기 때문이다.
4. 사도 야고보의 주장은 칭의 교리와 충돌하지 않는다.

선행으로는 의를 얻을 수 없음이 명확함에도 불구하고, 반대론자들은 계속해서 칭의 교리를 공격합니다. 그중 하나가 칭의 교리는 율법이 약속하는 복들을 무효로 만들어 버린다는 것입니다. 율법을 지키는 자들에게 약속된 복이 있음에도 불구하고, 칭의 교리는 인간의 선행을 전혀 무가치한 것으로 치부한다는 것입니다. 하지만 앞에서 이미 살펴본 대로 만일 율법을 붙잡게 되면, 율법이 약속하는 축복이 아니라 저주만이 우리 위에 드리워질 뿐입니다.

주님께서는 그의 율법을 완전무결하게 지키는 자들에게만 복을 약속하시는데, 거기에 해당하는 사람이 아무도 없기 때문입니다. 그래서 사도 바울은 "이는 우리가 율법의 행위로써가 아니고 그리스도를 믿음으로써 의롭다 함을 얻으려 함이라 율법의 행위로써는 의롭다 함을 얻을 육체가 없느니라"(갈 2:16)라고 말했습니다.

율법의 약속들이 효력을 발휘할 수 있는 근거는 복음입니다. 율법의 약속은 복음의 약속으로 대체되었습니다. 예수님과의 영적인 연합을 통해 하나님께 합당한 자가 되었고, 그 결과 부족한 행위를 가지고도 하나님을 기쁘시게 할 수 있게 되었습니다. 그러므로 사람의 행위를 하나님께서 기뻐하셨다고 말하는 본문이 있을지라도, 사람의 행위 그 자체만으로 하나님께서 기뻐하신 것으로 보아서는 안 됩니다. 하나님께서 성도의 행위를 기뻐하시는 것은 하나님 자신께서 그 행위의 근원이시기 때문입니다. 사람의 행위 그 자체로는 언제나 불완전하기 때문에 하나님께서 그리스도 안에서 우리를 받아 주시지 않으면, 우리의 행위에는 아무런 가치가 없습니다. 그러므로 아무리 선한 행위라 할지라도 그것 자체만으로는 의(義)가 될 수 없음을 분명히 알아야 합니다. 그러나 믿음으로 말미암는 칭의가 세워지고, 그리하여 우리가 하나님의 양자가 된 다음에는 우리의 선행이 아무리 반쪽짜리에 불과하다 할지라도, 하나님께서 그것을 의(義)로 여겨 주십니다.

야고보서 말씀은 칭의 교리를 반대하는 자들에게 마지막 교두보와 같습니다. 그들은 "우리 조상 아브라함이 그 아들 이삭을 제단에 바칠 때에 행함으로 의롭다 하심을 받은 것이 아니냐 … 이로 보건대 사람이 행함으로 의롭다 하심을 받고 믿음으로만은 아니니라"(약 2:21, 24)는 말씀이 칭의 교리의 오류를 드러낸다고 생각합니다. 하지만 야고보서가 칭의 교리를 부정한다는 것은 말도 안 되는 소리입니다.

야고보가 활동하던 당시에는 자신을 신자로 소개하면서도 노골적으로 부패하고 방탕한 행위를 일삼는 자들이 많았습니다. 야고보는 바로 그런 사람들의 어리석은 확신을 조롱하고자 아브라함의 행위를 강조했던 것입니다. 뿐만 아니라 야고보는 아브라함이 행함으로 의롭다 하심을 받기 전에, 이미 믿음으로 의롭다 하심을 받은 상태였다고 덧붙입니다(약 2:21, 23). 그러므로 야고보서의 참된 의미는 구원받은 성도라면 누구든지 참된 순종과 선행을 통해 자신이 의롭게 되었음을 증명해야 한다는 것입니다.

생각나눔

1. 율법의 약속들이 효력을 발휘할 수 있는 근거는 무엇입니까?

2. 야고보가 아브라함의 행위를 강조한 이유는 무엇입니까?

18장
칭의란 무엇인가?
: 행함으로 의를 얻는다는 주장은 상급에 관한 오해 때문에 생겨나는 것임

요약

1. 선행으로 면류관과 영생을 얻는다는 말씀은 모든 착한 일의 원인이 하나님이심을 인정하는 전제 안에서 해석되어야만 한다.
2. 상급이라는 단어는 영생이 선행의 결과가 아니라 양자 됨의 결과임을 보여 준다.
3. 포도원 주인의 비유는 영생이 선행의 결과가 아니라 하나님의 선물임을 보여 준다.
4. 하나님께서 상급을 약속하시는 이유는 고난과 환난 속에서도 다음 세상을 소망하며 살도록 격려하시기 위해서다.

다음 구절들은 하나님께서 각 사람을 행위를 따라 판단하시는 것처럼 보이는 본문들입니다. "우리가 다 반드시 … 각각 선악 간에 그 몸으로 행한 것을 따라 받으려 함이라"(고후 5:10), "선한 일을 행한 자는 생명의 부활로 악한 일을 행한 자는 심판의 부활로 나오리라"(요 5:29). 또 이와 비슷하게 행위에 대한 상급으로 영생을 약속하는 것처럼 보이는 본문도 있습니다. 대표적인 것이 "기뻐하고 즐거워하라 하늘에서 너희의 상이 큼이라"(마 5:12)라는 말씀입니다.

이 본문들은 칭의가 행함의 결과이거나 행함이 칭의의 원인이라고 말하는 것이 아닙니다. 사도 바울은 하나님께서 구원하시는 순서를 "미리 정하신 그들을 또한 부르시고 부르신 그들을 또한 의롭다 하시고 의롭다 하신 그들을 또한 영화롭게 하셨느니라"(롬 8:30)라고 말했습니다. 이것은 하나님의 부르심 안에서만 거룩한 선행이 가능하다는 의미입니다. 그러므로 신자들이 자기들의 행위에 따라서 면류관과 영생을 받는다는 말씀, 또는 "너희 구원을 이루라"(빌 2:12)는 말씀도 전혀 이상할 것이 없습니다. 이 모든 착한 일을 시작하신 분이 하나님이심을 인정한다면 말입니다(빌 1:6).

상급이라는 단어를 통해서도 행함으로 의를 얻는 것이 아님을 알 수 있습니다. 성경에서 상급은 유산을 의미합니다. 즉, 우리가 하나님께 천국을 선물로 받는 것은 우리의 행위 때문이 아니라 우리가 하나님의 양자로 입양되었기 때문입니다. 그래서 성경은 천국을 "상속받으라"고 말합니다(마 25:34). 포도원 주인의 비유도 동일합니다(마 20:1-16). 이 비유에서 주인은 하루 종일 일한 일꾼과 잠시만 일한 일꾼에게 동일한 품삯을 지불하는데, 여기서 잠깐만 일한 일꾼들은 성도를 상징합니다. 주님께서는 이 비유를 통해 천국 상급이 우리 행위의 결과가 아니라 오직 하나님의 선물임을 강조하십니다.

우리의 행위만 가지고서는 상이나 영생을 얻을 수 없음에도 불구하고, 하나님께서 행위에 따른 상급을 약속하시는 이유는 무엇일까요? 행위의 공로를 높이 인정해서가 아니라, 주님 때문에 당한 불행과 환난에 대해 반드시 갚아 주실 것을 기대하고 소망하며 살도록 독려하시기 위해서입니다. 신실한 성도들은 하나님의 이와 같은 약속을 굳게 믿었기에, 가난한 자들을 돕고 나그네를 대접하는 것과 같은 선행을 힘써 행했던 것입니다. 우리가 하나님께 드리는 봉사의 행위들 그 자체로는 하나님께서 잠시라도 돌아보실 만한 가치도 없지만, 우리의 선행을 더욱 격려하시기 위하여 하나님께서는 그것들 가운데 어느 하나라도 잃어버리지 않게 하십니다.

생각나눔

1. 포도원 주인의 비유가 일깨우고자 하는 주제는 무엇입니까?

2. 하나님께서 행위에 따른 상급을 약속하시는 이유는 무엇입니까?

19장
그리스도인의 자유

요약

1. 칭의로 말미암아 율법의 저주와 두려움으로부터 자유를 누리게 된다.
2. 칭의로 말미암아 자발적인 기쁨으로 율법을 지키게 된다.
3. 칭의로 말미암아 중립적인 일들로부터 자유하게 된다.
4. 성도가 누리는 자유를 세상의 법과 질서에까지 확대해선 안 된다.

칭의 교리 뒤에 자유에 관한 주제가 나오는 것은 칭의의 결과가 자유이기 때문입니다. 그런데 이 자유는 세상이 말하는 자유와는 다릅니다. 세상이 말하는 자유는 억압과 핍박, 또는 어려움과 문제로부터의 해방을 의미합니다. 하지만 칭의로 말미암아 누리는 자유는 첫째, 율법으로부터의 자유, 둘째, 하나님께 순종할 수 있는 자유, 셋째, 중립적인 일들로부터의 자유입니다.

첫째, 율법으로부터의 자유는 율법의 저주와 두려움으로부터의 자유를 뜻합니다. 율법으로 의롭다 함을 얻으려면 모든 율법을 하나도 빠짐없이 다 지켜야 하지만, 그렇게 할 수 있는 사람은 아무도 없습니다. 그래서 율법은 우리를 저주하고 두려워 떨게 만듭니다. 하지만 칭의를 통해 우리 모두는 율법의 저주와 두려움으로부터 자유함을 얻었습니다. 우리가 다 지키지 못한 율법을 예수님께서 대신 모두 지켜 주셨고, 우리가 받아야 할 저주를 예수님께서 대신 모두 받으셨기 때문입니다.

둘째, 하나님께 순종할 수 있는 자유는 율법을 지키되 이전처럼 두려움 속에서 어쩔 수 없이 지키는 것이 아니라, 자발적으로 지키게 된 것을 의미합니다. 원래 율법은 가혹하고 준엄합니다. 완전한 순종이 아니라면 저주를 약속하기 때문입니다. 하지만 이제 우리는 구원받기 위해 율법을 지키는 것이 아니라 구원받은 자로서 율법을 지킵니다. 구원을 상실하지 않을까 노심초사하며 율법을 지키는 것이 아니라, 값없이 얻은 구원에 감사하는 마음으로 기쁘게 율법을 지킵니다. 그리고 과거에는 종처럼 율법을 지켜야 했다면, 지금은 아들의 자격으로 율법을 지키기에 불완전한 순종이라 할지라도 있는 그대로 하나님 앞에 내어 드릴 수 있습니다.

셋째, 중립적인 일들로부터의 자유는 그 자체로는 선도 아니고 악도 아닌 일들과 관련해서는 그것을 반드시 지켜야 하는 책임을 하나님 앞에서 지지 않는다는 것입니다. 예를 들어 음식, 복장, 휴일의 사용과 같은 일은 중립적인 문제입니다. 그런데 이런 일들에까지 양심이 속박을 당하기 시작하면, 처음에는 술을 금기시했다가 나중에는 음료를 금기시하게 되고, 결국에는 보통 물보다 조금이라도 단맛이 나는 물은 일절 입에 대지 못하게 됩니다. 또 맛있는 음식 먹는 것을 금하기 시작하면, 나중에는 딱딱한 빵과 평범한 음료를 먹으면서도 하나님 앞에서 평안을 누릴 수 없게 됩니다. 하지만 중립적인 문제에도 절제하는 자세는 꼭 필요합니다. 예를 들어 술과 돈과 복장은 중립적인 문제이지만, 이런 것들을 절제하지 않으면 그것 때문에 상처 받는 성도가 생길 수 있습니다. 그래서 중립적인 문제라도 연약한 형제를 고려하는 자세는 반드시 필요합니다. 그리고 돈 그 자체로는 중립적인 것이지만 정도를 넘어서서 사치와 탐욕의 도구로 사용된다면, 그리스도인의 자유를 넘어서는 일임을 명심해야 합니다. 또 하나, 우리의 양심이 세상의 전통이나 법으로부터 자유하더라도 세상의 법을 무시하고 살아서는 안 된다는 것을 주의해야 합니다. 하나님께서는 양심을 통해 우리를 다스리시는 동시에 세상의 법과 질서를 통해서도 우리를 다스리시기 때문입니다(롬 13:1).

생각나눔

1. 칭의 교리 뒤에 자유에 관한 주제가 나오는 이유는 무엇입니까?

2. 율법으로부터의 자유란 어떤 의미입니까?

20장
기도

요약

1. 바른 기도를 위해서는 첫째, 하나님을 경외하는 마음이 있어야 하며, 둘째, 자신의 부족함을 제대로 알아야 하고, 셋째, 자신이 가치 있는 존재라는 생각을 모두 내려놓아야 하며, 넷째, 하나님께서 기도에 응답하실 거라는 확실한 소망과 믿음을 가져야 한다.
2. 주기도문의 머리말은 하나님과 우리의 관계, 그리고 하나님의 초월성을 보여 준다.
3. 첫 번째 간구는 하나님께 합당한 존귀를, 두 번째 간구는 하나님의 다스림을, 세 번째 간구는 하나님의 통치에 대한 우리의 순종을, 네 번째 간구는 우리의 모든 필요를, 다섯 번째 간구는 우리의 죄사함을, 여섯 번째 간구는 유혹에서의 승리를 의미한다.

우리가 믿는 하나님은 "졸지도 아니하시고 주무시지도 아니하시"(시 121:4)는 분인데, 그런 하나님께 구태여 왜 기도해야 하는지 의문을 가지는 자들이 많습니다. 하지만 기도는 우리의 큰 목소리로 하나님을 깨우는 일이 아닙니다. 기도는 우리의 필요를 하나님께 구함으로써 우리가 얻기를 구하는 모든 것들이 하나님께로부터 온다는 사실을 인정하고, 그리하여 하나님께 모든 영광을 돌리는 일입니다. 또한 기도는 우리의 신앙에 매우 유익한데, 그것은 다음의 여섯 가지 이유 때문입니다.

첫째, 기도는 하나님을 사랑하고 섬기고자 하는 열정으로 불타오르게
　　　하며, 어떠한 어려움 속에서도 하나님만 의지하는 습관을 길러
　　　준다.
둘째, 기도는 하나님 보시기에 부끄러운 헛된 욕망이 자리 잡지 못하
　　　게 한다.
셋째, 기도는 하나님께서 베푸시는 모든 선물들에 진심으로 감사하는
　　　자세를 길러 준다.
넷째, 기도가 응답될 때마다 하나님의 긍휼하심을 더욱 추구하게 된
　　　다.
다섯째, 기도를 통해 받은 축복들은 우리를 더욱 기쁘게 한다.
여섯째, 기도를 통해 하나님의 섭리를 체험적으로 깨닫게 된다.

그렇다면 기도할 때 우리는 어떤 자세를 반드시 지녀야 합니까? 올바른 기도를 위한 첫 번째 법칙은 하나님을 경외하는 마음입니다. 마치 우리와 똑같은 사람과 대화하는 것처럼 기도하는 것이 아니라, 하나님의 크신 위엄 앞에 겸손히 엎드리는 자세로 기도해야 합니다. 그러므로 하나님께 집중하는 것을 방해하는 잡다한 생각들과 걱정거리들을 떨쳐 버려야 하고, 오직 하나님께 합당한 것만을 간구해야 합니다(요일 5:14).

두 번째는 자신의 부족함을 제대로 아는 것입니다. 자신에게 무엇이 부족한지 모를 때는 중언부언하게 됩니다. 절실하게 바라지 않기에 형식적으로 기도하는 것입니다. 그렇다고 해서 부족할 때만 기도하라는 건 아닙니다. 사도 바울은 "항상 기도하라", "쉬지말고 기도하라"

(엡 6:18, 살전 5:17)고 말하는데, 이것 역시 사실입니다. 왜냐면 기도하지 않아도 괜찮을 만큼 부족하지 않은 상태는 없기 때문입니다. 이것은 영적인 측면에서 더욱 그러합니다. 우리를 향한 유혹이 한순간도 끊이지 않는데, 어떻게 하나님의 도움을 구하지 않을 수 있겠습니까! 외적인 부족함만이 아니라 내적인 부족함까지도 절실하게 통감하면서 기도에 열심을 내어야 합니다.

세 번째는 자신이 가치 있는 존재라는 생각을 모두 내려놓는 것입니다. 만약 티끌만큼이라도 하나님 앞에서 우리의 권리를 주장하게 된다면, 다시 말해 하나님께서 우리의 기도를 들어주셔야 하는 근거가 우리 자신에게 조금이라도 있는 것처럼 교만하게 생각한다면, 우리에게 헛된 교만이 자리 잡게 되고 그 결과 하나님께서 자신의 얼굴을 우리에게서 돌려 버리실 것입니다. 그렇기에 자신이 지은 죄를 정직하게 고백하면서 죄 용서를 구하는 일이 올바른 기도의 준비요 시작이라고 할 수 있습니다.

네 번째는 하나님께서 기도에 응답하실 거라는 확실한 소망과 믿음을 가지는 것입니다. 그리스도께서는 "무엇이든지 기도하고 구하는 것은 받은 줄로 믿으라 그리하면 너희에게 그대로 되리라"(막 11:24)라고 약속하셨고, "너희가 기도할 때에 무엇이든지 믿고 구하는 것은 다 받으리라"(마 21:22)라고도 약속하셨습니다. 야고보 역시 "오직 믿음으로 구하고 조금도 의심하지 말라 의심하는 자는 마치 바람에 밀려 요동하는 바다 물결 같으니 이런 사람은 무엇이든지 주께 얻기를 생각하지 말라"(약 1:6–7)라고 말했습니다. 이처럼 분명하게 하나님께서 우리 간구를 들으실 것을 약속하고 계시므로, 아무리 비참한 상황에서도 하나님의 응답하심을 의심해선 안 됩니다.

지금까지 살펴본 네 가지 법칙들을 보면 완전한 믿음과 회개가 없는 기도는 하나님께서 전혀 들으시지 않는 것처럼 생각하기 쉽습니다. 하지만 이러한 법칙을 완전무결하게 지키며 기도할 수 있는 사람은 아무도 없습니다. 심지어 다윗조차도 통제되지 않는 감정을 그대로 드러내며 기도한 적이 많았음을 시편에서 자주 확인할 수 있습니다. 그러나 하나님께서는 그처럼 부족한 기도에도 응답해 주셨는데, 그 이유는 하나님께서 우리의 부족함과 무지를 용납해 주시는 자비로우신 분이기 때문입니다. 그러므로 우리는 설령 기도의 모든 법칙을 다 지키지 못한다 할지라도 지키기 위해 노력하는 그 자체를 하나님께서 기뻐하신다는 사실과 당장 최고 수준의 기도에 이르지 못한다 할지라도 계속해서 목표를 향해 전진하는 것을 하나님께서 기뻐하신다는 사실을 기억하고, 은혜로우신 하나님께 자주자주 기도로 나아가야 합니다.

우리가 이렇게 힘써 기도해야 하지만, 사실 우리 중 그 누구도 하나님 앞에 나아갈 만큼의 값어치를 가지고 있지 않습니다. 그럼에도 우리가 두려움과 수치심 없이 하나님께 기도할 수 있는 것은 하나님께서 자신의 아들을 중보자로 주셨기 때문입니다(딤전 2:5). 우리는 중보자 되신 그리스도 때문에 하나님 앞에 안전하게 나아갈 수 있고, 아버지께서 아들의 간구를 들어주시듯 예수님의 이름으로 드리는 우리의 기도에도 응답하실 것을 믿습니다. 그래서 예수님께서는 "너희가 내 이름으로 무엇을 구하든지 내가 행하리니 이는 아버지로 하여금 아들로 말미암아 영광을 받으시게 하려 함이라"(요 14:13)라고 말씀하셨습니다.

로마 가톨릭은 그리스도뿐만 아니라 인간 중에서 탁월함을 인정받은 성자들에게도 중보자의 역할이 부여되어 있다고 주장합니다. 하지만 사도 바울은 "하나님은 한 분이시요 또 하나님과 사람 사이에 중보자도 한 분이시니 곧 사람이신 그리스도 예수라"(딤전 2:5)라고 분명하게 못 박고 있습니다. 성경은 언제나 우리의 마음을 그리스도께로만 향할 것을 촉구하고, 하늘에 계신 아버지 역시 만물을 그리스도 안에서 함께 모으시기를 기뻐하십니다(골 1:20, 엡 1:10). 그러므로 하나님께로 나아가는 유일한 길이신 그리스도를 벗어나서 성자들을 통해 하나님께 나아갈 길을 찾으려 하는 것은 어리석음의 극치입니다.

성자 숭배 이야기를 하지 않을 수 없는데, 그리스도가 아니라 성자를 통해 하나님께 나아가려 하는 자들은 반드시 우상 숭배에 빠지기 때문입니다. 역사적으로 보면, 사람들이 성자를 중보자의 반열에 올린 이후 그들은 각각의 성자에게 독특한 기능을 부여하게 되었습니다. 그래서 기도해야 할 다양한 상황이 생길 때마다 그 상황에 걸맞는 성자를 찾게 되었고, 결국 사람들은 특정한 성자를 자신의 수호신처럼 생각하게 되었습니다. 그리하여 각 도시마다, 인구수만큼의 수호신들이 세워지게 되었습니다. 하지만 성자들은 자신의 소망을 오직 하나님의 뜻에만 두고 오직 그리스도를 통해서만 하나님께 나아가려 노력한 자들이기에, 성자를 추켜세우는 자들의 모습은 그들이 높이 기리는 성자들의 모습과는 판이하게 다릅니다.

기도에는 개인적으로 드리는 사적인 기도와 성도들이 함께 모여 드리는 공적인 기도가 있습니다. 사적으로 기도할 때는 간구와 감사를 통해 하나님께 나아가야 합니다. 간구는 하나님을 영광스럽게 하는 일들과 우리의 필요를 구하는 것이고, 감사는 우리에게 임한 모든 선한 것들이 하나님의 은혜임을 고백하며 찬양하는 것입니다. 사도 바울은 항상 간구하고 감사하라고 말하는데(살전 5:17-18), 어떤 어려움 속에서도 하나님께만 모든 기대를 거는 것과 모든 일에 대하여 하나님께만 영광을 돌리는 것이 성도로서 합당한 자세이기 때문입니다. 이러한 자세는 공적인 기도에서도 마찬가지이므로, 성도들은 자주 모여 기도해야 합니다. 하지만 교회는 모든 일을 "품위 있게 하고 질서 있게"(고전 14:40)해야 하기 때문에 특정한 시간을 합의하여 모여야 합니다. 그러나 중대한 필요가 있을 때에는 합의된 시간이 아니더라도 자주 모여 기도하는 것이 바람직할 것입니다.

사적인 기도와 공적인 기도의 가장 큰 차이점은 기도의 장소입니다. 주님께서는 사적으로 기도할 필요가 있는 자들에게 골방에서 은밀하게 기도하라 말씀하셨습니다(마 6:6). 우리에겐 기도하는 모습을 외부에 공개함으로써 칭찬을 받으려 하는 악한 본성이 있기 때문입니다. 또한 사적으로 기도할 때에는 우리 마음을 집중할 수 있는 조용한 곳이 필요하기 때문입니다. 그래서 우리 주님께서도 기도에 좀 더 몰두하고자 하실 때는 시끄러운 무리를 떠나서 한적한 곳을 찾곤 하셨습니다. 하지만 공적인 기도를 위해서는 공개된 장소가 필요합니다. 그래서 하나님의 백성들은 구약 시대에는 성전에서, 신약 시대에는 교회당에서 함께 모여 기도했습니다. 그런 이유로 주님께서는 성전을 기도하는 집이라 부르신 것입니다(마 21:13). 이처럼 교회당이 기도하는 장소로 사용되는 것이 마땅하지만, 혹시라도 교회당이 더 거룩한 공간이기 때문에 거기서 기도해야 한다고 생각해선 안 됩니다. 이제 더 이상 건

물로서의 성전은 존재하지 않고, 성도 개개인이 하나님의 성전이기 때문입니다. 그러므로 공적인 기도를 꼭 교회당에서 드리는 기도로만 한정해선 안 되고, 그것이 더 효과적인 기도라고 생각해서도 안 됩니다.

공적인 기도 시간에 노래를 부를 수 있는지 의문을 가지는 사람들이 있습니다. 만약 그것이 마음 깊은 감동에서 우러나오는 것이 아니라면 하나님 앞에서 아무런 가치와 유익이 없을 테지만, 신자들이 함께 모여 똑같은 목소리로 노래하는 것은 한마음과 한 믿음으로 하나님을 예배하는 것을 도와주는 효과가 있으므로 충분히 장려할 수 있는 일입니다. 사도 바울 역시 교회에서 노래를 불렀고, 골로새 교회를 향해서도 신령한 노래를 부를 것을 장려했습니다(고전 14:15, 골 3:16). 아우구스티누스는 교회에서 노래하는 일을 다음과 같이 말하기도 했습니다. "만일 노래하는 것이 하나님과 천사들 앞에서 합당한 위엄을 갖추어 진행된다면, 기도라는 거룩한 행위에 위엄과 은혜를 실어 주게 되고, 따라서 우리 마음에 기도의 열심과 열정을 일깨우는 데 크나큰 도움이 될 것이다. 그러나 우리의 귀가 노래 가사의 영적 의미보다도 곡조에 더 솔깃해지지 않도록 매우 조심해야 할 것이다." 그러므로 정도를 지켜 행한다면 공적인 기도 시간에 함께 노래하는 것이야말로 의심의 여지없이 지극히 거룩하고 유익한 일이라 할 수 있습니다. 그러나 귀에만 감미롭고 유쾌하도록 노래를 지어서 부른다면, 교회의 위엄에도 어울리지 않을 뿐 아니라 하나님께도 극도로 거슬리는 일이 될 것임을 명심해야 합니다.

이제는 좀 더 확실한 기도의 방법과 형식을 배우려고 합니다. 하나님께서 그의 사랑하시는 아들을 통해 우리에게 가르쳐 주신 기도인 주기도문입니다. 주기도문은 여섯 가지의 간구로 이루어져 있는데, 이 중 첫 세 간구는 하나님의 영광을 구하는 것이고, 나머지 세 간구는 우리의 필요를 구하는 것입니다. 주기도문의 내용을 하나하나 살펴보면 다음과 같습니다.

머리말, 우리 아버지

주기도문의 머리말은 우리의 기도를 들으시는 하나님이 우리와 어떤 관계인지를 설명합니다. 하나님께서는 독생자의 이름을 믿는 자들에게 하나님의 자녀가 되는 권세를 주시겠다고 약속하셨습니다(요 1:12). 우리는 그 약속을 근거로 하나님을 자비하신 아버지로 믿고 기도합니다. 그런데 하나님께서는 그냥 평범한 아버지가 아니라 가장 선하고 자비로우신 아버지이십니다. 그래서 우리는 비록 부족하고 비뚤어진 상태에 있다 할지라도, 하나님께서 용납해 주실 것을 믿고 기도할 수 있습니다.

그러므로 주기도문을 시작하며 하나님을 "우리 아버지"라고 부르는 것에는 다음과 같은 의미가 들어 있다고 할 수 있습니다. "오, 아버지여, 자녀들을 향한 크신 사랑으로 기꺼이 용서하시기를 바라고 계시니, 비록 아버지께 합당치 못한 무익한 자들이오나 아버지께서 우리에게 아버지의 사랑을 주실 것을 분명히 믿고 확신하는 가운데 아버지를 부르며 간구를 드리옵니다." 그러나 우리의 좁은 마음으로는 하나님을 우리 아버지로 믿고 신뢰할 수 없기 때문에, 하나님께서는 우리 마음에 성령을 보내 주셨습니다(갈 4:6, 롬 8:15). 그러므로 하나님께 나아가는 것을 주저하게 될 때마다 성령께서 우리의 두려움을 교정시켜 주시기를 기도해야 합니다. 여기서 한 가지 유념해야 할 것은 그냥 "아버지"라고 부르도록 하신 것이 아니라 "우리 아버지"라고 부르도록 하셨다는 것입니다. 그러므로 개인의 필요를 위해서만 기도하는 것이 아니라, 그리스도 안에서 한 가족이 된 교회의 형제자매를 위해서도 힘써 기도해야 마땅합니다.

머리말, 하늘에 계신

"우리 아버지"라는 말 앞에는 "하늘에 계신"이라는 말이 덧붙여져 있습니다. 여기서 하늘은 특정 공간이 아니라 '초월성'을 상징합니다. 하나님께서는 창조주이시기 때문에 어떤 특정한 장소에 매여 계실 수 없습니다. 그래서 주님께서는 가장 높고, 위대하며, 영원하다는 의미를 가진 '하늘'이라는 단어로써 하나님의 초월성을 나타내고자 하신 것입니다. '아버지'라는 호칭에서 우리를 가까이 하시는 하나님의 사랑을 발견할 수 있었다면, '하늘'이라는 표현에서는 우리의 간구를 충분히 이루어 주실 수 있는 하나님의 능력을 발견할 수 있습니다.

첫 번째 간구, 하나님의 이름이 거룩히 여김을 받으시오며

첫 번째 간구는 하나님께서 스스로 합당한 존귀를 받으시기를, 사람이 하나님을 말하거나 생각할 때에 최고의 경의를 품게 되기를 기도하는 것입니다. 더 나아가 하나님의 거룩한 이름을 더럽히는 모든 불경함이 제거되며, 그 이름의 영광을 혼탁하고 흐리게 만드는 모든 비방과 조롱이 사라지기를 기도하는 것입니다.

두 번째 간구, 나라가 임하시오며

여기서 '나라'라는 단어는 통치권의 개념으로 사용됩니다. 그러므로 두 번째 간구는 하나님의 다스림이 임하기를 기도하는 것입니다. 하나님을 대적하는 세상의 온갖 정욕들이 성령의 능력으로 교정될 뿐만 아니라, 교회가 하나님께 더욱 순종하게 되기를 기도하는 것입니다.

세 번째 간구, 뜻이 하늘에서 이루어진 것 같이 땅에서도 이루어지이다

여기서 '뜻'이라는 단어는 '하나님께서 이루실 뜻'이 아니라, '우리가 순종해야 하는 뜻'을 의미합니다. 하나님께서 이루실 뜻은 사탄과 세상의 어떤 방해에도 불구하고 반드시 이루어질 것이기 때문입니다. '하늘'이란 하나님과 천사들이 거하는 곳을 의미하는데, 그곳에서 천사들은 완전한 순종을 하나님께 바치고 있습니다. 그러므로 세 번째 간구는 하늘에서 천사들이 하나님께 완전한 순종을 드리는 것처럼, 땅에 사는 사람들도 자기 뜻을 완전히 내려놓고 하나님께 순종하게 되기를 기도하는 것입니다.

네 번째 간구, 우리에게 일용할 양식을 주시옵고

어떤 사람들은 이 간구가 영적인 양식을 구하는 것이라고 말하지만, 주님의 의도와는 거리가 먼 주장입니다. 주님께서는 이 간구를 통해 우리의 몸에 필요한 모든 것들을 하나님께 구하여 얻을 것을 가르치셨습니다. 중요한 것은 "일용할 양식"이라는 표현인데, 이것은 우리가 하나님께 기도할 때에 무절제한 욕심을 억제하며 기도해야 한다는 뜻입니다. 그러므로 네 번째 간구는 무절제한 욕망에 사로잡히거나 자신의 부요함을 의지하지 않고, 꼭 필요한 만큼만 하나님께 간구해야 한다는 것입니다.

다섯 번째 간구, 우리 죄를 사하여 주시옵고

죄를 사하여 주시기를 간구해야 하는 이유는 하나님의 용서가 아니고서는 도저히 죄 문제를 해결할 수 없기 때문입니다. 또한 이 간구에는 "우리에게 죄 지은 자를 사하여 준 것 같이"라는 단서가 덧붙여져 있는데, 이것은 우리에게 피해를 끼친 자들을 우리가 너그럽게 용서하듯이 하나님께서도 우리의 죄를 용서해 달라는 뜻입니다. 하지만 그렇다고 해서 우리가 다른 사람을 용서하는 것이 하나님께서 우리를 용서하시는 근거가 된다는 말은 아닙니다. 하나님께서 우리의 죄를 용서해 주시기를 간구할 때에는, 우리 역시도 우리에게 피해를 끼친 사람들의 모든 허물을 용서해야 마땅하다는 의미입니다. 그러므로 만약 다른 사람에게 피해를 끼치려는 계획을 가지고 있거나 상대방에게 선한 은혜를 끼치는 노력을 하지 않으면서 이 간구를 드린다면, 그것은 우리의 죄를 용서하지 말아 달라고 하는 것이나 마찬가지입니다.

여섯 번째 간구, 우리를 시험에 들게 마시옵고, 다만 악에서 구하시옵소서

시험에서 지켜 주실 것을 간구해야 하는 이유는 우리가 하나님께 순종하고자 할 때 반드시 힘겨운 싸움이 있기 때문입니다. 우리 마음에서 솟아나는 정욕일 수도 있고, 사탄의 공격일 수도 있습니다. 그러므로 여섯 번째 간구는 우리의 무절제한 정욕 때문이든지 아니면 사탄의 유혹 때문이든지, 우리가 하나님께 순종하는 위치를 벗어나지 않도록 지켜 달라는 기도입니다. 하지만 우리 삶에 시험이 전혀 없게 해 달라고 간구하라는 것은 아닙니다. 우리에겐 시험을 통해 자극을 받고 더욱 분발할 필요가 있기 때문입니다. 그러나 사탄의 시험과 하나님의 시험이 전혀 다르다는 것은 꼭 기억해야 합니다. 사탄은 우리를 넘어뜨리기 위해 시험하지만, 하나님께서는 우리를 성장시키시고 우리 육체의 욕심을 죽이시고자 시험하시기 때문입니다.

꼬리말, 나라와 권세와 영광이 아버지께 영원히 있사옵나이다. 아멘.
　우리가 하나님께 담대하게 구하고, 또 구한 것을 얻을 것이라 확신하는 이유를 여기서 찾을 수 있습니다. 하나님께서는 모든 나라를 다스리시고, 모든 권세를 가지고 계시며, 모든 영광을 홀로 받기 합당한 분이시기 때문입니다. 그리고 맨 마지막에 "아멘"이 덧붙여져 있는 것은 우리가 하나님께 구한 바를 얻고자 하는 간절한 마음의 표현이라 할 수 있습니다.

　주기도문은 그리스도께서 주신 것이므로 모든 면에서 완전한 기도입니다. 그러므로 그리스도께서 가르치신 것과 다른 내용을 이 기도에 첨가시키는 것은 불경할 뿐만 아니라 무가치한 일입니다. 그런 자들은 결코 하나님의 응답을 기대해선 안 됩니다. 그렇다고 해서 주기도문의 형식에 매여, 단어나 문구 하나도 바꾸지 말고 기도하라는 말은 아닙니다. 주기도문에서 배워야 하는 것은 그 의미와 내용입니다. 예를 들어 성경에 기록된 모든 위대한 기도들은 하나같이 주기도문과 다르게 표현되어 있지만, 내용은 주기도문과 완전히 일치합니다. 주기도문에는 하나님을 찬양함과 인간의 복지와 관련해서 마땅히 생각해야 할 내용들이 빠짐없이 포함되어 있습니다. 그러므로 우리는 바로 이 기도야말로 하나님의 지혜의 가르침이라는 사실을 기억하고, 이 내용을 따라 기도해야 합니다.

그렇다면 언제 기도해야 할까요? 물론 잠시도 쉬지 않고 기도하는 것이 마땅하지만, 현실상 불가능하므로 시간을 정해 기도하는 것이 좋습니다. 그렇다고 해서 정해 놓은 시간을 미신적으로 지키려 해서는 안 됩니다. 정해진 시간에 기도하기만 하면 그 외의 시간에는 우리 마음대로 해도 괜찮은 것처럼 생각해선 안 된다는 것입니다. 기도와 관련해서 또 한 가지 중요한 요소는 '인내'입니다. 인내하는 마음을 가져야만, 우리의 기도가 응답되지 않는 것처럼 보일지라도 하나님께서 우리를 잊지 않으셨음을 확신할 수 있고, 때가 되면 하나님께서 반드시 이루실 것을 믿을 수 있기 때문입니다.

생각나눔

1. 사적인 기도와 공적인 기도의 가장 큰 차이점은 무엇입니까?

2. 공적인 기도 시간에 노래를 부를 수 있습니까?

3. 주기도문대로 기도한다는 말의 의미는 무엇입니까?

21장
예정 교리

요약

1. 예정 교리의 핵심은 구원과 멸망의 근거가 인간의 자격이 아니라 하나님의 선택에 달려 있다는 것이다.
2. 예지 예정은 하나님의 긍휼과 사랑을 인간의 가치와 행위로 오염시키는 가르침이다.

예정 교리란 하나님께서 창세전에 구원할 사람과 멸망할 사람을 미리 정하셨다는 것입니다. 핵심은 구원과 멸망의 근거가 인간의 자격이 아니라 하나님의 선택에 달려 있다는 것입니다. 그런데 많은 사람들이 이 교리를 인정하지 않습니다. 수많은 무리 중에서 어떤 사람들은 구원으로 예정되고, 나머지 사람들은 멸망으로 예정된다는 것이 합리적이지 않다는 이유 때문입니다. 그래서 어떤 사람들은 예정 교리를 설명하는 것을 꺼리기도 합니다. 하지만 예정 교리를 제대로 이해해야만 하나님의 은혜도 제대로 이해할 수 있습니다. 그래서 사도 바울은 "그런즉 이와 같이 지금도 은혜로 택하심을 따라 남은 자가 있느니라 만일 은혜로 된 것이면 행위로 말미암지 않음이니 그렇지 않으면 은혜가 은혜 되지 못하느니라"(롬 11:5-6)라고 말했던 것입니다.

예정 교리는 성경에 명백하게 나타났으므로 아무도 부인할 수 없습니다. 그래서 어떤 사람들은 하나님의 주권적 예정이 아닌 '예지 예정'

을 주장하기도 합니다. 예지 예정이란 누가 구원받을 만한 사람인지 하나님께서 미리 보시고 자격이 있는 사람을 구원하기로 예정하셨다는 것입니다. 이 주장이 성경적이지 않음은 신명기 말씀을 통해 분명히 알 수 있습니다. "여호와께서 너희를 기뻐하시고 너희를 택하심은 너희가 다른 민족보다 수효가 많기 때문이 아니니라 너희는 오히려 모든 민족 중에 가장 적으니라 여호와께서 다만 너희를 사랑하심으로 말미암아"(신 7:7-8), "여호와께서 네 조상들을 사랑하신 고로 그 후손인 너를 택하시고"(신 4:37). 이처럼 이스라엘이 하나님의 백성으로 선택된 것은 그들의 자격이 아니라 하나님의 주권적 사랑 때문이었습니다. 그러므로 자격을 미리 보시고 예정하셨다는 '예지 예정론자'들은 하나님의 긍휼과 사랑을 인간의 가치와 행위로 오염시키고 있습니다.

한 개인에 대한 예정 역시 마찬가지입니다. 하나님께서는 "내가 야곱은 사랑하고 에서는 미워하였다"(롬 9:13)라고 말씀하셨습니다. 자격을 따지자면 장자로 태어난 에서가 하나님의 선택을 받아야 하겠지만, 하나님께서는 주권적으로 동생 야곱을 하나님의 백성으로 선택하셨습니다. 그러므로 예정 교리가 성경에 분명히 기록된 진리임을 명심하고, 하나님의 영원하고도 변함없는 계획 속에서 구원에 이를 자들과 멸망에 이를 자들이 구분되어 있음을 확고하게 믿어야 합니다.

생각나눔

1. 예정 교리란 무엇입니까?
2. 예지 예정이란 무엇이며, 어떤 오류를 가지고 있습니까?

22장
예정 교리에 관한
성경적 증거들

요약

1. 성도의 거룩함은 선택의 근거가 아니라 결과다.
2. 그 어떤 사람도 자기의 노력이나 행위를 통해서는 하나님의 백성에 속할 수 없다.

'예지 예정'을 주장하는 자들은 하나님께서 각 사람의 공로를 미리 보시고 거기에 따라서 각 사람을 구별하신다고 생각합니다. 하지만 사도 바울은 하나님께서 우리를 선택하신 것이 "창세전"이라고 말함으로써(엡 1:4), 선택받을 자격이 있는지 미리 보신 후에 예정하셨다는 주장을 일축합니다. "창세전"은 우리가 아직 존재하지 않았던 시기를 말하는데, 존재하지도 않는 자들을 무슨 근거로 구별할 수 있겠습니까! 또 "우리로 사랑 안에서 그 앞에 거룩하고 흠이 없게 하시려고"(엡1:4)라는 말씀 역시 '예지'의 오류를 분명히 드러냅니다. 예지 예정은 인간의 거룩함이 선택의 근거라고 주장하지만, 사도 바울은 하나님의 선택이 거룩의 근거라고 분명히 밝히기 때문입니다. 하나님께서 야곱과 에서 두 형제를 구별하신 것에서도 이 사실은 분명하게 드러납니다. 두 사람을 행위가 아니라 예정을 근거로 판단하셨기 때문입니다.

예정 교리에 대해 아직도 확신이 서지 않는 자들을 위해 우리 주님께서는 이렇게 말씀하셨습니다. "아버지께서 내게 주시는 자는 다 내게로 올 것이요 내게 오는 자는 내가 결코 내쫓지 아니하리라"(요 6:37), "나를 보내신 이의 뜻은 내게 주신 자 중에 내가 하나도 잃어버리지 아니하고 마지막 날에 다시 살리는 이것이니라"(요 6:39). 이 말씀은 그리스도께서 우리를 구원하시는 근거가 우리의 행위와 자격에 있지 않다는 의미입니다.

하나님께서 그리스도께 우리를 주셨다는 표현은 우리의 구원이 하나님의 계획에 달렸다는 뜻입니다. 바로 이것이 우리의 구원이 하늘보다도 견고한 이유입니다. 우리는 하나님의 계획 안에서 영원 전부터 하나님의 소유였기 때문입니다. 그러므로 어떠한 사람도 자기의 노력이나 행위를 통해서는 하나님의 백성에 속할 수 없음이 분명합니다. 그래서 아우구스티누스는 하나님의 예정과 거룩하게 되는 것의 관계를 이렇게 말했습니다. "하나님의 은혜는 택함 받기에 합당한 자들을 발견하는 것이 아니라 그런 자들을 만든다."

유기 역시 하나님의 주권에 달렸음을 알아야 합니다. 야곱이 아무 자격 없는 가운데 은혜로 택함 받은 것처럼, 에서 역시 아직 범죄로 더럽혀지지 않은 상태에서 미움을 받았습니다(롬 9:13). 여기서 드러나는 것은 "하나님께서 하고자 하시는 자를 긍휼히 여기시고 하고자 하시는 자를 완악하게 하시느니라"(롬 9:18)라는 결론입니다. 사도 바울은 야곱이 선택받은 이유와 에서가 버림받은 이유 모두를 하나님의 주권에만 돌립니다. 하나님께서 택하신 자들에게 긍휼을 베푸시고, 또 다른 사람들은 버리시는 이유가 그의 기쁘신 뜻에만 달려 있다는 의미입니다. 예정 교리가 아무리 납득하기 어렵다 할지라도 성경에 분명히 기록된 하나님의 말씀이므로, 선택과 유기에 하나님의 뜻 외에 다른 원인은 결코 없다는 것을 분명히 기억해야 합니다.

생각나눔

1. 우리의 구원이 하늘보다 견고한 이유는 무엇입니까?

2. 선택과 유기에 하나님의 뜻 외에 다른 원인이 있습니까?

23장
예정 교리를
비방하는 자들에 대한 반박

요약

1. 유기가 없다면 선택도 성립될 수 없다.
2. 예정 교리는 하나님의 편파성이 아니라 긍휼을 나타낸다.
3. 예정 교리는 선한 열심을 무너뜨리지 않고, 오히려 강화한다.

선택은 인정하지만 유기는 인정할 수 없다는 자들이 있습니다. 하지만 유기가 없다면 선택도 성립될 수 없습니다. 선택과 유기 모두 하나님의 예정에 포함된 것으로 보아야 합니다. 자비를 베푸시는 것뿐만 아니라 강퍅하게 하시는 것도 하나님의 주권에 포함된 일입니다. 예수님께서 "심은 것마다 내 하늘 아버지께서 심으시지 않은 것은 뽑힐 것이니"(마 15:13)라고 말씀하신 것은 바로 그런 의미입니다.

어떤 자들은 예정 교리가 하나님을 폭군으로 만든다고 주장합니다. 아직 구체적인 죄를 짓지도 않은 자들을 멸망으로 예정하는 것은 정의로운 재판장의 합법적인 선고가 아니라, 폭군의 변덕스런 처신에 더 가깝다는 것입니다. 하지만 하나님의 뜻이 최고의 기준임을 생각한다면, 이런 주장이 얼마나 악한 것인지 충분히 알 수 있습니다. 만약 "하나님께서 왜 그렇게 하셨느냐?"고 묻는다면, 하나님께서 원하셨기 때문이라는 대답밖에는 할 수 없습니다. 그럼에도 불구하고 "하나님께서는 왜 그것을 원하셨냐?"고 다시 묻는다면, 그것은 하나님의 뜻보다 더 높은 것을 찾는 것이므로 더 이상 대답할 수 없습니다.

또 어떤 자들은 예정 교리가 하나님의 편파성을 드러낸다고 주장합니다. 모든 사람이 죄인이라면, 모두 처벌하시든지 아니면 모두 구원하시든지 하셔야 한다는 것입니다. 하지만 하나님께서 자격 없는 중에도 어떤 사람들을 사랑하여 주시는 것은 하나님께서 편파적이라서가 아니라 긍휼이 많으시기 때문입니다. 반대로 심판을 통해서는 공의를 드러내십니다. 하나님께서는 유대인과 헬라인을 차별하지 않으시고 (갈 3:28), 가난한 자와 부한 자를 차별하지 않으시므로(약 2:5), 하나님께서 편파적이시라는 건 말이 되지 않습니다.

또 다른 반론은 예정론이 선한 열심을 무너뜨린다는 것입니다. 하나님의 예정이 사람의 노력으로 취소되거나 나아지는 것이 아니므로, 자기가 어떻게 행동하든 전혀 상관없다고 생각하는 사람들이 생긴다는 것입니다. 그러나 사도 바울은 하나님의 예정이 선한 삶의 근거라고 가르칩니다(엡 1:4). 선하게 살고자 하는 열망은 자신이 하나님의 자녀로 선택받았다는 확신에서 오기 때문입니다.

우리는 누가 선택되었고 누가 유기되었는지 알 수 없습니다. 그러므로 어떤 사람이든지 유기되었다고 미리 생각해선 안 됩니다. 그래서 아우구스티누스는 이렇게 말했습니다. "우리는 누가 예정된 자이며 누가 유기된 자인지를 모르기 때문에, 모든 사람들이 구원받기를 원하는 그런 마음의 소원을 가져야 마땅하다. 그러므로 우리는 만나는 모든 자들을 우리의 평안에 함께 참여하는 자들로 만들기를 힘써야 한다. 그러나 우리의 평안은 평안을 받을 사람들에게만 임하게 될 것이다(눅 10:6). 그러므로 우리는 … 건전하고도 엄중한 책망을 모든 사람에게 약(藥)처럼 사용하여 그들 스스로 멸망하거나 그들이 다른 이들을 망하게 하지 않도록 해야 한다. 그러나 그런 책망을 통해서 하나님께서 미리 아시고 예정하신 자들에게 유익을 주는 문제는 오직 하나님께 속한 것이다."

생각나눔

1. 예정은 인정하면서 유기는 인정하지 않을 수 있습니까?

2. 예정 교리는 어떤 식으로 성도의 선한 열심을 독려합니까?

24장
선택은 하나님의 부르심을 통해 확증되며, 악인은 그들에게 정해진 공의로운 멸망을 자초함

요약

1. 하나님께서는 외적인 부르심과 내적인 부르심을 통해 예정하신 자들의 구원을 확증하신다.
2. 유기된 자들의 책임은 하나님이 아니라 그들 스스로의 악함과 부패함에 있다.

하나님께서는 구원에 이를 자들을 미리 선택하시고 부르심을 통해 그 선택을 확증하십니다. 부르심에는 두 가지가 있는데, 하나는 외적인 부르심이고 또 하나는 내적인 부르심입니다. 외적인 부르심은 전도를 통해 복음을 듣는 것을 의미하고, 내적인 부르심은 성령께서 복음을 깨닫게 하시는 것을 의미합니다. 하나님께서는 선택을 통해 자기 자녀를 예정하시고, 부르심을 통해 그들을 가족의 일원으로 받아들이십니다. 그러므로 선택을 받는 것이나 부르심을 받는 것이나 모두 하나님의 긍휼하심 때문에 일어납니다. 그래서 사도 바울은 "그런즉 원하는 자로 말미암음도 아니요 달음박질하는 자로 말미암음도 아니요 오직 긍휼히 여기시는 하나님으로 말미암음이니라"(롬 9:16)라고 말했습니다.

어떤 자들은 선택은 하나님의 주권에 달린 일이지만, 부르심에 반

응하는 것은 인간의 일이라고 주장합니다. 이것은 구원의 주도권을 인간에게 두는 오류입니다. 하나님께서 선택하셨지만 인간이 거절할 수 있다는 것은 결국 하나님의 계획보다 인간의 뜻이 더 높다는 망상에 지나지 않습니다. 하나님의 선택은 인간의 믿음에 의존하지 않고, 반대로 선택이 믿음을 불러옵니다.

하나님의 선택이 얼마나 견고한지 알려면, 그리스도와 우리의 관계를 바르게 알아야 합니다. 사도 바울은 우리가 그리스도 안에서 택함 받았다고 가르칩니다(엡 1:4). 하나님께서 우리를 선택하신 근거가 우리 자신에게 있는 것이 아니라 그리스도께 있다는 의미입니다. 하나님께서 그리스도를 버리실 수 없다면, 우리 역시 버리실 수 없습니다. 만약 하나님께서 우리를 심판하셔야 한다면, 그리스도 역시 심판하셔야 합니다. 우리가 그리스도 안에 있기 때문입니다. 우리 주님께서는 자신을 믿는 자는 "영생을 얻었고 심판에 이르지 아니"하며(요 5:24), "아버지께서 내게 주시는 자는 다 내게로 올 것이요 내게 오는 자는 내가 결코 내쫓지 아니하리라"(요 6:37)라고 말씀하셨습니다.

그런데 우리 주위에는 그리스도께 속한 것처럼 보였지만 결국에는 그에게서 떨어져 나가는 자들이 있습니다. 이런 경우에는 그들이 참으로 그리스도께 속하지 않았던 것으로 보아야 합니다. 사도 요한은 이렇게 말합니다. "그들이 우리에게서 나갔으나 우리에게 속하지 아니하였나니 만일 우리에게 속하였더라면 우리와 함께 거하였으려니와 그들이 나간 것은 다 우리에게 속하지 아니함을 나타내려 함이니라"(요일 2:19).

어떤 사람들은 "청함을 받은 자는 많되 택함을 입은 자는 적으니라"

(마 22:14)라는 말씀을 근거로 선택되었지만 구원받지 못하는 경우가 있다고 주장하기도 합니다. 그러나 앞에서 이미 살펴본, 부르심의 두 종류를 이해하면 전혀 문제 되지 않습니다. 결국 그리스도를 떠나는 경우는 외적인 부르심만 받았기 때문입니다. 그들은 전도(외적인 부르심)를 통해 그리스도께 호기심을 가지게 되었지만, 성령의 역사(내적인 부르심)가 없었기 때문에 결국 그리스도를 떠나게 된 것입니다. 그래서 전도를 통해 수많은 사람이 교회를 방문하지만, 그들 가운데 소수만 참된 성도로 남습니다(마 20:16).

또 어떤 사람들은 어느 정도 자격을 갖춘 자들이 하나님의 부르심을 받는다고 주장합니다. 예를 들어 부르심을 받기 전의 사도 바울은 바리새인으로서 흠 없는 삶을 살았고(빌 3:5-6), 고넬료 역시 구제와 기도로써 하나님께 인정받은 상태였다고 주장합니다. 하지만 그것은 일반화시킬 수 없는 경우입니다.

성경은 구원받기 전의 상태에 대해 "허물과 죄로" 죽어 있었으며(엡 2:1), "이 세상 풍조를 따르고"(엡 2:2), "육체의 욕심을 따라 지내며 육체와 마음의 원하는 것을 하여 다른 이들과 같이 본질상 진노의 자녀"(엡 2:3)였다고 말합니다. 그러므로 부름 받은 성도에게는 구원받을 만한 "선택의 씨앗" 같은 것이 있었다고 주장하는 것은 성경적이지 않습니다. 우리는 모두 "양 같아서 그릇 행하여 각가 제 길로"갔을 뿐입니다(사 53:6).

택하신 자들을 효과적으로 부르시는 하나님께서는 버림받은 자들을 심판하심으로써 그들을 향한 자신의 계획을 실행하십니다. 그런데 왜 하나님께서는 어떤 사람에게는 은혜를 베푸시고, 어떤 사람에게는 심판을 행하실까요? 전자의 경우는 "영생을 주시기로 작정된 자"(행 13:48)이기 때문이며, 후자의 경우는 "멸하기로 준비된 진노의 그릇"(롬 9:21-22)이기 때문입니다. 물론 하나님께서는 전능하시기 때문에 악한 자들을 선하게 바꾸셔서 그들을 구원하실 수도 있습니다. 그럼에도 하나님께서 그렇게 하시지 않는 것은 하나님의 뜻이 다른 데 있기 때문입니다. 그런데 왜 하나님께서 다른 데 뜻을 두시는지는 오직 하나님만 아십니다. 그렇다고 해서 버림받은 자들의 책임을 하나님의 뜻에 두어서는 안 됩니다. 그들은 자신들의 악함과 부패함 때문에 심판을 받기 때문입니다.

마지막으로 디모데전서 2장 4절을 살펴보겠습니다. "하나님은 모든 사람이 구원을 받으며 진리를 아는 데에 이르기를 원하시느니라"라는 말씀입니다. 어떤 사람들은 이 말씀을 근거로 하나님께서는 모든 사람이 구원에 이르기를 원하시지 아무도 유기되도록 예정하시지 않았다고 주장합니다. 하지만 여기서 말하는 "모든 사람"이란 세상 모든 사람이 아니라, '모든 민족', 또는 '모든 계급'을 의미합니다. 하나님께서는 특정한 민족이라 해서 구원하시지 않거나 특별한 계급이라 해서 구원받지 못하도록 하시지 않습니다. 그러므로 여기서 말하는 모든 사람은 하나님께서 구원으로 예정하신 모든 사람을 의미합니다. 하나님께서 구원하시기로 예정하셨다면, 어떤 민족이든 어떤 계급이든 반드시 구원에 이르고 만다는 것입니다.

이처럼 예정론은 우리의 신앙을 혼란스럽게 하는 것이 아니라, 불확실성의 두려움 속에서 건져 주는 은혜로운 교리입니다. 그러므로 우리는 예정론을 비난하는 악한 자들의 비난 앞에서 다음과 같이 외치기

를 부끄러워 말아야 합니다. "이 사람아 네가 누구이기에 감히 하나님
께 반문하느냐"(롬 9:20).

생각나눔

1. 하나님의 부르심 두 가지는 각각 무엇입니까?

2. 어느 정도 자격을 갖춘 사람들이 하나님의 부름을 받는다는 주장은 어떤 점에서
   잘못되었습니까?

25장
최후의
부활

요약

1. 부활 신앙의 근거는 그리스도의 첫 부활과 하나님의 전능하심이다.

2. 예수님의 부활에는 충분한 증거가 있다.

3. 의인은 영원한 생명을 위해, 악인은 영원한 심판을 위해 각각 부활한다.

구원을 말하다가 갑자기 최후의 부활을 설명하는 이유는 부활이 구원의 완성이기 때문입니다. 부활이란 죽었던 육체가 다시 살아난다는 것으로서, 인간의 지성으로는 이해하기 어려운 가르침입니다. 그래서 영혼의 불멸함을 믿는 자들은 많이 있지만, 육체의 부활을 인정하는 자들은 거의 없습니다. 그러나 성경은 우리가 부활을 믿을 수 있도록 두 가지 근거를 제시합니다. 하나는 먼저 부활하신 그리스도의 실례(實例)이며, 또 하나는 하나님의 전능하심입니다.

부활이 의심될 때에는 부활의 실례가 되시는 그리스도를 바라보아야 합니다. 우리의 부활이 확실한 이유는 그리스도께서 실제로 부활하셨기 때문입니다. 사도 바울은 "만일 죽은 자가 다시 살아나는 일이 없으면 그리스도도 다시 살아나신 일이 없었을 터이요"(고전 15:16)라고 말합니다. 또 사도 바울은 우리 안에 계신 성령을 가리켜 "생명"이시라고 부르는데, 이는 하나님께서 우리에게 성령을 주신 목적 중 하나가 우리의 부활이라는 의미입니다.

어떤 사람들은 증거가 부족하다는 이유로 예수님의 부활을 믿지 않습니다. 대신 예수님의 부활이 사실이라면, 왜 그분은 자신을 못 박은 빌라도와 예루살렘 사람들 앞에 무서운 모습으로 다시 나타나시지 않았느냐 반문합니다. 하지만 빌라도와 예루살렘 사람들 앞에 부활의 증거는 충분히 제시되었습니다. 무덤이 큰 돌로 막혀 있었고, 심지어 로마 경비병들이 지키고 있었음에도 불구하고 예수님의 시체가 사라졌습니다. 당시 로마 군병에게서 예수님의 시체를 탈취할 수 있는 사람은 아무도 없었는데도 말입니다. 예수님의 부활이 실제 사건이라는 것 외에는 달리 설명할 길이 없습니다. 뿐만 아니라 제자들은 부활하신 예수님을 한 번 이상 보았고, 심지어 예수님의 손과 발을 만져 보기도 했으며(눅 24:40, 요 20:27), 오백여 명에 이르는 사람들이 일시에 예수님을 보기도 했습니다(고전 15:6). 그리고 예수님의 부활이 사실이 아니라면, 어떻게 예수님을 대적하던 바울이 그분의 종으로 변화될 수 있었겠습니까! 그건 바울이 부활하신 예수님을 실제로 만났기에 가능한 일입니다.

하나님의 전능하심을 생각하는 것도 부활 신앙을 확고히 하는 데 많은 도움이 됩니다. 하나님께서는 권능이 무한하신 분입니다. 부활이 아무리 불가능해 보이는 일이라 할지라도, 하나님께 아무 문제가 되지 않음은 분명한 사실입니다. 욥이 자신의 부활을 의심하지 않았던 것도 하나님의 권능을 바르게 이해했기 때문입니다(욥 19:25-27). 그러므로 우리는 성도가 마땅히 감당해야 하는 신앙의 싸움을 게을리해서는 안 됩니다. 의로우신 하나님께서 면류관을 예비하시고 우리를 기다리고 계시기 때문입니다(딤후 4:8).

어떤 사람들은 악한 호기심을 가진 나머지 죽은 이후의 상태에 대해 망상에 빠지기도 합니다. 대표적인 것이 육체가 죽을 때에 영혼도 함께 죽는다는 생각입니다. 하지만 베드로는 자신의 죽음이 임박한 상태에서, 이제 자신의 영혼이 육신의 장막을 벗을 것이라고 말했습니다(벧후 1:14). 사도 바울 역시 땅에 있는 집(육신)이 무너지면 하늘에 있는 영원한 집이 우리 영혼을 거둬 줄 것이라 가르쳤습니다(고후 5:1). 그러므로 영혼은 육체가 죽을 때에도 죽지 않고 남아 있는 것으로 보아야 합니다. 그렇다면 부활 이전까지 영혼이 머무는 곳은 어디일까요? 우리 주님께서는 그곳을 낙원이라 말씀하셨습니다(눅 24:43). 낙원은 그리스도께서 함께하시는 곳이요, 믿음의 선진들이 우리를 기다리는 곳입니다(눅 16:22). 하지만 그 이상은 성경이 침묵하고 있으므로 더 이상 알 수도 없고, 알려고 해서도 안 됩니다.

죽음에 관한 또 다른 오류는 부활 때에 지금의 몸이 아니라 전혀 다른 새로운 몸을 부여받는다는 생각입니다. 성경은 "예수의 생명이 우리 죽을 육체에"(고후 4:11) 나타날 것이라 말하고, "이 썩을 것이 반드시 썩지 아니할 것을 입겠고 이 죽을 것이 죽지 아니함을 입으리로다"(고전 15:53)라고 말합니다. 이것은 우리가 부활할 때에 전혀 다른 육체가 아니라, 질적으로 변화된 육신을 입을 것이라는 의미입니다. 그래서 제자들은 부활하신 그리스도를 보며 사람이 아닌 존재로는 생각하지 않았던 것입니다.

악인도 마지막 날에 부활하게 될까요? 어떤 사람들은 부활이 그리스도께서 주시는 은혜이기에 불경한 자들도 부활한다는 것은 말이 되지 않는다고 생각합니다. 하지만 성경은 악인 역시 부활할 것이라고 말합니다. 다만 그들의 부활은 생명을 위한 부활이 아니라 심판을 위한 부활입니다(요 5:29). 부활한 악인들은 그리스도의 심판대 앞에서 죄인으로 정죄받고, 영원한 형벌을 받게 될 것입니다.

마지막 날은 생명이 사망을 삼키고 승리하는 날입니다(고전 15:54-55). 우리는 그날에 말로 형언할 수 없는 기쁨과 행복과 영광을 누리게 될 것입니다. 하지만 사도 요한조차 "장래에 어떻게 될지는 아직 나타나지 아니하였"다고 말하였으므로, 성급하게 그날을 생각해선 안 됩니다(요일 3:2).

또한 하늘의 영광이 모두에게 동등하지 않을 것임을 논란의 여지가 없는 분명한 사실로 받아들여야 합니다. 사도 바울은 수고한 자를 위한 면류관을 의심하지 않았고(딤후 4:8), 다니엘 역시 동일한 가르침을 남겼습니다. "지혜 있는 자는 궁창의 빛과 같이 빛날 것이요 많은 사람을 옳은 데로 돌아오게 한 자는 별과 같이 영원토록 빛나리라"(단 12:3). 뿐만 아니라 그리스도께서도 이렇게 하늘의 영광을 약속하셨습니다. "또 내 이름을 위하여 집이나 형제나 자매나 부모나 자식이나 전토를 버린 자마다 여러 배를 받고 또 영생을 상속하리라"(마 19:29).

생각나눔

1. 육체가 죽을 때 영혼은 어떻게 됩니까?
2. 부활 때에 지금과 전혀 다른 몸을 부여받게 됩니까?

제4권
교회와 국가

1장
모든 경건한 자들의 어머니인 교회

요약

1. 교회는 영적인 어머니이므로, 교회를 떠나서는 정상적인 신앙생활이 불가능하다.
2. 교회에는 가시적 교회와 비가시적 교회가 있다.
3. 교회의 표지는 하나님의 말씀이 바르게 선포되고, 성례가 올바르게 시행되는 것이다.

우리가 구원에 이르는 것은 그리스도를 믿는 믿음 때문입니다. 하지만 우리가 무지하고 게으르기 때문에, 하나님께서는 교회의 도움과 사역을 통해 우리를 기르기를 기뻐하셨습니다. 그러므로 우리는 교회를 영적인 어머니로 여기고, 교회 안에서 신앙생활을 해야 합니다.

사도신경은 교회를 "성도가 서로 교통"하는 곳이라고 말하는데, 이것은 교회 안에서 일어나는 성도의 교제를 의미합니다. 하나님께서는 각 사람에게 저마다 다양한 은혜를 베푸시는데, 이 은혜의 열매가 나눠지는 곳이 교회입니다. 하나님께서 우리 모두의 아버지이시며, 그리스도께서 우리의 머리이심을 아는 자들은 하나님께 받은 은혜를 교회 안에서 나누지 않을 수 없습니다.

하나님께서는 자기 백성들이 한순간에 완전해지기보다는 교회의 교육을 통해 장성한 자들로 자라기를 원하셨습니다. 그래서 교회의 교육을 담당할 직분으로 목사를 세우셨습니다. 과거에 제사장들을 율법의 해석자로 세우셔서 그 참된 의미를 깨닫게 하셨던 것처럼 오늘날에는 목사를 가르치는 자로 지명하셔서 우리를 돕도록 하셨습니다. 어떤 사람들은 교만과 시기, 혹은 경쟁심 때문에 설교를 듣는 일 없이 개인적으로 말씀을 읽고 묵상하는 것으로도 충분한 유익을 얻을 수 있다고 생각합니다. 하지만 목사의 설교는 하나님께서 성도들을 하나로 연합하시고 교회를 질서 있게 다스리시는 도구이므로 결코 소홀히 생각해선 안 됩니다(엡 4:12).

그러나 모든 설교가 하나님의 도구로 사용되는 것은 아닙니다. 설교의 권위를 오직 하나님께 둘 때만 목사의 설교가 하나님의 도구로 바르게 사용됩니다. 그래서 사도 바울은 "그런즉 심는 이나 물 주는 이는 아무것도 아니로되 오직 자라게 하시는 이는 하나님뿐이니라"(고전 3:7)라고 말하였고, "그러나 내가 나 된 것은 하나님의 은혜로 된 것이니 내게 주신 그의 은혜가 헛되지 아니하여 내가 모든 사도보다 더 많이 수고하였으나 내가 한 것이 아니요 오직 나와 함께하신 하나님의 은혜로라"(고전 15:10)라고 말했습니다.

성경은 두 종류의 교회를 소개합니다. 하나는 '비가시적 교회'이고, 또 하나는 '가시적 교회'입니다. 비가시적 교회란 보이지 않는 교회라는 뜻으로, 여기에는 현재 이 땅에 살고 있는 성도들만이 아니라 세상이 시작된 이래 택함 받은 모든 성도들이 포함되어 있습니다. 가시적 교회란 볼 수 있는 교회라는 뜻으로, 지금 우리가 속해 있는 지역 교회들을 의미합니다. 그런데 가시적 교회에는 그리스도와 아무 상관이 없는 자들, 이름만 그리스도인인 자들도 상당수 포함되어 있습니다. 그

중에 누가 진정한 하나님의 백성인지는 하나님만 아십니다. 그래서 때로는 버림받은 것처럼 보였던 자들이 교회에 들어오기도 하고, 부름받은 것처럼 보였던 자들이 교회를 떠나기도 합니다. 이것을 아우구스티누스는 하나님의 은밀한 예정에 따라 "많은 양들이 바깥에 있고, 많은 늑대들이 안에 있다"라고 표현했습니다.

교회라는 이름만 있으면 모두 교회라고 할 수 있을까요? 그렇지 않습니다. 역사적으로 교회의 외형은 지녔으되, 실제로는 사탄의 무리에 더 가까운 교회가 수없이 많았습니다. 그렇다면 어떻게 참된 교회와 거짓 교회를 구분할 수 있을까요? 만약 하나님의 말씀이 순결하게 전해지고 그리스도께서 정하신 규례대로 성례가 시행된다면, 거기에 하나님의 교회가 존재한다는 것을 의심해선 안 됩니다(엡 2:20). 이것을 교회의 표지라고 하는데, 이런 표지에는 반드시 하나님께서 주시는 복과 열매가 뒤따르기 마련입니다. 그러므로 이런 표지가 정당하게 시행되는 교회라면 어느 누구도 그 교회의 권위를 무시하고, 교회의 경고들을 업신여기며, 그 훈계와 징계를 대적해선 안 됩니다. 하나님께서 자신의 교회로 인정하실 만한 충분한 표지가 보이는데도 불구하고 그 교회에서 떠나고자 하는 충동을 받는다면, 참으로 위험한 유혹임을 명심해야 합니다.

그렇다면 교리를 전하거나 성례를 시행함에 약간의 오류가 있는 교회와 교제를 끊는 일은 어떨까요? 그것조차도 교회를 떠나는 이유는 될 수 없습니다. 물론 모든 부분에서 완전한 일치를 이루는 것이 가장 좋지만, 누구나 어느 정도의 무지에 싸여 있는 것이 현실임을 인정해야 합니다. 예를 들어 고린도 교회에는 온갖 종류의 죄가 있었습니다.

그것도 가벼운 오류가 아니라 끔찍한 범죄였습니다. 도덕적인 부패뿐만 아니라 교리적인 부패도 있었습니다. 그럼에도 사도 바울은 그들조차도 그리스도의 교회라고 선포했습니다(고전 1:2).

때로는 선한 사람들이 잘못된 열심으로 분열을 조장하기도 합니다. 이렇게 지나치게 까다로운 태도는 참된 거룩에서 비롯된 열심이기보다는 교만과 거룩에 관한 잘못된 생각에서 나오는 것일 가능성이 큽니다. 교회에서 분리를 충동하는 자들에게는 다른 사람들을 무시함으로써 자기들이 다른 사람들보다 더 낫다는 것을 보여 주고자 하는 그런 동기 외에는 아무것도 없는 경우가 대부분입니다. 그래서 아우구스티누스는 이렇게 권면했습니다. "할 수 있는 만큼 긍휼로 교정시켜 주고, 그들로서 할 수 없는 문제에 대해서는 인내로 견디며, 사랑으로 아파하고 슬퍼하며, 하나님께서 그들을 교정시켜 주실 때까지, 아니면 마지막 추수 때에 가라지를 뽑으시고 쭉정이를 날려 버리실 때까지 기다려야 할 것이다"(마 13:12, 40, 눅 3:17).

이에 대해서는 그리스도와 사도들, 그리고 대부분의 선지자들이 모범을 보여 주고 있습니다. 선지자들이 타락한 이스라엘을 묘사하는 내용들을 보면, 참으로 두렵기 그지없습니다. 심지어 이사야 선지자는 예루살렘을 소돔과 고모라에 비유할 정도입니다(사 1:10). 그러나 그렇다고 해서 선지자들은 자기들을 위해서 새로운 교회를 세우거나 따로 희생 제사를 드리기 위해서 새로운 단을 세우지 않았습니다. 하나 됨을 유지하고자 하는 열심이 그들로 하여금 분리를 지향하지 않도록 도와주었던 것입니다. 그리스도와 사도들 역시 마찬가지입니다. 당시 바리새인들의 불경을 비롯해서 온갖 방탕한 삶이 만연했음에도 불구하고 그들은 이런 사람들과 동일한 의식에 함께 참여하거나 함께 성전에 모이기를 꺼리지 않았습니다.

그러므로 조그만 흠이나 티만 있어도 교회로 인정하지 않는 것은 그리스도를 따르는 것이 아닙니다. 단언컨대 이 땅을 사는 동안 그 누구도 완전할 수 없고, 완전한 교회도 있을 수 없습니다. 그럼에도 불구하고 하나님께서 이 땅의 교회를 지켜 주시는 이유는 교회에서 죄사함의 은혜가 항상 베풀어지기 때문입니다. 우리는 평생토록 죄의 흔적을 지니고 살지만, 주님의 끊임없는 죄사함의 은혜로 말미암아 교회로 존재할 수 있습니다. 그러므로 우리는 교회 안에서 끊임없이 용서하며 살아야 합니다. 우리 주님께서 일곱 번씩 일흔 번이라도 용서하라고 말씀하셨던 것처럼 말입니다(마 18:21-22).

생각나눔

1. 교회에서 "성도가 서로 교통 한다"는 말의 구체적인 의미는 무엇입니까?

2. 설교를 듣는 일 없이 개인적으로 말씀을 묵상하는 것만으로 충분합니까?

3. 교회의 표지는 무엇입니까?

2장
참된 교회와
거짓 교회

요약

1. 교회 안에 있는 실수와 죄들을 분열의 구실이 아니라 용서의 기회로 삼아야 하지만, 교리와 성례가 파괴된 교회는 이미 죽은 교회로 보아야 한다.
2. 로마 가톨릭을 떠나는 일은 교회를 분리시키는 일이 아니라 그리스도께로 다시 돌아가는 일이다.

교회 안에는 가라지가 없을 수 없지만, 그럼에도 불구하고 말씀과 성례가 바르게 시행된다면 거기에는 참된 교회가 있는 것으로 보아야 합니다. 또한 교회는 우리의 영적 어머니이기에 교회에 약간의 흠과 티가 있다고 해서 교회를 떠나거나 분열시켜서는 안 됩니다. 그러므로 우리는 교회 안에 있는 실수와 죄들을 분열의 구실이 아니라 용서의 기회로 삼아야 합니다.

하지만 치명적인 상처를 입으면 그 즉시 사람의 생명이 끝나는 것처럼, 교리가 오염되고 성례의 바른 시행이 파괴된 교회라면 그 교회는 죽은 교회로 볼 수 있습니다. 교황 제도 아래에 있는 로마 가톨릭이 바로 그런 교회입니다. 로마 가톨릭은 그리스도의 말씀이 아니라 사악한 제도의 통치를 받고 있고, 주님의 성찬을 대신하는 추악한 미

239

신들을 도입했습니다.

　로마 가톨릭은 순교자의 전통과 주교직의 계승을 근거로 자신들만을 참된 교회라고 생각합니다. 대신 로마 가톨릭에서 떠난 자들을 분리주의자 내지 이단으로 여깁니다. 하지만 그리스도의 복음과 성찬에서 떠난 로마 가톨릭에는 그렇게 말할 수 있는 자격이 없습니다. 순수한 진리를 계승하지 못한 것은 문제가 되지 않고, 교황 제도와 같은 조작된 제도를 계승하지 못한 것은 문제가 된다는 논리는 말이 되지 않습니다.

　사도 바울은 교회가 사람의 제도나 제사장직 위에 세워진 것이 아니라, 사도들과 선지자들의 가르침 위에 세워져 있다고 가르쳤습니다 (엡 2:20). 참된 교회와 거짓 교회를 구분하는 정당한 기준은 바른 말씀의 선포 여부입니다. 그리스도께서 "하나님께 속한 자는 하나님의 말씀을 들나니 너희가 듣지 아니함은 하나님께 속하지 아니하였음이로다"(요 8:47)라고 말씀하신 것도 동일한 이유입니다.

　어떤 사람들은 선지자들이 부패한 예루살렘을 떠나지 않았다는 것을 근거로 로마 가톨릭을 떠난 자들을 분리주의자로 내몹니다. 하지만 그 시대의 선지자들도 미신적인 의식에는 일절 참여하지 않았습니다. 그러므로 교제의 범위를 지나치게 확대하여 부패하고 타락한 예배마저 성도의 교제로 여겨서는 안 됩니다.

　또 어떤 자들은 그렇다고 로마 가톨릭이 완전히 교회가 아니라고 못 박아서는 안 된다고 주장합니다. 사실 그 주장은 일부분 사실입니다. 로마 가톨릭에도 교회의 흔적이 조금 남아 있기는 합니다. 하지만 로마 가톨릭은 교회의 중요한 표지를 완전히 상실했습니다. 말씀의 바른 선포와 성례의 바른 시행은 참된 교회의 표지인데, 로마 가톨릭은 그 둘 모두를 부패시켰습니다. 그러므로 로마 가톨릭에 교회로서의 흔적이 약간 있기는 할지라도 참된 교회라고 할 수는 없습니다. 그런 점에서 로마 가톨릭을 떠나는 일은 분리가 아니라 그리스도께로 다시 돌아가는 일입니다.

생각나눔

1. 교회의 실수와 죄들을 어떤 관점으로 보아야 합니까?

2. 로마 가톨릭을 떠나는 것이 교회를 분열시키는 일이 아닌 이유는 무엇입니까?

3장
교회의 교사들과
사역자들

요약

1. 목사는 사도들이 맡았던 복음 전파와 성례의 시행을 이어받은 직분이다.
2. 장로는 성도들의 도덕적인 잘못을 책망하고 권징하는 직분이며, 집사는 도움이 필요한 자들을 섬기는 직분이다.
3. 교회가 직분자를 세울 때에는 내적인 부르심과 외적인 부르심을 함께 확인해야 한다.

교회의 머리는 그리스도이시기에 그리스도의 말씀만이 교회 안에서 최고의 권위를 가져야 합니다. 하지만 그리스도께서 눈에 보이는 상태로 임재하시지 않기 때문에, 우리 주님께서는 자신을 대신하는 사람들을 세우셨습니다. 성경은 그 직분을 사도와 선지자, 복음 전하는 자, 목사와 교사라고 말합니다(엡 4:11-12). 이들 가운데 목사와 교사 두 가지만 교회에 항상 있는 직분이고, 사도, 선지자, 복음 전하는 자는 초대 교회 당시에만 일시적으로 존재했던 직분입니다.

그리스도께서는 "온 천하에 다니며 만민에게 복음을 전파하라"(막 16:15)고 말씀하시며 사도를 세우셨습니다. 그러므로 사도들은 모든 열방 가운데 복음을 전하여 교회의 처음 기초를 세운 자들입니다. 선지자는 특별한 계시를 하나님께 받는 사람들을 의미하고, 복음 전하는 자는 사도는 아니지만 그들을 대리하여 사역한 자들입니다. 누가, 디모데, 디도와 같은 자들이 여기에 속합니다. 하지만 앞서 말했던 것처럼 사도와 선지자와 복음 전하는 자의 직분은 교회에 영구히 존재하는 것이 아니라, 교회의 기초를 닦아야 했던 초대 교회 시기에만 존재했던 직분입니다. 그러므로 매우 특별한 상황이 아니라, 오늘날처럼 교회가 정상적으로 세워진 시기에는 이 직분들이 있을 자리가 없습니다.

목사는 사도들이 맡았던 복음 전파와 성례의 시행을 이어받은 직분입니다. 차이가 있다면 사도들은 그리스도께서 직접 세우셨고 모든 열방 가운데서 사역했던 반면, 목사는 교회의 공적인 절차를 따라 세워지고, 위임받은 교회 안에서 사역한다는 점입니다. 목사는 교회의 공적인 절차를 따라 세운 직분이기 때문에, 사역지를 옮기거나 사임할 때에도 개인의 의사가 아니라 교회의 의견을 따라야 합니다. 또 사도들과 달리 개교회의 사역자로 부름 받았기 때문에 다른 목사의 사역지를 함부로 침범해서도 안 됩니다.

성경에는 장로의 직분도 소개되고 있는데, 이들은 성도들의 도덕적인 잘못을 책망하고 권징하는 일을 했습니다(롬 12:8). 집사도 초대 교회 때부터 있었던 직분인데, 이들은 어려운 자들에게 구제품을 나누어 주거나 가난하고 병든 자들을 돌보는 일을 했습니다. 원래 집사들이 했던 일도 사도들에게 맡겨져 있었는데, 이 일이 너무 과중하여 설교하는 사역이 지장을 받게 되면서 구제와 봉사의 직분으로 집사를 따로 세웠습니다(행 6:1-6).

교회 안에서 각각의 직분이 매우 중요하기 때문에, 절대 사사로운 방식으로 직분자를 세워서는 안 됩니다. 교회에 가장 치명적인 것 가운데 하나가 자격 없는 자들이 공적인 직분자로 세워지는 일입니다. 그러므로 교회가 직분자를 세울 때에는 내적인 부르심과 외적인 부르심을 동시에 확인해야 합니다. 내적인 소명을 확인하는 일은 그 직분을 감당할 만한 은사와 재능이 있는지를 스스로 점검하는 것입니다. 합당한 은사와 재능이 있다면 하나님께서 그 직분으로 부르셨다고 볼 수 있습니다. 하지만 그것으로 끝이 아닙니다. 하나님의 부르심이 확실하다면 반드시 외적인 부르심도 함께 있어야 합니다. 외적인 부르심은 교회의 객관적인 판단을 의미합니다. 내적인 부르심을 받았다고 하는 사람에 대한 교회의 공적인 통과 절차입니다. 그러므로 교회에서 직분자를 세울 때에는 몇 사람의 의견이 아니라, 온 성도의 투표를 통해 세워야 합니다.

선정된 직분자들은 머리에 손을 얹는 안수식을 통해 세움 받는데, 사도 시대부터 내려온 전통입니다(행 8:17, 19:6). 유대인들에게 안수란 하나님께 구별하여 드린다는 의미를 가지고 있으므로, 사도들도 세우고자 하는 자들을 하나님께 드린다는 의미로 그들 위에 손을 얹었던 것 같습니다. 그러므로 안수에 관한 명확한 명령이 성경에 없다 할지라도, 그 전통을 명령에 준하는 것으로 보아야 할 것입니다.

생각나눔

1. 목사와 사도의 차이는 무엇입니까?

2. 장로와 집사는 각각 어떤 일을 하는 직분입니까?

4장
고대 교회의
정치 제도

요약

1. 고대 교회에는 말씀 사역을 맡은 목사와 교사, 장로, 집사라는 세 부류의 사역자가 있었다.
2. 고대 교회는 사역자들의 생활비를 제외한 대부분의 헌금을 가난한 자들을 돕는 일에 사용했다.

고대 교회는 하나님께서 말씀 가운데 정해 놓으신 것을 최대한 보존하고자 노력했다는 점에서, 역사상 가장 건강한 교회라 할 수 있습니다. 고대 교회에는 말씀을 전하는 목사와 교사, 도덕적인 문제를 책망하고 교정하는 장로, 가난한 자들을 돌보고 구제품을 나누는 집사, 이렇게 세 부류의 사역자가 있었습니다. 원래 목사와 장로는 구별된 직분이 아니었지만, 말씀을 전하는 일에 전문성이 요구되면서 차츰 말씀을 전하는 장로를 따로 구별하여 목사라고 부르게 되었습니다. 그리고 장로 중 한 명을 감독으로 세웠는데, 장로들의 지위가 동등하기 때문에 일어나는 갈등과 분쟁을 예방하기 위함이었습니다.

집사들은 성도들의 헌금을 접수하고 적절한 용도에 분배하는 일을 했습니다. 고대 교회는 사역자들의 생활비를 제외한 대부분의 헌금을 가난한 자들을 돕는 일에 사용했다고 합니다. 그래서 고대 교회의 기록을 살펴보면, 교회가 소유하는 모든 것들은 가난한 자들의 재산이라는 언급을 흔히 볼 수 있습니다. 심지어 집사들이 가난한 자들을 제대로 돕지 않을 경우, 그것을 살인죄에 버금가는 악행으로 여겼다고 합니다. 그래서 당시 장로들 가운데에는 사역자나 가난한 자들이 어려움을 겪지 않도록, 모든 재산을 하나님께 드리고 자발적으로 가난하게 되는 자들이 많았습니다.

처음에는 이런 일들이 자발적으로 이뤄졌는데, 교회의 규모가 커지고 수입이 많아지면서 좀 더 엄격한 법이 필요하게 되었습니다. 그 결과 교회의 수입은 다음의 네 가지로 분류되었습니다. 첫째, 성직자를 위한 것입니다. 둘째, 가난한 자들을 위한 것입니다. 셋째, 교회의 유지와 보수를 위한 것입니다. 넷째, 나그네를 위한 것입니다. 그 결과 교회의 지도자들은 검소하고 절제 있는 음식과 의복 외에는 아무것도 자신을 위해 쓸 수 없었고, 만일 어느 누구라도 사치와 과소비를 하게 되면 다른 장로들에게 질책을 받았으며, 끝까지 돌이키지 않을 때에는 그 직분을 빼앗기기도 했습니다.

고대 교회는 외형을 꾸미는 데에는 거의 돈을 사용하지 않았습니다. 가난한 자들을 돕는 것을 최우선 순위로 여겼기 때문입니다. 그래서 아미다 지방의 감독이었던 아카시우스는 무수히 많은 페르시아 사람들이 기근으로 죽어 가고 있을 때에 성직자들을 모아 놓고, "우리 하나님께서는 먹거나 마시는 분이 아니시니 쟁반이나 잔이 필요없습니다"라고 말하고는 교회의 그릇을 녹여 어려운 자들에게 음식을 제공했다고 합니다. 암브로시우스 역시 "교회가 금을 가진 것은 쌓아 두기 위함이 아니라 쓰고 어려움을 덜어 주기 위함이다. 도움을 주지 않는다면 쌓아 둘 필요가 어디 있는가?"라는 말을 남겼습니다.

고대 교회의 감독들이 가장 주의를 기울였던 일 중 하나는, 다음 세대를 이끌어 갈 영적 지도자를 세우는 일이었습니다. 그래서 감독들은 교회를 섬기는 일에 스스로 헌신하기 원하는 아이들을 부모의 동의하에 따로 구별하여 훈련시켰습니다. 그 결과 고대 교회에서는 잘 준비된 사람이 아니라면 교회의 지도자가 될 수 없었습니다.

생각나눔

1. 고대 교회에서 집사들에겐 어떤 책임이 부여되어 있었습니까?

2. 고대 교회가 외형을 꾸미는 데 거의 돈을 사용하지 않은 이유는 무엇입니까?

5장
교황 제도로 인해 타락하게 된
고대 교회의 정치 제도

요약

1. 말씀의 근거 위에 엄격하게 시행되었던 직분자 선출이 교황의 간섭으로 말미암아 엉망이 되었다.
2. 교회의 직분은 사역을 위한 것이므로 자리만 차지하는 자들은 직분자가 되어선 안 된다.

고대 교회는 하나님의 말씀에 근거하여 직분자를 세웠습니다. 예를 들어 "감독은 하나님의 청지기로서 책망할 것이 없고 제 고집대로 하지 아니하며 급히 분내지 아니하며 술을 즐기지 아니하며 구타하지 아니하며 더러운 이득을 탐하지 아니하며 오직 나그네를 대접하며 선행을 좋아하며 신중하며 의로우며 거룩하며 절제하며 미쁜 말씀의 가르침을 그대로 지켜야 하리니 이는 능히 바른 교훈으로 권면하고 거슬러 말하는 자들을 책망하게 하려 함이라"(딛 1:7-9)와 같은 말씀에 합당한 사람을 모든 성도들의 투표를 통해 선출했었습니다.

하지만 오늘날에는 술주정뱅이, 음행하는 자, 도박꾼과 같은 자들이 감독으로 선출될 뿐만 아니라, 아직 열 살도 채 되지 않은 소년들이 감독의 직분을 받는 경우도 있습니다. 이런 어처구니없는 일들이 일어나게 된 이유는 교회의 직분자를 세우는 일에 교황이 관여하였기 때문입니다. 교황은 자기 마음대로 직분자 선출 권한을 참사회(교회 지도자들의 모임)에 넘겨 주더니, 이제는 세속 정치인들에게 그 권한을 넘겨 주었습니다. 그 결과 자격 없는 자들이 교회를 약탈하는 일이 빈번하게 일어나게 되었습니다.

그리하여 오늘날에는 성도들의 영혼을 돌보는 데 아무 관심 없는 자들이 목사와 장로가 되고, 가난한 자들을 구제하는 일에 아무 마음 없는 자들이 집사가 되는 일이 일어나게 되었습니다. 심지어 교회의 직분을 맡으면 헌금의 일부를 월급으로 받을 수 있기 때문에 자신의 생활비를 위해 교회의 직분자가 되려는 자도 생겨나고, 그와 같은 더러운 이익을 위해 교회의 직분을 돈으로 사는 경우도 생겨나게 되었습니다. 더 놀라운 일은 한 사람이 다섯 개 혹은 여섯 개 교회의 직분자로 임직되는 경우도 있다는 것인데, 이 사람들은 그 직분에서 나오는 수입 외에는 아무런 관심도 없습니다. 그럼에도 교회의 지도자들은 자신들이 사도의 권위를 계승했다고 주장하며, 자신들의 권위 때문에 교회가 망하지 않는다고 장담합니다.

일찍이 그레고리우스는 이렇게 말했습니다. "세상에 성직자들이 가득한데도 추수 때에 일꾼을 찾아보기가 힘듭니다. 이는 우리가 성직자의 직분을 취하고 있으면서도 그 직무를 이행하지 않기 때문입니다", "사랑의 마음이 없기 때문에 이들이 주인은 되고 싶어 하면서도 아버지는 되려고 하지 않습니다. 겸손히 수행해야 할 직분을 오히려 교만한 주인처럼 군림할 직분으로 바꾸고 있습니다", "오 목자들이여, 우리가 대가를 받으면서도 수고하지 않는다면 대체 우리는 무슨 일을 한단 말입니까?", "우리는 바깥 일로 분주하지만 말씀의 사역을 저버렸습니다. 그러면서도 우리가 목사라고 불리기를 바라고 있으니, 이는 우리의 형편을 더욱 가중시키는 일이 아닐 수 없습니다." 그레고리우스는 지금보다 훨씬 건전했던 교회를 향해서도 이런 비판을 남겼는데, 만약 오늘날 교회의 모습을 보면 뭐라고 말할까요?

　그리스도께서는 모든 성도들이 세상의 빛과 소금이 돼야 한다고 말씀하셨습니다(마 5:13-14). 도덕적인 면에서 성도들의 삶이 불신자들의 삶보다 훨씬 뛰어나야 한다는 의미입니다. 하지만 오늘날에는 교회의 지도자들처럼 사치하고, 나약하며, 쾌락적이고, 욕심 많은 사람들이 없으며, 사기와 반역과 배신에 능한 자들이 없습니다. 집사들은 교회의 재물을 가난한 자들에게 나누어 주는 직분을 맡고 있으면서도, 가난한 자들을 섬기기보다는 오히려 교회의 재물로 자기 배를 채우는 데 혈안이 되어 있습니다.

　검소함과 절제와 겸손의 모범을 보여야 할 성직자들이 마치 임금처럼 하인들을 많이 부리고, 건물들을 화려하게 꾸미며, 찬란하고 우아한 의복으로 치장하고, 잔치를 즐긴다는 것이 과연 합당한 일입니까? 하나님께서 더러운 이득을 탐하지 않으며 검소하게 생활하라고 하셨는데도(딛 1:7), 오늘날 성직자들은 이웃의 재산에 손을 댈 뿐만 아니라 나라 전체를 집어 삼킬 듯 욕심을 내고 있으니, 과연 이보다 더 모순된 일이 어디 있을까요? 감독은 교회에서 멀지 않은 곳에 작은 집을 소유해야 하며, 비싸지 않은 음식과 가구들로 생활할 것을 규정하는 고대 교회의 법령에 대해서는 어떻게 대응할까요?

생각나눔

1. 그레고리우스의 비판은 오늘날에도 유효합니까?

2. 교회의 직분자는 어떤 삶을 살아야 마땅합니까?

6장
로마 가톨릭의 수위권

요약

1. 대제사장직을 계승한 것은 교황이 아니라 그리스도다.
2. 교회는 교황이 아니라 그리스도 위에 세워진다.
3. 교황은 베드로의 후계자가 아니며, 설령 그렇다 할지라도 베드로의 특권을 교황이 이어받았다는 근거는 어디에도 없다.

그리스도께서 로마 교회의 지도자였던 베드로에게 모든 교회를 다스릴 권한을 주셨고, 베드로 사후에는 교황이 그 권세를 이어받았다는 주장을 '로마 가톨릭의 수위권'이라고 합니다.

교황주의자들은 이 수위권을 근거로 로마 가톨릭에서 분리된 개혁교회들은 참된 교회일 수 없다는 주장을 펼치고 있습니다. 하지만 이런 주장에는 아무런 근거가 없습니다.

지금부터 로마 가톨릭의 주장이 왜 터무니없는 왜곡인지 하나하나 살펴보려 합니다.

로마 가톨릭의 주장	반론
한 명의 대제사장이 이스라엘 전체를 관장하였으므로, 한 명의 교황이 전 세계 교회를 다스려야 한다.	대제사장직을 계승한 것은 교회가 아니라 그리스도이시므로, 모든 교회를 다스릴 권한은 교황이 아니라 그리스도께 있다.
그리스도께서 베드로에게 "내 어린 양을 먹이라"(요 21:15–17)는 말씀을 세 번이나 하셨으므로, 모든 교회를 다스릴 권한이 베드로에게 있다.	베드로는 다른 장로들에게도 교회를 먹이라고 권면하였다(벧전 5:2). 그러므로 양 떼를 돌보는 책임은 베드로만이 아니라 모든 성도들에게 있다.
그리스도께서는 천국 열쇠의 권한을 베드로에게 주셨다(마 16:19). 그러므로 베드로를 계승한 교황이 모든 교회를 다스려야 한다.	그리스도께서 말씀하신 천국 열쇠는 복음 전파와 그로 말미암아 당하는 고난을 의미한다. 교황이 복음 때문에 고난을 당하고 있기는 한가?
그리스도께서 베드로 위에 교회를 세우시겠다 말씀하셨으므로(마 16:18), 베드로를 계승한 교황 없이는 교회가 존재할 수 없다.	"그리스도 예수께서 친히 모퉁잇돌이 되셨다"는 말씀처럼, 교회는 교황이 아니라 그리스도를 통해 세워진다(엡 2:20–21).
베드로의 이름이 특별히 거명되었으므로, 그가 다른 사람 위에 있는 것이다.	첫째, 베드로는 사도 가운데 한 명이었을 뿐, 다른 사도보다 위에 있지는 않았다. 둘째, 설령 베드로가 다른 사람을 능가한다 하더라도, 베드로의 특권을 다른 사람이 이어받았다는 근거는 어디에도 없다.
베드로에겐 모든 교회를 통치할 권한이 있었고 베드로는 로마 교회의 지도자였으므로, 로마 교회가 모든 교회를 다스려야 한다.	첫째, 베드로에게 특별한 권한이 있었음을 인정한다 하더라도, 로마라는 지역이 베드로의 권한을 이어받는다는 것은 도대체 무슨 논리인가? 이 논리대로라면 모세가 광야에서 죽었으므로, 광야에 있는 교회가 모든 교회를 다스려야 하지 않겠는가?

둘째, 베드로가 로마에서 죽었다는 것은 확실하다. 하지만 그는 이십 년 가까이 예루살렘에서 사역했고, 그 후 대부분의 시간을 안디옥에서 보냈던 것으로 알려져 있다. 사도 바울이 로마 교회에 편지하며 안부를 물을 때에도 베드로에 대해서는 완전히 침묵하고 있다. 그런 점에서 베드로가 로마 교회의 지도자였다는 것은 근거가 희박하다.

생각나눔

1. 예수님께서는 양 떼를 돌보는 책임을 누구에게 맡기셨습니까?

2. 그리스도께서 넘겨 주신 천국 열쇠가 의미하는 것은 무엇입니까?

7장
로마 교황권의 기원과 성장

요약

1. 고대 교회에서는 아무도 스스로를 '감독 중에 감독'으로 높이지 않았다.
2. 교황이 '감독 중에 감독'이 될 수 없는 이유는 감독으로서의 직분을 전혀 감당하지 않기 때문이다.

원래 로마 교회는 평범한 교회였습니다. 그런데 니케아 회의(325년)에서부터 조금 특별한 지위를 얻기 시작합니다. 로마의 감독이 가장 상석에서 회의를 주재했던 것입니다. 하지만 그것은 통상적인 관례가 아니었습니다. 예를 들어 칼케돈 회의(451년)에서는 로마의 감독이 황제의 동의를 구한 후에 회의를 주재했기 때문입니다. 만약 로마의 감독이 회의를 주재하는 것이 공식적인 절차였다면, 황제에게 동의를 구하지 않았을 것입니다. 실제로 제5차 콘스탄티노플 회의(553년)에서는 로마의 감독이 아니라 콘스탄티노플의 감독이 회의를 주재했습니다. 그러므로 로마의 감독에게 모든 교회를 다스릴 권한이 있다는 주장은 어느 순간 슬그머니 들어온 근거 없는 주장에 불과합니다.

교황은 스스로를 "감독 중에 감독"이며, "모든 교회의 머리"라고 칭하고 있습니다. 하지만 고대 교회에서는 아무도 스스로를 "감독 중에 감독"으로 높이지 않았습니다. 오래된 기록들을 보면, 로마의 감독들은 다른 지역의 감독들에게 형제라고 불렸음을 확인할 수 있습니다. 로마 교회가 교만하여 스스로를 높이기 전에는 "최고의 교황"이라든가, "지상 교회의 유일한 머리"와 같은 말은 존재하지도 않았습니다.

그렇다면 로마 교황의 지금과 같은 권세는 어디서부터 비롯되었을까요? 오래 전 동방 교회들이 이단으로 말미암아 어려움을 겪을 때에 정통 신앙의 수호자였던 아타나시우스가 자신의 교회에서 쫓겨나는 일이 있었습니다. 이런 재난 때문에 그는 어쩔 수 없이 로마 교회로 피신하여 로마 감독의 도움을 받게 되었습니다. 그 이후에도 어려움을 겪는 사람들이 로마 교회의 도움을 얻는 일이 자주 있었고, 이것이 마치 관례처럼 되면서 로마의 감독이 전 교회적인 영향력을 행사하게 되었습니다.

사실 로마 교회가 지금과 같은 권세를 얻게 된 가장 큰 이유는 로마가 제국의 수도였기 때문입니다. 그렇다면 제국의 수도가 다른 곳으로 바뀔 때에 교회의 머리도 바뀌어야 하지 않을까요? 실제로 그런 논쟁이 일어난 적이 있습니다. 로마의 황제가 제국의 수도를 로마에서 콘스탄티노플로 바꿔 버렸기 때문입니다. 이때 콘스탄티노플 감독은 로마의 감독을 대신한 새로운 교황이 되려고 했습니다. 하지만 로마 교황의 격렬한 반대 때문에 두 번째 가는 지위를 얻는 것으로 만족해야 했습니다. 그러나 이 사건을 통해 교황이라는 지위가 정당한 근거 위에 세워진 것이 아님을 알 수 있습니다.

과거의 교황들도 막강한 권세를 누렸지만, 오늘날 교황이 누리는 권세에 비하면 아무것도 아닙니다. 교황은 자신을 지상 교회 최고의 우두머리요, 온 세계의 감독으로 칭하고 있습니다. 뿐만 아니라 "나는 모든 사람을 판단할 수 있지만, 대신 아무에게도 판단받지 않는다"라고 교만하게 말하고 있습니다. 교황은 그 근거를 그리스도께서 베드로에게 하신 말씀에서 찾고 있습니다. 주님께서 베드로에게 "내가 너를 위하여 네 믿음이 떨어지지 않기를 기도하였노니"(눅 22:32)라고 말씀하셨기 때문에 교황에게는 아무 오류가 없다는 것입니다. 그렇다면 교황 요한 22세가 "사람의 영혼은 유한하다"라고 말한 것도 진리로 보아야 할까요? 그렇지 않습니다. 요한 22세는 자신의 오류를 공개적으로 인정하고 철회해야 했습니다.

　로마 교황이 "감독 중에 감독"이 될 수 없는 또 하나의 이유는 그가 감독의 직분을 감당하지 않기 때문입니다. 감독은 하나님의 말씀으로 사람들을 가르치고, 성례를 시행하며, 회개하지 않는 자들을 권면하는 일을 해야 합니다. 하지만 교황은 이 중 그 어떤 일도 하고 있지 않습니다. 그러므로 교황은 감독이 아니라 적그리스도라고 보아야 합니다. 사도 바울은 적그리스도가 하나님의 성전에 앉아 있을 것이라고 말했습니다(살후 2:4). 그러므로 적그리스도는 하나님의 교회 안에서 교회를 어지럽히는 자임을 알 수 있는데, 교황이 바로 그런 사람입니다. 또 사도 바울은 적그리스도가 하나님께 돌려져야 할 영광을 가로채고 스스로를 높이는 자라고 말했는데(살후 2:4), 이것 역시 교황에게 합당한 말입니다.

생각나눔

1. 로마 감독이 전 교회적인 영향력을 행사하게 된 계기는 무엇입니까?

2. 로마 교회가 지금과 같은 권세를 얻게 된 가장 큰 이유는 무엇입니까?

처음 시작하는 기독교강요

8장
교황 제도로 인해
더럽혀진 교리

요약

1. 하나님께서 그의 아들 안에서 모든 계시를 성취하셨으므로, 더 이상 추가적인 계시는 있을 수 없다.

2. 교회가 성령 안에서 새로운 교리를 만들어 낼 수 있고 언제나 무오하다는 것은 아무 근거가 없는 주장이다.

오늘날 교황주의자들은 교회가 공적인 회의를 통해 새로운 교리를 만들어 낼 수 있으며, 그것은 하나님의 말씀과 동일한 권위를 가진다고 주장하고 있습니다. 하지만 역사적으로 그 어떤 제사장과 선지자와 사도도 자기 스스로 새로운 교리를 만들어 낸 적은 없습니다. 하나님께서는 누군가를 선지자로 부르실 때에, 반드시 여호와의 입에서 나오는 말씀만을 전하라고 말씀하셨습니다. 하나님께서 에스겔 선지자에게 "인자야 내가 너를 이스라엘 족속의 파수꾼으로 세웠으니 너는 내입의 말을 듣고 나를 대신하여 그들을 깨우치라"(겔 3:17)라고 말씀하신 것이나 예레미야 선지자에게 "꿈을 꾼 선지자는 꿈을 말할 것이요 내말을 받은 자는 성실함으로 내 말을 말할 것이라"(렘 23:28)라고 말씀하신 것이 바로 그런 의미입니다.

심지어 사도들도 동일한 한계 안에 있었습니다. 그리스도께서는 사도들을 보내시면서 "내가 너희에게 분부한 모든 것을 가르쳐 지키게"(마 28:19)라고 말씀하셨지 새로운 교리를 만들어 가르치라고는 말씀하지 않으셨습니다. 심지어 그리스도 자신도 "내 교훈은 내 것이 아니요 나를 보내신 이의 것이니라"(요 7:16)라고 말씀하심으로써 모든 사역자들에게 스스로 모범을 보이셨습니다. 그러므로 교회는 무제한적인 권세가 아니라 주님의 말씀에 종속된 권세만을 가지고 있습니다.

어떤 사람들은 구약 시대의 선지자들이 하나님께 직접 계시를 받았던 것처럼, 오늘날에도 직접 새로운 계시를 받을 수 있다고 주장합니다. 하지만 성경은 "옛적에 선지자들을 통하여 여러 부분과 여러 모양으로 우리 조상들에게 말씀하신 하나님이 이 모든 날 마지막에는 아들을 통하여 우리에게 말씀하셨으니"(히 1:1-2)라고 기록합니다. 이 말씀이 강조하는 바는 이제 하나님께서는 과거에 그러셨던 것처럼 이 사람 저 사람을 통하여 간헐적으로 말씀하시지 않을 것이며, 이 계시와 저 계시를 계속 덧붙이지도 않으신다는 것입니다. 이제 하나님께서는 그의 아들 안에서 모든 계시를 성취하셨으므로, 우리는 이것을 최종적이며 영원한 증언으로 인정해야 합니다. 그러므로 교회가 공적인 회의를 통해 결정한 것은 오류가 있을 수 없다거나 교회가 새로이 만들어 낸 교리도 하나님의 말씀과 동일한 권위가 있다거나 교회가 만들어 낸 교리에 동의하지 않는 자는 그리스도인이 아니라는 주장은 올바르지 않습니다.

로마 가톨릭은 "물로 씻어 말씀으로 깨끗하게 하사 거룩하게 하시고 자기 앞에 영광스러운 교회로 세우사 티나 주름 잡힌 것이나 이런 것들이 없이 거룩하고 흠이 없게 하려 하심이라"(엡 5:26-27)라는 말씀을 교회가 오류 없이 온전하다는 근거로 주장합니다. 하지만 이 말씀은 교회에 전혀 흠과 티가 없다는 뜻이 아닙니다. 교회에는 무언가 모자라는 부분이 있지만 우리 주님께서 점점 거룩하게 변화시켜 주신다는 뜻입니다. 그러므로 그리스도께서 재림하실 때까지는 지상의 교회에 흠과 티가 있음이 분명하고, 교회의 공식적인 결정에도 오류가 있을 수 있음을 인정해야 합니다.

교황주의자들은 교회가 하나님의 성령으로 다스림을 받기 때문에 새로운 말씀을 만들어 낼 수 있고, 심지어 말씀의 범위를 넘어서는 무언가를 정해도 그것을 확고한 하나님의 말씀으로 인정해야 한다고 주장합니다. 하지만 그리스도께서는 성령의 역할에 대해 "진리의 성령이 오시면 그가 너희를 모든 진리 가운데로 인도하시리니 그가 스스로 말하지 않고 오직 들은 것을 말하며 장래 일을 너희에게 알리시리라 그가 내 영광을 나타내리니 내 것을 가지고 너희에게 알리시겠음이라"(요 16:13-14)라고 말씀하셨고, "보혜사 곧 아버지께서 내 이름으로 보내실 성령 그가 너희에게 모든 것을 가르치고 내가 너희에게 말한 모든 것을 생각나게 하리라"(요 14:26)라고 말씀하셨습니다. 성령께서는 언제나 그리스도의 말씀 안에서만, 그리고 그리스도의 말씀을 통해서만 역사하시는 분입니다. 그러므로 교회가 성령 안에서 새로운 교리를 만들어 낼 수 있고, 교회는 언제나 무오하다는 것은 그릇된 주장임이 확실합니다.

생각나눔

1. 교회가 가지고 있는 말씀의 권세는 어떤 제한을 가지고 있습니까?
2. 그리스도께서 오신 이후로 더 이상 추가적인 계시는 없다고 보아야 하는 이유는 무엇입니까?

9장
교회의 공적 회의와 그 권위

요약

1. 그리스도의 말씀이 유일한 기준이 되지 않는 회의라면, 교회를 대표할 수 없다.
2. 실제로 공적인 회의에서 잘못된 결정이 내려진 경우는 수없이 많다.

로마 가톨릭은 공적인 회의가 교회를 대표한다고 생각합니다. 공적인 회의에서 결정한 내용은 무조건 따라야 한다는 것이 그들의 주장입니다. 하지만 성경은 두세 사람이라도 그리스도의 이름으로 모인 곳이라면 거기에 주님께서 함께하신다고 말합니다(마 18:20). 사람의 많고 적음이나 모인 사람의 지위고하가 아니라, 그리스도의 이름으로 모였는지가 중요하다는 것입니다. 그러므로 하나님의 말씀이 유일한 기준이 되지 않는 회의라면, 교회를 대표하는 회의라 할 수 없습니다.

그러면 로마 가톨릭은 이렇게 반론을 제기합니다. 교회의 지도자들이 공적인 회의를 통해 진리를 수호해 왔다는 것입니다. 하지만 지도자들이 있었기에 진리가 보존될 수 있었다는 생각은 너무나 위험한 주장입니다. 성경은 수없이 많은 곳에서 지도자의 타락을 경고합니다(사 56:10-11, 호 9:8, 렘 6:13). 교회의 지도자라고 해서 그들이 모두 참된 목자일 것이라고 생각해선 안 됩니다. 교황과 그 무리들이 하나님의 말씀이 아니라 자기들이 하고 싶은 것을 멋대로 행하는 근거는 자신들이 교회의 지도자라 생각하기 때문입니다.

실제로 공적인 회의에서 잘못된 결정이 내려진 경우는 수없이 많습니다. 예를 들어 아합 왕이 공적인 회의를 소집하여 무려 사백 명이나 되는 선지자들이 모였지만, 그 회의에 임한 것은 하나님의 영이 아니라 사탄의 영이었습니다(왕상 22:6, 22). 미가야와 예레미야를 비롯한 참선지자들이 이단으로 정죄받고 매질당하고 옥에 갇힌 것도 공적인 회의를 통해서였습니다. 심지어 대제사장들과 바리새인들이 모인 예루살렘 회의에서는 예수님을 못 박기로 결정하기도 했습니다. 그러므로 공적인 회의가 교회를 대표하는 것은 아니며, 거기서 결정된 내용에도 오류가 있을 수 있음이 분명합니다.

물론 초기의 회의들, 예를 들어 니케아 회의, 콘스탄티노플 회의, 제1차 에베소 회의, 칼케돈 회의는 성경을 순결하고 온전하게 해명하여 신앙의 원수들을 무너뜨리기 위한 것이었으므로 그 권위를 충분히 인정할 수 있습니다. 하지만 그 이후로 공적 회의들은 점점 타락해 갔습니다. 이레네 황후가 소집한 니케아 회의(787년)에서 성상 숭배를 인정한 것이 대표적입니다.

그러면 로마 가톨릭은 다시 이렇게 주장합니다. 하나님께서 교회의 지도자들에게 복종하라고 하셨으므로, 공적인 회의의 결정을 따르는 것이 옳다는 것입니다(히 13:17). 하지만 모든 지도자가 믿고 따를 참된 지도자인 것은 아닙니다. 예레미야는 헛된 것을 예언하는 선지자들의 말은 듣지 말라 말하였고(렘 23:16), 그리스도께서는 "거짓 선지자들을 삼가라"(마 7:15) 말씀하셨으며, 사도 요한은 "영을 다 믿지 말고 오직 영들이 하나님께 속하였나 분별하라 많은 거짓 선지자가 세상에 나왔음이라"(요일 4:1)라고 말하였습니다. 교회의 지도자라고 하여 모두 믿고 따를 목자인 것은 아니라는 것입니다.

물론 교회에는 성경을 해석할 권한이 있습니다. 그런데 로마 가톨릭은 성경에 없는 것들을 마치 진리처럼 주장하고 있습니다. 대표적인 것이 연옥 교리, 고해성사 교리, 교황 무오설 교리입니다. 이런 것들은 성경에 단 한 마디도 나타나지 않습니다. 그런데 교회가 공적인 회의에서 결의했다는 이유만으로 마치 진리처럼 되어 버렸습니다. 교회는 성경으로만 성경을 해석해야 합니다. 그러므로 로마 가톨릭이 평신도에게 성찬의 잔을 주지 않도록 결정한 것은 모든 사람에게 성찬의 잔을 나누도록 한 그리스도의 말씀을 어긴 것이며(마 26:27-28), 사제들의 혼인을 금지한 것은 혼인을 귀히 여기라는 말씀을 어긴 것입니다(딤전 4:1-3). 그러므로 교회의 공적인 회의가 교회를 대표한다고 보아서는 안 됩니다.

생각나눔

1. 지도자들이 있었기에 진리가 보존될 수 있었다는 로마 가톨릭의 주장은 왜 위험합니까?

2. 교회가 공적으로 결의했다고 해서 진리가 될 수 있습니까?

10장
법을 제정하는 권세를 악용한 교황의 횡포와 살육

요약

1. 주님께서 자유에 맡기신 문제에 억지로 의무를 부과하면 양심이 상처를 받는다.
2. 중립적인 일은 양심을 따라 행동해야 하므로, 로마 가톨릭이 제정한 수많은 규칙 은 오히려 신앙에 해가 된다.

로마 가톨릭은 법을 제정하는 권세가 교회에 있다고 주장하며, 엄청나게 많은 법을 제정해 왔습니다. 하지만 성도의 신앙을 양심이 아니라 법으로 얽어매는 일은 성경적이지 않습니다. 성도들이 그리스도 안에서 은혜를 유지하려면, 그리스도만이 유일한 왕이 되셔야 하고 그리스도의 말씀만이 유일한 규칙이 되어야 합니다.

사도 바울은 고린도 교회 성도들을 권면하면서, "너희의 유익을 위함이요 너희에게 올무를 놓으려 함이 아니니"(고전 7:35)라고 말했습니다. 올무를 놓지 않는다는 것은 규칙으로 양심을 속박하지 않겠다는 의미입니다. 주님께서 자유에 맡기신 문제들에 억지로 의무를 부과하면 양심이 얼마나 큰 상처를 받는지를 분명하게 알았기 때문입니다. 그러므로 로마 가톨릭이 성경에 없는 여러 가지 법을 만든 다음, 그것들을 지키지 않는 자는 영원한 죽음을 당할 것이라고 협박하는 일은 올바르지 않습니다.

살아가다 보면 본질적으로 선하지도 악하지도 않은 중립적인 일들을 맞닥뜨리는 경우가 있습니다. 그런 일들은 양심에 따라 행동해야 합니다. 주님께서 구체적으로 가르치시지 않았거나 구원에 필수적이지 않은 일들은 시대의 관습과 교회의 유익을 따라 유연하게 대처할 필요가 있습니다. 그런데 로마 가톨릭은 중립적인 것들을 반드시 지켜야 할 법으로 정해 놓고서, 성도의 양심을 무용지물로 만드는 오류를 범하고 있습니다.

하나님께서는 율법 속에 선한 삶을 위한 완전한 규범을 담아 놓으셨습니다. 거기에 덧붙일 것은 더 이상 남아 있지 않습니다. 율법에 순종하고 있다면 하나님께서 원하시는 삶을 충분히 살아내고 있는 것입니다. 주님께서는 새로운 의식들을 추가하는 자들을 향해 "사람의 계명으로 교훈을 삼아 가르치니 나를 헛되이 경배하는도다"(마 15:9)라고 말씀하셨습니다. 그런 점에서 교황주의자들의 다음과 같은 주장, 예를 들어 일 년 내내 악한 삶을 사는 것보다 고해성사를 한 번 빠뜨리는 것이 더 큰 죄라는 것, 날마다 음행으로 온 몸을 더럽히는 것보다 금요일에 고기를 먹는 것이 더 악하다는 것, 사제가 간음을 행하는 것보다 혼인을 하는 것이 더 큰 죄라는 것 등은, 자신들이 만든 법을 위해 하나님의 법을 무효로 만드는 일에 지나지 않습니다.

심지어 교황주의자들이 만들어 낸 규칙들은 너무 많아서 모두 지키는 것이 도저히 불가능할 정도입니다. 우리 주님께서는 세례와 성찬, 단 두 가지 성례만을 제정하셨을 뿐인데 말입니다. 이에 대해 아우구스티누스 다음과 같이 말합니다. "우리 주 그리스도께서는 성례를 통해 교회가 하나 되게 하셨는데, 그 성례들은 숫자도 매우 적을 뿐 아니라 그 의미도 탁월하고 지키기도 매우 쉽다." 그의 말처럼 그리스도께서 제정하신 규칙은 번잡하지 않을 뿐 아니라 그리스도의 임재를 매우 분명하게 보여줍니다. 그럼에도 불구하고 불필요한 의식들을 무수하게 추가하여 성도들을 완전히 압도시키는 것은 주님의 뜻에 어긋나는 일입니다.

하지만 교회가 법을 제정할 필요가 없다는 뜻은 아닙니다. 사도 바울은 교회 안의 모든 일을 품위와 질서가 있게 행하라고 하였습니다(고전 14:40). 그러므로 우리는 교회 안에서 일어나는 일들이 명확한 법을 통해 체계를 갖추고, 예의가 확립되도록 해야 합니다. 예를 들어 성례를 위엄 있게 시행하는 일, 죽은 사람을 장사할 때 품위 있게 하는 일, 기도와 설교 시간을 정하는 일, 함께 찬송을 부르는 일, 이런 것들에 관한 규정은 정당한 법이라 할 수 있습니다.

생각나눔

1. 사도 바울이 고린도 교회에게 "올무를" 놓지 않겠다고 한 것은 어떤 의미입니까?

2. 중립적인 일은 어떤 기준을 따라 행해야 합니까?

11장
재판권을 남용한 로마 교황청

요약

1. 세상의 재판권은 육에 관한 것이지만, 교회의 재판권은 영에 관한 것이다.
2. 세상의 재판은 죄를 벌하는 것 자체가 목적이지만, 교회의 재판은 회개를 촉구하는 것이 목적이다.

재판권은 교회가 가진 중요한 권세 가운데 하나입니다. 교회는 거룩함의 보존을 위해 시초부터 재판권을 시행했습니다. 사도 바울의 서신서에는 다스리는 권세에 관한 언급이 자주 등장하는데(고전 12:28, 롬 12:8, 딤전 5:17), 바로 이것이 교회의 재판권을 의미합니다. 우리 주님께서도 정당한 재판권을 통해 교회의 거룩함을 지켜야 한다고 말씀하셨습니다(마 18:15-18).

교회의 재판권은 세상의 재판권과는 다릅니다. 세상의 재판권은 육에 관한 것이지만 교회의 재판권은 영에 관한 것입니다. 세상의 재판권에는 형벌의 권한이 있지만, 교회의 재판권에는 형벌을 가할 권한이 없습니다. 예를 들어 세상의 재판정은 살인자에게 형벌을 가할 수 있지만, 교회에는 그럴 권한이 없습니다. 반대로 세상의 재판정은 죄인에게 마음의 회개까지 요구할 수 없지만 교회에는 그럴 권한이 있습니다. 그래서 세상 법정이 요구하는 형벌을 모두 받은 사람이라 할지라도 진심으로 회개하지 않은 자라면, 교회는 그 사람이 성찬에 참여하는 것을 금지할 수 있습니다. 또 다른 차이는 재판권을 시행하는 목적입니다. 세상의 재판정은 죄를 벌하는 자체가 목적이지만, 교회의 재판은 회개를 촉구하는 것이 목적입니다. 그러므로 교회의 재판권은 세상의 재판권과 분리되어 시행되어야 합니다.

그런데 로마 가톨릭은 교회의 재판권을 무가치하게 여기고 이 권한을 세상의 관원들에게 넘겨 주었습니다. 그 결과 영적인 문제들이 세속적인 문제들과 똑같이 취급될 뿐만 아니라, 음행과 술취함 같은 영적으로 심각한 문제들이 묵인되는 일이 발생하고 있습니다.

더욱 심각하게도 교회의 권세를 세상에 넘겨 준 감독들이 오히려 세상의 권세는 서로 가지려고 합니다. 우리 주님께서는 교회의 지도자들이 영적인 권위와 세상의 권위를 동시에 가지는 것을 금지하셨습니다(마 20:25-26, 눅 22:25-26). 교회의 지도자가 하는 일과 세상의 지도자가 하는 일이 너무나 다르기 때문입니다. 사도들은 말씀 사역과 구제 사역을 동시에 감당할 수 없었기에 구제의 사역을 내려놓아야 했습니다. 그런데도 교황주의자들은 교회의 일과 세상의 일을 동시에 다 할 수 있다고 주장하며 세상 권력을 탐하고 있으니, 부끄러움을 모르는 자들이라고 볼 수밖에 없습니다.

원래 교황은 로마 교회의 감독에 지나지 않았습니다. 하지만 점점 귀족들의 권세를 약탈하더니, 이어서 왕들의 권세를 약탈하고, 지금은 제국 전체를 손아귀에 넣고 있습니다. 교황주의자들은 이 권세가 베드로에게서 온 것이라고, 또는 콘스탄티누스 황제로부터 헌정받은 것이라고 주장하지만, 그 어떤 주장도 사실이 아닙니다. 베드로는 한 번도 세상 권세를 가진 적이 없었으므로, 자신이 가지지 못한 것을 후계자에게 물려줄 수는 없었을 것입니다. 콘스탄티누스 헌정설도 아무런 역사적 근거가 없습니다.

교황과 감독들은 영적 권세를 가지고 양무리를 돌보아야 했지만, 세상 권세에 탐닉하느라 교회를 돌보지 않았습니다. 그 결과 자기 자신을 망가뜨렸을 뿐만 아니라, 그들의 후계자들과 교회까지 망가뜨렸습니다. 오랫동안 교황주의자들이 한 일이라곤 다른 사람의 통치 영역을 빼앗기 위해 싸우고, 약탈하고, 피 흘린 것밖에 없는데, 도대체 그들은 어떤 저주를 받아야 합당할까요?

생각나눔

1. 교회의 재판권과 세상의 재판권은 시행 방식에서 어떤 차이가 있습니까?

2. 교회의 재판권과 세상의 재판권은 시행 목적에서 어떤 차이가 있습니까?

12장
교회의
권징

요약

1. 권징은 은밀한 죄와 공적인 죄를 구분해서 시행해야 한다.
2. 교회가 권징을 시행하는 목적은 첫째, 하나님의 영광을 위함이며, 둘째, 교회의 거룩함을 위함이며, 셋째, 죄인들의 회개를 위함이다.
3. 금식을 할 때에는 첫째, 진실된 마음의 회개가 있어야 하며, 둘째, 경건을 돕기 위한 수단으로 사용해야 하며, 셋째, 그것을 대단한 공로로 여기지 않아야 한다.

권징은 교회의 질서를 허무는 자들을 징계하거나 출교하는 것을 의미합니다. 어떤 사람들은 교회에서까지 권징이 시행된다는 사실을 가혹한 처사로 생각하지만, 아무리 작은 공동체라도 규율이 있어야 한다는 점을 생각한다면, 가능한 질서를 유지해야 할 교회에서는 더욱더 권징이 필요함을 알 수 있습니다. 그런 점에서 권징은 그리스도의 교리를 대적하는 자들을 억제하는 고삐이며, 그리스도께 관심이 없는 자들의 마음을 일으키는 박차이고, 타락한 아들을 징계하는 아버지의 채찍이라고 할 수 있습니다.

권징은 은밀한 죄와 공적인 죄를 구분해서 시행해야 합니다. 먼저 은밀하고 개인적인 죄는 세 가지 단계를 따라야 한다고 그리스도께서 말씀하셨습니다(마 18:15-17). 가장 먼저는 개인적으로 찾아가서 회개를 요구하는 것이고, 그래도 듣지 않으면 두세 사람의 증인과 함께 찾아가는 것이며, 그래도 돌이키지 않으면 교회에서 공적으로 처리해야 하는데, 만일 그때까지도 죄를 인정하지 않으면 교회에서 추방하는 것이 마땅합니다.

하지만 공개적이고 공적인 죄는 발견하는 즉시 교회에 알려서 엄숙한 책망을 받도록 해야 합니다. 사도 바울은 이와 같은 경우에 "범죄한 자들을 모든 사람 앞에서 꾸짖어 나머지 사람들로 두려워하게 하라"(딤전 5:20)라고 말하였고, 실제로 베드로가 중대한 실수를 했을 때에 교회 앞에서 공개적으로 책망하였습니다(갈 2:14).

가벼운 죄와 무거운 죄도 구분할 필요가 있습니다. 후자의 경우에는 훈계와 책망을 시행할 뿐만 아니라 좀 더 엄중한 방법을 사용해야 합니다. 예를 들어 사도 바울은 고린도 교회 안에 음행하는 자들이 있다는 말을 듣자마자 그들을 질책하고 출교하였습니다(고전 5:3 이하).

교회가 권징을 시행하는 목적은 크게 세 가지입니다. 첫 번째는 더럽고 부끄러운 삶을 사는 자들로 말미암아 하나님의 영광이 훼손되기 때문입니다. 교회는 그리스도의 몸이기 때문에(골 1:24), 더럽고 추한 성도들을 용납해선 안 됩니다. 두 번째는 적은 누룩이 온 덩어리에 퍼지는 것처럼, 규제되지 않는 죄는 온 교회에 확산되기 때문입니다. 사도 바울이 고린도 교회 성도들에게 음행하는 사람들과의 교제를 끊어야 한다고 했던 것도 그런 이유 때문입니다. 세 번째는 죄인들이 자신의 부패한 모습을 부끄럽게 여겨 회개에 이르도록 하기 위해서입니다. 사도 바울이 "이런 자를 사탄에게 내주었으니 이는 육신은 멸하고 영은 주 예수의 날에 구원을 받게 하려 함이라"(고전 5:5)라고 했던 것은 바로 그런 의미라고 볼 수 있습니다.

그런데 교회의 권징은 절대 가혹해선 안 됩니다. 사도 바울은 "온유한 심령"(갈 6:1)으로 권징해야 한다고 말했습니다. 만약 교회의 권징이 적당한 수준을 넘어서게 된다면, 그 권징은 회개하여 돌이키는 수단이 아니라 파멸의 도구로 밖에 볼 수 없습니다. 교부 크리소스토무스는 "하나님께서 그토록 자비하신데, 어째서 그의 사제가 그렇게 가혹하게 보이고 싶어 한단 말인가?"라는 말을 남겼습니다. 그러므로 교회는 죄를 지은 성도를 권징할 때, 그의 회개와 돌이킴을 위해 쉼 없이 기도해야 마땅합니다.

교회가 죄인에게 회개의 증거로 요구했던 것 가운데 하나가 금식입니다. 그런데 금식에 관한 잘못된 생각이 널리 퍼져 있기 때문에 이것을 좀 더 살펴보려고 합니다. 거룩하고 정당한 금식은 세 가지 목적을 가지고 있습니다. 첫째, 육체를 연약하게 하여 제멋대로 행동하지 않도록 하는 것. 둘째, 기도와 묵상을 준비하는 것. 셋째, 우리의 허물을 고백하며 진실로 우리가 자신을 낮춘다는 것을 나타내는 것입니다.

금식을 할 때는 다음의 오류들을 조심해야 합니다. 첫 번째 오류는 마음을 찢지 않고 옷만 찢는 경우입니다(욜 2:13). 자기 죄에 대한 진정한 후회나 하나님을 두려워하는 데서 오는 진정한 안타까움이 없는 금식은 아무 가치가 없습니다. 두 번째 오류는 금식을 하나의 공로나 예배의 한 형식으로 여기는 것입니다. 하지만 금식 그 자체로는 선하지도 악하지도 않은 중립적인 것이므로, 기도와 묵상과 같은 것들을 돕기 위한 수단이 아니라면 아무 소용이 없습니다. 세 번째 오류는 금식을 신자의 중요한 의무처럼 여기면서, 그것을 행하고 난 후에 마치 고귀한 일을 행한 것처럼 생각하는 것입니다. 하지만 그리스도께서 금식을 행하신 것도 어떤 모범을 보이신 것이 아니었고, 금식과 함께 복음 사역을 시작하심으로써 그 복음이 인간에게서 온 것이 아니라 하나님께로부터 왔다는 것을 보이고자 하셨던 것뿐입니다.

권징의 대상에는 성직자들도 포함됩니다. 성직자들은 삶으로 모범을 보여야 하기 때문에 오히려 일반 성도들보다 더욱 엄격한 제재를 받아야 합니다. 하지만 오늘날 성직자들은 일반 성도들은 가혹하게 권징하면서도 자신들은 예외인 것처럼 행동하고 있습니다. 단 하나 결혼에 관한 것만 제외하고 말입니다. 로마 가톨릭은 다른 모든 부분에는 관대하면서 오직 결혼에 관해서만 극도로 경직되고 가혹한 자세를 보이고 있습니다. 그들 가운데 만연한 음행의 죄에는 침묵하면서도 말입니다.

하지만 결혼은 우리 주님께서 성도 개개인의 자유에 맡겨 두신 것이므로, 아무도 이 자유를 구속할 수 없습니다. 그래서 사도 바울은 감독의 자격으로 한 아내의 남편일 것을 요구했고(딤전 3:2, 딛 1:6), 혼인을 금하는 자들을 불경한 자요 귀신이라고까지 했던 것입니다(딤전 4:1, 3). 심지어 그리스도께서는 결혼을 자신과 교회의 신성한 연합을 상징하는 것으로 삼으실 정도로 그것을 귀하게 높이셨습니다(엡 5:23-24, 32). 사도들의 경우를 보더라도 대부분 아내가 있었을 뿐만 아니라, 베드로의 경우에는 아내와 함께 복음 사역을 하기도 했습니다(고전 9:5). 교황주의자들이 그토록 신성시하는 공적인 회의의 결정도 동일합니다. 니케아 회의에서는 남자가 자기 아내와 동거하는 것이 순결한 일이라고 결의했습니다. 독신은 결코 완전함에 이르는 길이라 할 수 없으며, 독신 사제가 더 거룩하다는 주장도 올바르지 않습니다.

1. 은밀한 죄와 공적인 죄의 권징은 각각 어떻게 시행되어야 합니까?

2. 권징을 시행하는 목적 세 가지는 무엇입니까?

13장

경솔한 서원은
자신을 괴롭히는 것에 지나지 않음

요약

1. 하나님의 기준을 벗어난 서원은 하나님께서 받지 않으신다.
2. 우리의 한계를 벗어난 서원은 하나님께서 받지 않으신다.
3. 서원 자체가 목적인 서원은 하나님께서 받지 않으신다.

어리석은 성도들은 로마 가톨릭이 지운 무거운 짐을 지는 것도 부족하여, 서원을 통해 자신에게 더 엄격한 의무를 지움으로써 자기 스스로를 괴롭히고 있습니다. 하지만 경건하고 거룩한 삶을 위해 필요한 것들은 율법 안에 모두 포함되어 있으므로, 우리가 하나님을 기쁘시게 하기 원한다면 새로운 행위를 창안할 것이 아니라 이미 주어진 말씀에 귀를 기울여야 합니다.

하지만 모든 서원이 부당한 것은 아닙니다. 다음의 세 가지를 잘 생각한다면 정당한 서원이 될 수 있습니다.

첫째, 누구에게 서원을 하는가?
둘째, 서원을 하는 우리는 누구인가?
셋째, 무슨 의도로 서원을 하는가?

첫 번째를 생각해야 하는 이유는 우리가 하나님을 대한다는 사실을 잊지 않기 위해서입니다. 하나님께서는 말씀에서 벗어난 모든 것들을 미워하시므로(골 2:23), 아무리 사람의 눈에 화려하고 아름답게 보인다 할지라도 하나님의 기준을 벗어난 것이라면 하나님께서 받지 않으심을 기억해야 합니다.

두 번째를 생각해야 하는 이유는 우리 능력과 한계 안에서 서원하기 위해서입니다. 어떤 사람들은 가능한 크고 대단한 것을 서원하는 것이 좋다고 생각하지만, 사실 그것은 경솔한 행동에 지나지 않습니다. 우리는 하나님께 받은 것 이상으로 하나님께 드릴 수 없습니다. 그러므로 하나님께서 주신 능력과 은사를 벗어나는 맹세는 합당한 서원이 아닙니다. 그런 점에서 사제들과 수도사들과 수녀들이 하는 독신의 서원은 하나님께서 기뻐하시는 맹세라 할 수 없습니다. 하나님께서는 사람이 혼자 사는 것이 좋지 않다고 말씀하셨으므로(창 2:18), 독신의 서원은 우리의 한계를 넘어서는 것이요 하나님을 시험하는 일입니다.

세 번째를 생각해야 하는 이유는 하나님께서는 외모를 보시지 않고 마음을 보시기 때문입니다. 똑같은 행동을 하더라도 우리의 마음 자세에 따라서 하나님께서 기뻐하실 수도, 또는 기뻐하지 않으실 수도 있습니다. 예를 들어 포도주를 금하겠다는 서원을 할 때에, 그 행위 자체를 거룩하게 생각해서 하는 것이라면 그것은 미신적인 신앙입니다. 하지만 어떤 선한 목적을 위해서 금하는 것이라면 정당한 서원이라 할 수 있습니다.

선한 의도로 정당하게 서원하는 것은 크게 두 부분으로 나눌 수 있습니다. 하나는 과거에 관한 것인데, 여기에는 감사와 회개의 서원이 포함됩니다. 과거에 베풀어 주신 은혜에 감사하는 마음으로 무언가를 서원하거나 자신이 지은 죄를 부끄러워하고 거기서 멀어지기 위해 특정한 서원으로 자신을 철저하게 매어 놓는 것은 충분히 허용될 수 있는 서원입니다.

또 하나는 미래에 관한 것인데, 이것은 우리를 좀 더 조심성 있게 만들고 우리가 의무를 다하도록 자극을 줍니다. 예를 들어 특정한 일 때문에 번번이 죄를 짓는 사람이 있다면, 그 사람이 서원을 행하여 그 일을 일시적으로 삼가는 것은 전혀 어리석은 일이 아닙니다. 다만 그 서원이 하나님 보시기에 합당해야 하고, 우리의 능력과 한계를 벗어나지 않는 것이어야 합니다.

이미 부당한 것을 서원한 사람은 어떻게 해야 할까요? 모든 거리낌을 제거하기 위해 간단히 말하자면, 불법하고 부적절한 서원은 그 자체가 하나님 앞에서 아무 가치가 없으므로, 우리에게도 무효라는 사실입니다. 정당한 일이 아니라면, 하나님께서는 그런 행위를 시작하는 것도 금지하시지만, 그런 행위를 계속하는 일도 금지하십니다.

생각나눔

1. 서원의 대상이 누구인지를 생각해야 하는 이유는 무엇입니까?
2. 서원을 하는 우리가 누구인지를 생각해야 하는 이유는 무엇입니까?

14장
성례

요약

1. 성례는 우리의 연약한 믿음을 굳건하게 만들어 준다.
2. 성례 그 자체에 신비한 힘이 있는 것은 아니다. 말씀과 함께 성령의 역사가 있어야 한다.

앞에서 교회의 표지가 바른 말씀의 선포와 성례의 시행이라고 말했습니다. 그런데 성례를 시행할 때 잘못된 두 가지 견해를 조심해야 합니다. 한 가지는 성례는 형식에 불과하기 때문에 말씀만 있으면 된다는 주장이고, 또 하나는 성례 그 자체에 신비한 힘이 있으므로 말씀 없이도 효력이 나타난다는 주장입니다.

성례에 대한 잘못된 이해

1. 성례가 마치 헛되이 주어진 것처럼, 그것을 대적하고 그 은밀한 의미를 파괴하고 약화시켜서 그것들이 우리에게 전혀 열매를 맺지 못하도록 만드는 것
2. 성례를 눈에 보이는 말씀 이상으로 생각하여 오직 그리스도께서만 주실 수 있는 은혜를 성례 그 자체에 돌리는 것

먼저 성례가 형식에 불과하다는 주장을 살펴 보겠습니다. 우리의 믿음은 연약하기 때문에 버팀목이 필요하고, 그래서 하나님의 말씀을 더욱 확실하게 믿도록 도와주는 성례가 필요합니다. 우리는 땅에 속한 사람이기 때문에 땅에 속한 것들을 통해서 복음을 보게 하는 일이 필요합니다. 그래서 아우구스티누스는 성례를 가리켜 "눈에 보이는 말씀"이라고 말했습니다. 성례가 하나님의 약속들을 마치 그림으로 그려 놓은 것처럼 우리 눈앞에 보여 주기 때문입니다. 그러므로 성례가 형식에 불과하다는 것은 잘못된 주장입니다.

성례 그 자체에 신비한 힘이 있다는 것 역시 마찬가지입니다. 성례가 실제적인 효력을 발휘하려면 말씀과 함께 성령의 역사가 있어야 합니다. 말씀을 통해 성례가 상징하는 것을 이해하고, 동시에 성령께서 우리 영혼의 문을 여셔서 성례를 받아들이도록 하실 때에 비로소 성례들이 그 역할을 정당하게 수행하게 됩니다. 말씀과 성령의 역사가 없다면 성례는 우리 마음에서 아무것도 이룰 수가 없습니다. 그러므로 우리는 다음과 같은 세 가지 사실을 확인할 수 있습니다.

첫째, 주님께서 그의 말씀으로 우리를 가르치시고 교훈하신다.
둘째, 성례를 통해서 확증하신다.
셋째, 성령의 빛으로 우리 마음을 열어 주셔서 말씀과 성례가 그 안에 들어가게 하신다.

성례를 넓은 의미에서 본다면, 하나님의 약속을 믿도록 도와주는 모든 실례들을 성례라고 할 수 있습니다. 예를 들어 아담의 생명나무,

처음 시작하는 기독교강요

노아의 무지개, 할례와 제사 제도 같은 것도 성례라고 할 수 있습니다. 하지만 그리스도께서 오심으로써 신약의 교회는 그 모든 것들을 폐지하고 오직 세례와 성찬 두 가지만 성례로 시행하고 있습니다. 구약의 성례들은 오실 그리스도를 희미하게 보여 주는 예식이었기 때문에 이제는 더 이상 시행할 필요가 없어진 것입니다.

생각나눔

1. 성례가 형식에 불과하다는 주장은 왜 잘못되었습니까?

2. 성례 자체에 신비한 힘이 있다는 주장은 왜 잘못되었습니까?

15장
세례

요약

1. 세례는 우리가 하나님의 자녀로 입양되었음을 나타내는 공적인 표시일 뿐만 아니라, 영적으로도 매우 유익한 의식이다.
2. 세례의 유익은 그 자체나 그것을 시행하는 사람에게서 오는 것이 아니라, 세례를 제정하신 주님의 약속에 달려 있다.

세례는 입문(入門)의 표시입니다. 우리가 하나님의 자녀이며 교회의 일원이 되었음을 나타내는 표시가 바로 세례입니다. 세례는 우리에게 세 가지 도움을 줍니다.

> 첫째, 우리의 죄가 모두 씻겨 깨끗해졌음을 보증해 준다.
> 둘째, 우리가 그리스도 안에서 죽고 그리스도 안에서 다시 살아났음을
>   보여 준다.
> 셋째, 우리가 그리스도와 연합되어 있음을 보증해 준다.

첫 번째 의미는 사도 바울의 가르침 속에 잘 나타납니다. "물로 씻어 말씀으로 깨끗하게 하사 거룩하게 하시고"(엡 5:26). 이것은 우리의 죄 씻음과 구원이 물로 이루어진다거나 물 그 자체에 깨끗이 씻고 중

생하게 하고 새롭게 하는 능력이 있다는 의미가 아닙니다. 우리가 그런 은혜를 받았음을 세례라는 의식을 통해 확신할 수 있다는 의미입니다.

두 번째 의미 역시 사도 바울의 가르침 속에 잘 나타납니다. "그러므로 우리가 그의 죽으심과 합하여 세례를 받음으로 그와 함께 장사되었나니 이는 아버지의 영광으로 말미암아 그리스도를 죽은 자 가운데서 살리심과 같이 우리로 또한 새 생명 가운데서 행하게 하려 함이라"(롬 6:4). 사도 바울은 그리스도의 죽음과 부활에 우리가 연합되었음을 나타내는 상징이 바로 세례라고 말합니다. 물에 잠기는 것은 그리스도와 함께 죽었음을 나타내고, 물속에서 일으킴을 받는 것은 그리스도와 함께 다시 살았음을 나타낸다는 것입니다. 세례가 상징하는 이 의미를 분명히 믿는다면, 우리는 반드시 죄에 대하여는 죽고 의에 대하여는 산 자로 살기 위해 노력해야 합니다(롬 6:11).

세 번째 의미는 예수님께서 친히 요한의 세례를 받으신 사실에서 잘 드러납니다. 죄가 없으신 예수님께서 세례를 받으셨던 것은 우리와 세례를 공유하심으로써 주님과 우리가 연합되어 있다는 사실을 나타내고자 하셨던 것입니다. 그래서 사도 바울은 세례를 우리가 그리스도로 옷 입는 의식이라고 말합니다. "누구든지 그리스도와 합하기 위하여 세례를 받은 자는 그리스도로 옷 입었느니라"(롬 3:27).

여기에 더해서 세례는 우리의 신앙을 공적으로 고백하는 의미도 가집니다. 우리가 하나님의 백성이 되었음과 모든 그리스도인들과 동일한 신앙을 가지게 되었음을 공개적으로 시인하는 의식이 세례라는 것입니다. 그러므로 세례를 받은 사람이라면, 그 사람이 세례 시에 행한 믿음을 철회하지 않는 한, 우리와 동일한 믿음 안에 있는 사람으로 인정해 주어야 합니다.

세례에 관한 가장 큰 오해는 마치 세례 자체에 능력이 있는 것처럼 생각하는 것입니다. 하지만 세례는 우리가 받은 은혜를 상징적으로 보여 주는 의식에 불과합니다. 그래서 우리가 믿음으로 받아들이는 만큼만 유익을 누릴 수 있습니다. 그런 점에서 세례를 통해 아무 유익을 누리지 못하고 있다면 그것은 전적으로 우리의 책임입니다. 세례에 주어진 약속을 우리가 믿지 않았다는 증거이기 때문입니다.

또 다른 오해는 세례의 효력이 그것을 시행하는 사람에게 있다고 생각하는 것입니다. 하지만 세례의 효력은 그것을 제정하신 하나님께 있음을 잊어선 안 됩니다. 예를 들어 사람들 사이에 편지를 주고받을 때, 보낸 사람이 누군지만 확실하게 증명된다면 그 편지를 전달한 사람이 누구인지는 아무 문제가 되지 않는 것과 같습니다. 그러므로 로마 가톨릭에서 받은 세례라 할지라도 정당한 세례로 보아야 합니다. 비록 그것이 불경한 우상 숭배를 일삼는 사람들에 의해 집행되었지만, 성부와 성자와 성령의 이름으로 베풀어진 것이기 때문입니다.

어떤 사람들은 세례를 집행할 때 세례를 받는 사람이 물속에 완전히 잠겨야 하는지, 아니면 물을 뿌리는 것만으로 충분한지로 심각한 논쟁을 벌이고 있습니다. 하지만 그것은 중요한 문제가 아니며, 교회들이 재량껏 시행할 수 있는 부분입니다. 다만 성경에 기록된 "세례를 주다"라는 단어는 물에 완전히 담그는 것을 뜻하며, 고대 교회에서도 그렇게 시행되었습니다.

마지막으로 살펴볼 것은 개인들이 사사로이 세례를 시행할 수 있느냐 하는 문제인데, 이것은 그럴 수 없다고 보아야 합니다. 성찬과 더불어 세례도 주님께서 교회에 공적으로 부여한 사역이기 때문입니다. 그리스도께서는 모든 사람에게 세례의 집행권이 있음을 말씀하시지 않았고, 오직 사도들에게만 그 명령을 주셨습니다. 그런데 로마 가톨릭에서는 세례가 구원에 필수적이라고 주장하며 임종 직전에 있는 사람에게는 누구든지 세례를 줄 수 있다고 가르치고 있습니다. 우리의 구원이 오직 그리스도의 대속 죽음에 달려 있음을 믿는다면, 이런 주장이 얼마나 허황된 것인지 분명히 알 수 있을 것입니다.

생각나눔

1. 물 그 자체에 우리의 죄를 씻는 능력이 있습니까?

2. 물에 잠기는 것과 물에서 일으킴 받는 것의 의미는 각각 무엇입니까?

16장
유아 세례

요약

1. 세례에 주어진 약속과 할례에 주어진 약속은 정확하게 일치한다.
2. 유아가 할례를 받아야 했다면, 유아가 세례를 받아야 하는 것은 당연하다.

유아 세례는 하나님께서 제정하신 것이 아니며 성경적 근거도 전혀 없는 의식이라고 주장하는 사람들이 있습니다. 하지만 유아 세례와 할례의 의미를 비교해 보면, 유아 세례 역시 하나님께로부터 온 것임을 알 수 있습니다. 성경은 세례를 '죄 씻음'과 '그리스도의 죽음에 동참하는 것'이라 말합니다. 그런 점에서 세례는 할례와 동일한 의미를 가지는 의식입니다.

여호와께서 아브라함에게 할례를 시행하도록 명령하셨을 때, 그는 먼저 자신이 아브라함과 그 후손들의 하나님이 되실 것과 아브라함에게 모든 것을 풍족히 베풀어 주실 것을 약속하셨습니다. 이 약속의 핵심은 영생입니다. 그런데 영생에 이르는 첫 걸음은 '죄사함'입니다. 여호와께서는 아브라함과 언약을 맺으시면서 그에게 여호와 앞에서 올바르고 순전한 마음으로 행하라고 말씀하셨는데(창 17:1), 이것은 '육체를 죽이는 일'에 해당된다고 할 수 있습니다. 그러므로 세례를 통해서 우리에게 주어지는 약속과 할례를 통해서 우리에게 주어지는 약속은 정확하게 일치합니다.

또 신약의 세례에는 교회의 일원이 되었음을 공적으로 표시하는 의미도 있는데, 구약 시대에는 할례가 그런 역할을 했습니다. 유대인에게 할례는 하나님의 백성이 되었음을 나타내는 증표였기 때문입니다. 이런 점에서 볼 때, 신약의 세례가 구약의 할례를 대신한다는 사실은 논란의 여지가 없습니다.

과거에는 유아도 반드시 할례를 받게 함으로써 할례가 의미하는 모든 축복들에 참여하도록 했습니다. 그렇다면 오늘날에도 유아 세례를 통해, 세례가 의미하는 축복들에 유아들이 참여하게 하는 일은 너무도 당연하지 않을까요?

그리스도께서 어린아이들을 대하신 모습에서도 유아 세례의 정당성을 확인할 수 있습니다. 주님께서는 자기에게 나아오는 어린아이들을 부드럽게 안아 주시면서, 그 어린아이들을 가로막는 제자들을 몹시 꾸짖으셨습니다. 천국의 주인이신 주님께로부터 그 어린아이들을 물리치고 있었기 때문입니다. 만일 어린아이들에게 그리스도께로 나아갈 권리가 허락되었다면, 어린아이들에게 세례를 금할 이유 또한 없다고 보아야 합니다.

어떤 사람들은 사도들이 유아 세례를 베푼 적이 한 번도 없었다고 주장하기도 합니다. 하지만 사도 바울이 모든 가족에게 세례를 주었다는 말씀은 그 가족의 일원인 어린아이들도 세례에 동참했다는 의미로 해석해야 마땅합니다.

어린아이에게도 세례를 주어야 하는 또 다른 이유는 여호와께서 부모의 하나님만 되시는 것이 아니라 자녀들의 하나님도 되신다는 사실이 유아 세례에서 나타나기 때문입니다. 그런 점에서 유아 세례는 하나님의 한량없는 자비하심을 드러내며, 경건한 사람들로 하여금 후손까지 보살피게 하시는 하나님의 은혜에 깊이 감사하게 하는 의식이라 할 수 있습니다.

생각나눔

1. 세례와 할례는 어떤 점에서 동일한 의미를 가지는 의식입니까?

2. 사도들이 유아 세례를 베푼 적이 한 번도 없다는 것은 사실입니까?

17장
그리스도의 성찬이 우리에게 주는 유익

요약

1. 성찬의 떡과 포도주가 우리의 영적 양식이 되는 방법은 믿음이다.
2. 성찬의 떡과 포도주는 평범한 것이지만, 성찬에 주어진 약속 때문에 특별한 영적 양식이 된다.
3. 성찬이 영적 양식이 되기 위해서는 말씀과 함께 시행되어야 한다.

하나님께서는 우리의 하늘 아버지이시기 때문에, 아버지로서의 사랑을 우리 인생 전체에 부어 주고 계십니다. 하나님께서는 앞으로도 계속해서 그 은혜를 풍성하게 베풀어 주실 것을 하나의 맹세로써 확신시켜 주기를 원하셨습니다. 그래서 하나님께서는 독생자의 손을 통해 신령한 잔치인 성찬을 제정하신 것입니다.

성찬 예식 때 사용하는 떡과 포도주는 그리스도의 살과 피를 상징합니다. 우리는 너무 어리석어서 그리스도와 영적으로 연합되어 있다는 진리를 잘 이해하지 못하기 때문에, 우리가 이러한 상징을 통해 마치 눈으로 보는 것과도 같이 그 연합의 신비를 확실하게 알도록 하신 것입니다. 떡과 포도주가 육체의 생명을 유지시켜 주는 것처럼 우리의 영혼이 그리스도로 말미암아 유지된다는 대비가 너무나 친숙하여서,

아무리 어리석은 사람이라도 그것을 깨닫지 않을 수 없습니다.

경건한 사람이라면 성찬으로 말미암아 기뻐하지 않을 수 없습니다. 성찬은 그리스도와 우리가 한 몸이 되었다는 증거이기 때문입니다. 성찬을 통해 그리스도의 영생이 우리의 것이 되었음과 우리가 천국에서 끊어질 수 없음과 그리스도께서 우리 대신 죽으셨으므로 우리가 다시는 영원한 정죄를 받지 않는다는 사실을 확신할 수 있습니다.

그리스도의 살과 피를 상징하는 떡과 포도주가 우리의 영적 양식이 되는 방법은 믿음입니다. 떡과 포도주를 받으면서, 그것이 우리 대신 찢겨진 그리스도의 살을 상징하고 우리 대신 흘리신 그리스도의 피를 상징하는 것을 믿을 때에, 성찬의 떡과 포도주는 단순한 육의 양식이 아니라 영혼의 양식이 됩니다. 여기서 두 가지를 주의해야 하는데, 한 가지는 떡과 포도주는 상징일 뿐 그것이 실제로 그리스도의 살과 피는 아니라는 사실이고, 또 한 가지는 그렇다고 하여 떡과 포도주를 그리스도의 살과 피에서 완전히 분리시켜서는 안 된다는 사실입니다. 왜냐하면 그리스도께서 영적으로 떡과 포도주에 임재하시기 때문입니다.

어떻게 시간과 공간의 한계를 뛰어넘어 그리스도께서 영적으로 임재하실 수 있을까요? 그것이 가능하게 하시는 분은 성령입니다. 성령께서 우리에게 믿음을 주셔서 성찬이 상징하는 바를 깨닫게 하시고, 그 큰 자비를 믿음과 감사의 마음으로 받아들이도록 하십니다.

그런데 로마 가톨릭은 성찬이 우리에게 유익한 이유가 성찬의 떡과 포도주가 실제 그리스도의 살과 피로 변하기 때문이라는 화체설(化體說)을 주장하고 있습니다. 하지만 그리스도께서는 떡과 포도주가 자신의 살과 피를 상징한다고 말씀하셨지, 살과 피 그 자체라고 말씀하시지 않으셨습니다. 세례의 물은 평범한 물에 지나지 않지만, 세례에 주어진 약속 때문에 특별한 물이 됩니다. 마찬가지로 성찬의 떡과 포도주는 평범한 것이지만, 성찬에 주어진 약속 때문에 특별한 영적 양식이 됩니다. 그러므로 떡과 포도주의 본질이 실제 그리스도의 살과 피로 변한다는 주장은 성경적이지 않습니다.

그리스도께서는 자신의 몸이 더 이상 이 땅에 있지 않을 것이라고 말씀하셨습니다(마 26:11, 요 12:8), 천사들의 증언도 동일합니다(막 16:6). 그러므로 그리스도의 위엄과 섭리와 은혜는 우리 곁에 있지만, 그리스도의 몸은 이 세상이 아니라 저 하늘에만 계시다고 보아야 합니다. 그래서 사도 바울도 성찬의 떡과 포도주 안에 그리스도의 몸이 있는 것이 아니라 저 하늘에 그리스도의 몸이 있다고 말했습니다(빌 3:20).

성찬에는 형제 사랑을 권면하는 의미도 포함되어 있습니다. 주님께서는 성찬을 통해 희생하는 자세를 가르치셨습니다. 성찬의 떡과 포도주가 우리를 대신한 예수님의 살과 피라는 사실을 믿는다면, 우리 역시 곁에 있는 형제를 위해 희생하지 않을 수 없습니다. 또 성찬을 통해 그리스도의 몸을 나누는 사람은 모두 한 몸이라는 진리를 생각한다면(고전 10:16–17), 곁에 있는 지체를 자기 몸처럼 사랑하지 않을 수도 없습니다. 그래서 아우구스티누스는 성찬을 가리켜, "사랑의 끈"이라고 불렀습니다.

성찬을 통해 참된 유익을 얻기 위해서는 반드시 말씀과 함께 시행되어야 합니다. 말씀을 통해 성찬이 상징하는 복음의 의미를 제대로 이해해야만, 성찬의 떡과 포도주가 우리 영혼을 살리며 우리를 한 몸되게 하는 영적 양식이 될 수 있습니다. 그런 점에서 말씀 없이 예식만 강조하는 로마 가톨릭의 성찬은 참된 성찬이라 할 수 없습니다.

그러므로 성찬은 모든 사람에게 동일한 유익을 주는 것이 아니라, 복음을 제대로 이해하는 사람에게만 유익한 예식이라고 보아야 합니다. 상한 음식이 몸에 병을 일으키는 것처럼 영적 양식도 부패한 영혼 속에서는 멸망을 초래하는 독과 같이 되는데, 그 이유는 떡과 포도주 그 자체의 문제가 아니라 오염된 사람들의 불신앙 때문입니다. 그러므로 사도 바울의 권면처럼 합당하지 않은 사람은 성찬에 참여해서는 안 됩니다(고전 11:27-29).

그러므로 교회는 성찬을 시행하기 전에 성찬에 참여하는 사람들이 그리스도께서 이루신 구원을 확신하는지, 입으로 구원을 시인하는지, 순결하고 거룩한 열심으로 그리스도를 닮기 위해 노력하는지, 그리스도를 본받아 형제를 사랑하는지, 모든 지체들을 한 몸으로 여기는지를 확인하고 점검해야 합니다. 하지만 너무 가혹한 기준을 제시하여 아무도 성찬에 참여하지 못하게 하는 실수를 범해서도 안 됩니다. 성찬은 영적으로 병든 자들을 위한 약이요, 영적 가난에 시달리는 자들을 위해 베풀어진 신성한 잔치이기 때문에, 자기 죄를 인정하고 반성하는 사람이라면 성찬에 참여시켜 영적 회복에 이르도록 도와야 합니다.

이러한 영적인 의미 외에, 성찬이 베풀어지는 외적인 방식은 그리 중요하지 않습니다. 예를 들어 떡을 직접 잘라 먹느냐 아니면 이미 잘라진 것을 먹느냐, 누룩이 있는 떡을 먹느냐 아니면 누룩이 없는 떡을 먹느냐, 붉은 포도주를 먹느냐 백포도주를 먹느냐 하는 것은 교회의 상황에 따라 정하면 됩니다. 보다 중요한 것은 성찬의 신성한 의미를 바르게 이해하고, 그 은혜를 사모하는 것입니다.

성찬을 어떤 식으로 시행해야 할까요? 성찬은 대표 기도로 시작되어야 합니다. 기도 후에는 설교를 하고, 그 다음 떡과 포도주를 성찬상 위에 놓고서 성찬 제정에 관한 말씀을 낭독해야 합니다. 이어서 성찬의 약속들을 낭독하고, 성찬에 참여하는 것이 합당하지 않은 자들을 제외시켜야 합니다. 그런 다음 목사는 우리가 하나님의 잔치에 합당한 자가 되기를 기도해야 하고, 시편을 노래하거나 적절한 글을 낭독하면서 떡을 떼고 잔을 나누어야 합니다. 성찬이 끝난 다음에는 신실한 믿음과 행실에 대한 권면을 해야 하고, 마지막으로 하나님께 감사하고 찬송한 후 마치면 됩니다.

로마 가톨릭은 성찬 예식 때 성직자들만 포도주를 마시도록 규정하지만, 이것은 성경적이지 않습니다. 그리스도께서 성찬을 제정하시면서 "너희가 다 이것을 마시라"라고 말씀하셨기 때문입니다(마 26:27). 성찬을 통해 그리스도의 고난을 기념하고, 그리스도의 은혜에 대한 감사를 일깨우며, 성도 상호 간의 사랑을 증진시킬 수 있습니다. 그러므로 우리는 모두 성찬에 참여해야 하고, 가능한 자주 성찬을 시행해야 합니다.

생각나눔

1. 아우구스티누스가 성찬을 가리켜 "사랑의 끈"이라고 부른 이유는 무엇입니까?

2. 반드시 말씀과 함께 성찬을 시행해야 하는 이유는 무엇입니까?

18장
성찬을 더럽히고 말살시키는 교황제의 미사

요약

1. 미사는 그리스도에게서 영원한 제사장직을 빼앗는다.

2. 미사는 그리스도의 십자가 고난을 무효화시킨다.

3. 미사는 그리스도의 유일한 죽으심을 사람들의 기억에서 지워 버린다.

4. 미사는 그리스도의 죽음을 통해 누리는 은택을 제거해 버린다.

5. 미사는 그리스도께서 제정하신 성찬을 파괴한다.

성찬이 하나님의 자녀들에게 영적인 양식이 되기 때문에, 사탄은 그리스도의 성찬을 말살시키기 위해 노력했습니다. 그 결과 마귀는 가장 지독한 한 가지 오류를 만들어 냈는데, 곧 미사가 죄사함을 얻게 해 주는 제사이며, 미사를 집례하는 사제들은 제사장이라는 가르침입니다. 미사는 아래와 같은 방식으로 그리스도를 모욕합니다.

그리스도에게서 영원한 제사장직을 빼앗는다

그리스도께서는 하나님 아버지에 의해 제사장으로 임명되셨지만, 구약 시대의 제사장들처럼 일시적인 것이 아니었습니다. 구약 시대의 제사장들은 영원한 생명이 없었으므로, 그들의 제사장직도 영원할 수 없었고, 그래서 죽은 후에 제사장직을 계승할 후계자들이 필요했습니다. 하지만 그리스도께서는 죽지 않으시므로 그리스도를 대신할 제사장도 필요치 않습니다. 그럼에도 로마 가톨릭은 미사라는 이름의 제사를 드리면서 사제들을 제사장이라 칭하고 있습니다. 미사는 그리스도에게서 영원한 제사장직을 빼앗는 불경한 일입니다.

그리스도의 십자가의 고난을 무효화시킨다

그리스도께서는 우리를 위해 십자가에서 자신을 제물로 드리셨습니다. 그리스도의 가치는 무한하기 때문에, 그리스도께서 자기 몸으로 드리신 제사의 가치도 무한합니다. 더 이상의 제사는 필요하지 않습니다. 그리스도께서 자기 몸으로 영원한 제사를 드리셨기 때문입니다(히 10:14). 그런데 로마 가톨릭은 지금도 미사의 형식으로 제사를 드려야 한다고 주장합니다. 그러므로 미사는 그리스도의 십자가 고난을 무효화시키는 행위입니다.

그리스도의 유일한 죽으심을 사람들의 기억에서 지워 버린다

우리가 죄사함을 확신하는 것은 그리스도의 죽음 때문입니다. 그리스도의 죽음이 우리를 대신한 죽음임을 알기에, 우리의 죄가 사해졌다는 것을 확실히 믿을 수 있습니다. 하지만 로마 가톨릭은 미사를 통해 그리스도의 죽음을 매일 재현하고 있습니다. 그렇게 되면 사람들은 그리스도께서 우리를 위해 이미 한 번 죽으셨음을 망각하게 될 수밖에 없습니다.

그리스도의 죽음을 통해 누리는 은택을 제거해 버린다

그리스도의 죽음이 재현되는 미사에 참여하다 보면, 그리스도께서 죽으심을 인정하지 않거나 희미하게 생각하게 됩니다. 그렇게 되면 그리스도의 죽음을 통한 우리의 구원과 죄사함을 신뢰할 수 없게 됩니다. 매번의 미사에서 새로운 구속과 새로운 죄사함을 보기 때문에, 영원한 구속과 영원한 죄사함을 생각할 수 없게 되는 것입니다. 그런 점에서 미사는 그리스도의 죽음이 주는 은택을 제거해 버린다고 할 수 있습니다.

그리스도께서 제정하신 성찬을 파괴한다

로마 가톨릭은 구약의 제사가 미사로 대체되었다고 가르칩니다. 그리스도께서 직접 제정하신 성찬을 무효화시키는 주장입니다. 구약의 제사는 미사가 아니라 성찬으로 대체되었습니다. 성찬은 그리스도의 죽음을 기념하는 의식입니다. 그리스도께서 우리를 위해 죽으셨으므로, 구원의 모든 부분들이 성취되었음을 성찬을 통해 확인할 수 있습니다. 그러므로 미사의 제사를 드리고 날마다 그리스도께서 죽으셔야 한다는 주장은, 성찬의 가치와 의미를 훼손합니다.

구약의 제사와 신약의 성찬은 어떻게 다를까요? 구약의 제사는 레위인을 제사장으로 세우고 짐승을 제물로 바침으로써 그리스도의 희생을 미리 보여 주었습니다. 하지만 그리스도께서 실제로 자신을 희생 제물로 드리신 후에는, 그리스도의 희생을 예표하는 제사가 필요 없게 되었습니다. 그래서 하나님께서는 성찬을 통해 그리스도의 죽음을 기념하도록 하셨습니다. 이제 제단이 필요 없으므로 성찬의 잔칫상을 주셨고, 제사장이 필요 없으므로 성찬을 집례할 목사를 세우셨습니다.

구약의 제물에는 두 가지 의미가 있는데, 하나는 우리 죄를 대신하는 것이고, 또 하나는 하나님께 감사의 찬양을 드리는 것입니다. 그런데 그리스도께서 우리를 위해 죽으셨으므로, 구약 제물의 첫 번째 의미는 사라졌습니다. 우리가 계승해야 하는 것은 하나님께 감사의 제물을 드리는 것입니다. 여기에는 우리의 기도, 찬송 등 모든 예배 행위가 포함됩니다.

이제 우리는 예수님께서 오신 이후로 지켜야 할 성례가 세례와 성찬 단 두 가지밖에 없음을 알게 되었습니다. 세례는 교회라는 가족에 가입하는 의식이요, 성찬은 그리스도께서 가족들을 영적으로 먹이시는 양식입니다. 교회는 이 두 가지 성례로 만족해야 하고, 다른 성례들을 추가해선 안 됩니다.

생각나눔

1. 그리스도를 대신할 제사장이 더 이상 필요 없는 이유는 무엇입니까?

2. 그리스도의 제사 이후로 더 이상의 제사가 필요 없는 이유는 무엇입니까?

19장
성례라는 이름으로 시행되는 다섯 가지 의식의 허구성

요약

1. 성례를 제정하는 권세는 오직 하나님께만 있다.
2. 고대 교회는 '일곱 성례'가 아니라 세례와 성찬 두 가지 성례만을 지켰다.
3. 로마 가톨릭이 추가한 다섯 가지 성례는 참된 성례인 세례와 성찬의 가치를 훼손한다.

성례에는 두 가지 조건이 있습니다. 첫째, 외적인 의식을 통해 하나님의 약속을 볼 수 있어야 하고, 둘째, 하나님께서 직접 제정하신 것이어야 합니다. 이 두 가지 조건을 충족하는 것은 세례와 성찬 두 가지밖에 없습니다. 그리스도께서 세례와 성찬을 직접 제정하셨을 뿐만 아니라, 거기에는 각각 죄사함과 그리스도와의 연합이라는 은혜가 약속되어 있기 때문입니다. 그런데 로마 가톨릭은 다섯 가지 성례를 추가로 제정하여 지키고 있습니다. 이 다섯 가지는 그리스도께서 제정하신 것도 아니고, 거기에는 그 어떤 성경적 근거도 없으며, 고대 교회는 알지도 못했던 것들입니다. 그러므로 이것들은 사람이 만들어 낸 거짓 성례이며, 사기에 지나지 않습니다.

	로마 가톨릭의 주장	주장의 허구성
견진 성사	물로 세례받은 성도에게 주교가 기름을 바르며 안수하는 의식이다. 이를 통해 성령의 은혜를 받아 영적 전투를 위한 힘을 얻을 수 있다고 가르친다. 또한 세례는 일반 사제가 집례하지만, 견진성사는 주교(감독)가 집례하기 때문에 더 상위의 예식이라고 주장한다.	견진성사가 약속하는 은혜는 이미 세례에 포함되어 있다. 그러므로 견진성사는 세례를 모욕하며 그 기능을 폐기하는 것에 지나지 않는다.
고해 성사	공적으로 자기 죄를 자백하는 의식이다. 세례에서 받은 결백함이 죄로 더럽혀졌을 때, 고해성사를 통해 다시 회복될 수 있다고 가르친다.	진정한 고해성사는 세례이다. 세례에는 진정으로 회개하는 자들에게 은혜를 베푸신다는 약속이 담겨 있기 때문이다. 그래서 죄를 지었을지라도 세례받은 것을 회상하며 다시 힘을 낼 수 있다. 그런 점에서 고해성사 역시 세례의 진정한 의미를 파괴한다.
종부 성사	임종 직전의 신자에게, 주교가 성별한 기름을 바르는 의식이다. 기름을 통해 죄와 질병에서 구원받는다고 가르친다.	병자에게 기름을 바르며 기도하라는 사도 야고보의 말을 근거로 한다(약 5:14-15). 이런 논리라면 성경에서 병을 고치는 데 사용된 모든 말과 행동이 성례가 되어야 한다. 그리고 치유의 은사는 사도 시대에 제한적으로 행해졌다고 보아야 한다.
신품 성사	일곱 가지 성직 계급을 임명받을 때 행해지는 의식이다. 성직을 통해 은혜를 받으며, 직급이 높아질수록 더 큰 은혜를 받는다고 가르친다.	교회 안에 계급이 있다는 것 자체가 오류이다. 심지어 그들은 성직자를 제사장으로 구별하는데, 사도 베드로는 신약의 교회에서는 모든 성도가 제사장이라고 가르쳤다(벧전 2:9).

혼인 성사	결혼은 하나님께서 제정하신 거룩한 규례이며 신성함의 상징이기 때문에 성례라고 가르친다.	이런 논리대로라면 농사와 건축과 구두 수선과 이발도 성례가 되어야 한다. 그것 역시 하나님께서 정하신 일이기 때문이다. 또 겨자씨를 뿌리는 것(마 13:31)과 양을 치는 것(사 40:11)과 전쟁을 치루는 것(사 42:13)도 성례가 되어야 한다. 그것들 역시 신성함을 상징하기 때문이다. 심지어 그들은 혼인을 성례라고 주장하면서, 사제의 혼인은 불경하다고 가르친다.

생각나눔

1. 고해성사는 무엇이며, 어떤 점에서 잘못된 제도입니까?

2. 신품성사는 무엇이며, 어떤 점에서 잘못된 제도입니까?

20장
국가의
통치

요약

1. 하나님께서는 국가를 통해 시민 사회를 다스리신다.
2. 성도는 국가의 통치를 불필요한 것으로 생각해선 안 된다.
3. 국가가 가지고 있는 칼의 권세는 하나님에게서 온 것이다.

어떤 사람들은 왕이나 국가의 통치가 아니라 오직 그리스도의 통치만을 받아야 한다고 생각합니다. 이것은 하나님의 통치를 오해한 것입니다. 하나님께서는 성도의 영혼을 다스리실 뿐만 아니라 시민 사회도 다스리고 계십니다. 이것을 하나님의 '이중 통치'라고 합니다. 국가는 바로 이 시민 사회를 통치하시기 위한 하나님의 도구입니다.

영적인 통치와 국가의 통치는 서로 대립되지 않습니다. 모든 성도는 하나님의 영적 통치와 국가의 통치를 동시에 받아야 합니다. 그래서 사도 바울은 영적인 위치에서는 자신을 종으로 생각하지 말라고 말하면서도, 국가의 통치 안에서는 자신의 종 된 위치를 인정하라고 말했습니다.

국가의 통치를 인정해야 하는 이유는, 그것이 성도의 예배를 보호하며, 교회의 지위를 보호하고, 모든 사람을 서로 화목하게 하며, 전체의 안정과 평화를 도모하기 때문입니다. 만약 국가라는 제도가 없다고 생각해 보십시오. 교회를 향한 이단들의 물리적 공격이 끊이지 않을 것이고, 사람들 사이의 악행도 중단되지 않을 것입니다. 그런 점에서 국가의 기능은 물, 태양, 공기의 기능에 못지않다고 할 수 있습니다. 아니 오히려 그보다 훨씬 더 높은 위치에 있다고 할 수 있습니다.

국가는 통치자와 법과 국민, 이렇게 세 부분으로 구성되는데, 통치자의 권위는 모두 하나님에게서 온 것입니다(잠 8:15-16, 롬 12:8, 13:1-2). 그런 점에서 국가의 통치자는 하나님의 대리자이며, 국가를 통치하는 일은 소명(召命)이라 할 수 있습니다. 그러므로 국민들은 무정부 상태를 꿈꿀 것이 아니라 통치자들을 위해 기도함으로써(딤전 2:2), 모든 성도들이 고요하고 평안한 생활을 할 수 있도록 해야 하고, 통치자들은 하나님께 위임받은 소명을 야망의 도구로 사용해선 안 됩니다.

어떤 사람들은 국가가 가지고 있는 무력 사용의 권한을 부정적으로 생각합니다. 하지만 사도 바울은 국가가 가진 칼의 권세가 하나님께로부터 왔음을 말합니다(롬 13:4). 만약 악인들이 날뛰며 살육과 약탈을 자행하는데도 손을 피로 물들이고 싶지 않아 침묵하고 있다면, 그것은 선하고 의로운 일이 아니라 하나님께서 맡기신 칼의 권세를 정당하게 사용하지 않는 불경죄를 범하는 것입니다. 그런 점에서 때때로 통치자와 국민들은 무기를 들어야 합니다. 그저 몇몇 사람들에게 해를 끼치는 강도들을 벌하는 것이 합당하다면, 아무 권한도 없는 외국에 침입하여 노략질을 감행하는 자들도 강도로 간주하고 처벌하는 것도 합당합니다. 하지만 전쟁은 다른 모든 평화적인 수단을 강구한 다음에, 최종적으로 시행하는 것이 마땅합니다.

통치자들이 세금을 징수하는 것도 적법합니다. 통치자의 직책을 수행하기 위해서라면 공적인 비용을 사용할 수 있습니다. 하지만 통치자의 수입은 사사로운 이득을 위한 것이 아니라 온 국민의 재산이며 국민들의 피와 땀이 서린 것이므로, 그것을 낭비하는 것은 명백한 불의이며 가장 극악한 비인간적 행위임을 잊지 말아야 합니다.

국가가 가지고 있는 사법권도 마찬가지입니다. 소송을 제기하거나 법에 호소하는 일을 부정적으로 생각하는 사람들이 있습니다. 고린도 교회 성도들이 서로에게 소송을 제기한 것에 대해 사도 바울이 정죄한 일을 근거로 말입니다(고전 6:5-8). 하지만 국가의 권세를 인정한다면 국가의 주된 기능 중 하나인 사법권도 인정해야 합니다. 사도 바울이 배척한 것은 신자들끼리 무절제하게 분쟁을 일삼음으로써 복음이 치욕을 당하게 된 상황이지 소송 자체가 아닙니다. 그러므로 모든 법적인 싸움을 철저하게 정죄하는 자세야말로 하나님의 거룩한 규례를 거부하는 것이요 깨끗한 자들이 정당하게 누릴 수 있는 하나님의 선물을 거부하는 것이라 할 수 있습니다(딛 1:15).

그렇다면 악한 통치자를 대하는 태도는 어떠해야 할까요? 거의 모든 시대마다 일부 통치자들은 반드시 유념해야 할 것들에 관심을 두지 않고, 불법과 강도짓과 사기와 사치와 전쟁을 일삼았습니다. 하지만 성경은 그런 자에게라도 기본적으로는 순종의 자세를 가져야 한다고 말합니다. 성경은 악한 통치자들이 여호와의 진노의 도구라고 말합니다(욥 34:30, 호 13:11, 사 3:4, 10:5, 신 28:29). 어떤 존귀를 받을 만한 가치도 없이 철저하게 악한 사람이라 할지라도 그에게 공적인 권세가 주어졌다면, 선한 통치자에게 마땅한 존경과 높임을 그 사람에게도 돌려야 합니다. 그래서 하나님께서는 바벨론에 포로로 끌려간 자들을 향해 느부갓네살이 이방의 악한 왕이라 할지라도 그를 섬기는 것이 마땅하다고 말씀하셨던 것입니다. 왕을 세우시는 권한이 하나님께만 있으므로(단 4:17), 일단 하나님께서 어느 사람을 왕의 자리에 오르게 하셨을 때에는 그를 통해 다스리시려는 하나님의 의지가 거기에 드러난 것으로 보아야 합니다. 심지어 예레미야 선지자는 포로로 끌려간 바벨론의 평안함을 위해 기도하라는 말까지 했습니다(렘 29:7).

하지만 국가의 통치와 하나님의 통치가 충돌할 때에는 반드시 하나님의 통치를 따라야 합니다. 통치자에게 순종하기 위해 하나님을 향한 순종에서 벗어나서는 안 됩니다. 우리는 하나님 다음으로 국가의 통치자에게 순종해야 하지만, 그것은 오직 하나님 안에서만 행해져야 합니다. 만일 통치자들이 하나님을 거스르는 일을 명령하면 그 명령은 듣지 말아야 하고, 이때만큼은 하나님께서 통치자들에게 위임하신 권세에 대해 전혀 개의치 말아야 합니다. 심지어 하나님을 따르는 일이 통치자들을 진노하게 하고, 그로 말미암아 큰 위험에 봉착하게 될 것이 분명한 상황에서도 그렇게 해야 합니다. "사람보다 하나님께 순종하는 것이 마땅"하다는 베드로의 말처럼, 경건에서 떠나는 것보다는 차라리 고난과 핍박을 견디는 것이 더 낫습니다.

생각나눔

1. 국가가 아니라 그리스도의 통치만 받아야 한다는 주장은 어떤 점에서 잘못되었습니까?
2. 국가의 통치를 인정해야 하는 이유는 무엇입니까?

참고한 서적

라은성, 『이것이 기독교강요다』(서울: 페텔, 2015).

벤자민 B. 워필드, 『칼뱅』(서울: 새물결플러스, 2015).

불페르트 더 흐레이프, 『칼빈의 생애와 저서들』(서울: SFC, 2006).

알리스터 맥그라스, 『기독교의 역사』(서울: 포이에마, 2016).

앨리스터 맥그래스, 『기독교, 그 위험한 사상의 역사』(서울: 국제제자훈련원, 2014).

와타나베 노부오, 『기독교강요란 어떤 책인가?』(서울: SFC, 2013).

임종구, 『칼빈과 제네바 목사회』(서울: 부흥과개혁사, 2015).

존 칼빈, 『기독교강요』(상, 중, 하)(고양: 크리스챤다이제스트, 2003).

_____, 『기독교강요』(초판)(고양: 크리스챤다이제스트, 2008).

_____, 『라틴어 직역 기독교강요』(서울: 생명의 말씀사, 2010).

테아 반 할세마, 『이 사람 존 칼빈』(서울: 성약출판사, 2008).

필립 홀트롭, 『기독교강요 연구 핸드북』(고양: 크리스챤다이제스트, 2003).

INSTITUTIO
CHRISTIANAE
RELIGIONIS